«VARIA»

GIANCARLO FISICHELLA

con CARLO BAFFI

IL PROFUMO DELL'ASFALTO

Prefazione di Alessandro Florenzi

Sperling & Kupfer

Pubblicato per

Sperling & Kupfer

da Mondadori Libri S.p.A.

IL PROFUMO DELL'ASFALTO

ISBN 978-88-200-6617-8

I Edizione novembre 2018

Anno 2018-2019-2020 - Edizione 1 2 3 4 5 6 7 8 9 10

Indice

Prefazione

di Alessandro Florenzi

SONO stato più veloce di Fisichella.

Almeno per una sera, almeno è quello che mi ha scritto lui, il 16 settembre 2015, con un sms dopo il mio gol contro il Barcellona.

«Sei stato più veloce di me, con il pensiero, la testa e il cuore. La vita è una corsa, fatta di attimi straordinari: goditi il tuo!»

«Fisico» è sempre stato per me un mito, un pilota della Formula 1 degli anni d'oro, quella in cui i supereroi si chiamavano Michael Schumacher, Mika Häkkinen, Rubens Barrichello. Le emozioni che mi hanno regalato le ho ritrovate tutte in questo libro. Seguivo le gare in tv e diventai presto un fan di Giancarlo: per il suo talento, certo, ma c'era anche qualcosa in più. Lui era come me, un ragazzino della borgata romana, che ce l'aveva fatta a raggiungere il suo sogno. La sua ostinazione nel non arrendersi di fronte agli ostacoli, la capacità di rialzarsi e rimettersi a correre su una pista a 300 chilometri all'ora mi dimostravano che era possibile e forse un giorno anch'io avrei inseguito un pallone all'Olimpico.

Francesco De Gregori cantava che un calciatore lo si riconosce dal coraggio, dall'altruismo e dalla fantasia: per me questa è la definizione del vero campione. Ci vuole coraggio a scendere in pista a bordo di un bolide da Formula 1; ci vuole altruismo nell'accettare le sconfitte e congratularsi con il vincitore; ci vuole fantasia nell'inventarsi un sorpasso mozzafiato. Giancarlo Fisichella ha sempre dimostrato di possedere tutte e tre queste doti e di essere un grandissimo campione dentro e fuori le piste di automobilismo.

Negli ultimi tempi sono diventato amico di Giancarlo e così ho potuto scoprire altri aspetti del suo carattere: il suo grande cuore, il suo spessore umano e la sua voglia di dare prima di ricevere. Una filosofia di vita che dà senso alla vita stessa.

È per questo che quando ho ricevuto un altro sms da parte di Fisico: «Ale, ho scritto il mio romanzo della Formula 1, mi piacerebbe avere la tua prefazione», ho saputo subito cosa rispondere. E mentre digitavo, lui ha continuato a scrivere: «Vorrei donare i proventi del libro a Telethon. Tu sei ambasciatore, vero? Che cosa possiamo fare per aiutare assieme la Fondazione?»

Questa volta è stato lui più veloce di me.

Introduzione

Sono nato a metà anni Settanta in una borgata romana, Pietralata, che oggi ha pure la metro e l'ospedale, ma durante la mia infanzia quando raccontavi di vivere là ti guardavano male.

Grazie a mio padre ho avuto un'opportunità che non capita a tutti: mi sono avvicinato al mondo dei kart. Il resto l'ho ottenuto grazie a buone doti tecniche e molti sacrifici.

La scuola ben presto è diventata per me un obiettivo secondario... alcuni insegnanti conoscevano a malapena la mia faccia. Non avevo molto tempo per essere un ragazzino e pur di realizzare il mio sogno sono stato obbligato a crescere in fretta: a quattordici anni sono andato da solo a Hong Kong per una gara, io che non sapevo nemmeno dove fosse e il giorno prima di partire l'ho cercata sul mappamondo.

Da quel viaggio è iniziato tutto e la mia carriera ha preso il volo. La mia famiglia non era in grado di supportare la mia costosa passione, pertanto fin da subito ho dovuto guadagnare i soldi per continuare a correre e c'era solo un modo per farlo: vincere le gare. E così feci.

Di competizione in competizione, inseguendo il mio obiettivo e la fame di vittoria, le prove sono diventate sempre più impegnative fino ad approdare nella categoria regina, la Formula 1, quella che non perdona il minimo errore, che esige il massimo e si accontenta solo di risultati eccellenti. Me lo ripetevano ogni giorno: la F1 è un mondo di squali, i pesci piccoli finché non diventano grandi devono essere veloci e imparare a sopravvivere. E così sono diventato un professionista.

Da ragazzino di borgata svogliato a scuola mi sono ritrovato a essere uno studente modello e a frequentare i più prestigiosi college di Oxford per imparare l'inglese alla perfezione, a dover sorridere davanti agli sponsor, a gestire relazioni e a stringere mani, a non rifiutare mai la richiesta di una foto o di un autografo. Il mio percorso di studi è stato a dir poco non convenzionale: ho frequentato le elementari del kart e la scuola media della Formula 3, il liceo del DTM in Alfa Romeo e l'università in Formula 1, per finire con il master in Ferrari.

In molti mi mettevano in guardia sul mondo dorato della F1, sul jet-set che le circolava intorno e sui personaggi pronti ad approfittarsi dell'ingenuità e della buona fede altrui: un ambiente che poteva far perdere la bussola. Ma le mie origini, i miei valori e la mia famiglia sono rimasti dei punti fermi ai quali aggrapparmi sempre senza vacillare mai, difendendomi e rendendomi forte in ogni circostanza. Inoltre, le distrazioni non mi hanno mai allontanato dal mio unico obiettivo: correre, vincere e diventare un grande pilota. Alla fine il resto conta poco: quando chiudi la visiera ci sei solo tu e le luci della ribalta non ti fanno andare più veloce.

Ho imparato che il talento serve ma non basta se non è alimentato da sacrificio e sudore. Per anni si è creduto che l'automobilismo fosse uno sport poco fisico, ma chiunque può sperimentare quanto sia faticoso guidare anche solo un kart per dieci minuti. I piloti professionisti seguono intensi programmi di allenamento non solo con il corpo, ma anche con la mente e il cuore.

Nel Circus ho avuto molti amici, pochissimi nemici, e ho coltivato rapporti sinceri e duraturi solo con chi ho avuto accanto nei box e ha lavorato con me: l'automobilismo è uno sport di squadra molto più di quello che si pensa e il pilota mette la vita nelle mani dei meccanici e degli ingegneri, stabilendo così un rapporto di fiducia totale.

Michael, Fernando, Felipe, Jenson, Mika, Ruben, Kimi... ho avuto la fortuna di correre con la vecchia guardia e veder nascere in pista con me la nuova generazione, in cui spiccano i nomi di Lewis Hamilton e Sebastian Vettel. Non chiedetemi a quali colleghi sono più legato perché mi pare scontato.

Benetton, Renault, Jordan, Sauber, Force India, Minardi, Alfa Romeo e Ferrari... non chiedetemi a quale marchio sono più legato perché mi pare scontatissimo. Se chiudo gli occhi rivedo ancora quel mare di bandiere rosse di Monza nel settembre 2009. Solo chi sale su quella vettura può capire quanto sia leggenda. Non importa se si vince o si perde: importa solo farne parte. Sarò sempre grato a chi mi ha regalato quei momenti e mi ha permesso di gareggiare con quel colore.

Ogni tanto mi chiedo quanti chilometri di asfalto avrò percorso in pista... e non solo. Ho trascorso la mia vita macinando chilometri, volando su circuiti e città, Paesi e continenti. L'automobilismo è il primo sport che possiamo definire «globalizzato», perché la passione per le auto e le corse unisce persone e culture diverse sotto le stesse bandiere, che tu ti trovi a Melbourne o a Suzuka, a San Paolo o a Barcellona. Passione, ma quella sana e pulita, quella fatta del rispetto per l'avversario anche quando perde.

Amo questo sport e amo il profumo dell'asfalto. A volte penso a quando smetterò di correre e non potrò più sentirlo... Guardo negli specchietti e vedo gli avversari che si avvicinano. Ma ancora mi diverto e grazie a Dio sono ancora veloce. Allora accelero e mi dico che quel profumo inebriante continuerò a sentirlo per molto tempo. Non è il momento di contare quanti chilometri ho percorso.

Il Kaiser

È UNA torrida giornata estiva e mi aggiro per casa in cerca di un po' di fresco. Scendo in cantina dove l'umidità mi regala qualche minuto di piacevole refrigerio. È da un po' che non ci vengo e mi guardo intorno spaesato: scatole e scatole contengono i cimeli di una vita, tutti uguali e tutti importanti, sia che si tratti del Campionato italiano di kart sia delle vittorie a Le Mans, tasselli costruiti in ogni caso su passione e sudore. Mia madre li piazzava ovunque ci fosse posto e presto abbiamo dovuto trovare altro spazio: garage, casa al mare, officina di papà. Sono una persona metodica e sulle scatole ho appuntato una data, un episodio in particolare, un'occasione speciale.

Percorro a ritroso, come in una sorta di macchina del tempo, gli anni passati fino ad arrivare a quando ero un ragazzino con tanti sogni in testa e un miraggio da raggiungere: guidare in Formula 1. A diciott'anni gareggiavo con i kart e nel settembre 1991 mi sono piazzato al secondo posto, dietro Jarno Trulli, diventando vicecampione d'Europa. Che estate quella! Ho trascorso ogni giorno in pista ad allenarmi e i fine settimana incollato alla televisione con il mio complice preferito, mio padre, a vedere il Campionato Mondiale, a seguire le prodezze del più grande di tutti: Ayrton Senna. Vince, stravince anche quell'agosto, l'11 in Ungheria e il 25 in Belgio. Ma quel Gran Premio lo ricordo bene anche per un altro episodio.

È il 23 agosto 1991, giorno delle prove sul veloce tracciato di Spa-Francorchamps, e la Jordan si trova in un bel guaio. Il pilota della monoposto 32, il francese Bertrand Gachot, è stato arrestato nel Regno Unito per aver malmenato un tassista londinese. I colleghi lanciano dal paddock di Spa un singolare appello indossando T-shirt bianche con la scritta SAVE BERTRAND GACHOT! ma non ci sono speranze di riaverlo in pista in tempo. A mali estremi, estremi rimedi: Eddie Jordan, patron dell'omonima scuderia, tenta una mossa tanto visionaria quanto arrischiata e offre la monoposto al giovane pilota tedesco che ha vinto il Campionato nazionale di Formula 3 l'anno precedente.

Ma la F1 è un'altra cosa: richiede esperienza, sangue freddo, visione e autocontrollo. E grandissima preparazione fisica, tecnica e mentale. Quel pilota tedesco ha solo quattro anni in più di me e mi rivedo in lui, con la stessa voglia di primeggiare, di sfidare tutto e tutti, un po' sprezzante e un po' avventato come solo la passione e la giovinezza ci consentono di essere. Il ragazzo si ritrova catapultato in un gioco più grande di lui. Non conosce neppure il circuito, così il giorno prima delle prove lo percorre in bicicletta per familiarizzare con i saliscendi e le curve impegnative. Di più non può fare e da lui non ci si aspetta granché. Invece, a sorpresa, si piazza settimo: un ingresso in F1 che non passa inosservato. Pare che durante le prove la sua Jordan sfiori la collisione con la Ferrari guidata da Alain Prost alla curva della Source. Convocato in direzione gara dopo le proteste del francese, il tedesco, per nulla impaurito, replica: «Dite al mio collega di non frenare troppo in anticipo e non ci saranno problemi».

Quel giovane tedesco è passato alla storia con il soprannome di «Kaiser», il pilota più titolato di tutti i tempi, uno dei più grandi automobilisti della storia: Michael Schumacher. Già allora, quando era solo un ventiduenne all'esordio in F1 accanto a veri e propri mostri sacri, Michael era consapevole del proprio valore e ostentava una sfrontatezza ai limiti dell'antipatia, ma anche la voglia di mettersi alla prova. Con gli anni ho imparato a conoscere di lui un altro aspetto più ironico e scherzoso, che però emergeva solo nelle occasioni private, quando il Kaiser tornava a essere Michael.

Ho avuto la fortuna di correre nei suoi stessi anni e pochi personaggi hanno segnato la mia vita di pilota quanto lui. Ogni volta che penso alla mia Formula 1 lo rivedo protagonista, superarlo era sempre difficilissimo, così come resistergli quando lo avevi dietro. Amava competere e soprattutto vincere, non solo in pista. Per questo era estremamente rigoroso e perfezionista nella preparazione. Un esempio? Michael con noi colleghi parlava italiano, ma si rifiutava di rilasciare interviste nella nostra lingua perché non aveva la piena padronanza cui ambiva, quindi restava fedele all'inglese a lui più familiare.

Nelle sfide si accendeva e tirava fuori le sue grandi doti:

la visione strategica, la freddezza e la determinazione. Un atteggiamento che gli è valso a volte una certa ostilità nel pubblico, invidie e accese rivalità nei colleghi. Ma alla fine, pregi e difetti, colpe e meriti erano riconducibili alla sua sete di vittoria. E un campione ce l'ha nel sangue.

Sebbene la vita non gli avesse riservato una posizione in pole position, Michael ha dimostrato fin da subito la grinta del guerriero che combatte per andarsi a prendere ciò che gli spetta. I piloti spesso provengono da famiglie benestanti, che possono supportare questa costosa passione; non è raro che siano loro a pagare per avere i primi ingaggi e solo in un secondo momento il talento sia valorizzato e compensato. Michael, invece, proveniva da una famiglia modesta. Il padre Rolf era muratore, si occupava della pulizia delle ciminiere, mentre la madre Elisabeth era casalinga. Vivevano in un appartamento nel piccolo centro di Fischenich, ma con la nascita di Michael, il 3 gennaio 1969, si trasferirono a Kerpen, un paese situato tra Colonia e Aachen.

Questo è il primo segno del destino: proprio a Kerpen si trovava un kartodromo che il signor Schumacher, appassionato di motori, aveva accettato di gestire durante il tempo libero. Michael è cresciuto in pista dove è scoccata la fatidica scintilla.

Il padre ha sempre alimentato la passione del figlio: a quattro anni gli aveva regalato un piccolo go-kart a pedali e qualche anno dopo un kart spinto dal motore di una motocicletta. È con quello che Michael aveva esordito in pista: lui era sempre più divertito e coinvolto, la madre sempre più preoccupata. Non solo per i rischi delle corse, ma anche perché vedeva il figlio trascurare gli studi. Di certo sognava per lui una laurea e magari un promettente futuro da professionista, che avrebbe finalmente riscattato le difficoltà della famiglia.

Michael però già all'epoca era molto determinato. Il mondo del karting gli dava adrenalina e le prime soddisfazioni, tanto che nel 1984 un industriale della zona, Jürgen Dilk, decide di finanziare la sua carriera. Un altro segno del destino. Lui ricambia vincendo dapprima il titolo nazionale juniores e poi quello europeo a Göteborg, in Svezia. In quest'occasione, beffa all'ultima curva due piloti italiani, Massimiliano Orsini e Alessandro Zanardi.

Nel frattempo, aveva trovato lavoro come apprendista in un concessionario Volkswagen e BMW a Darmstadt, vedendosi costretto a vivere lontano da casa. Un'esperienza non facile, ma assai formativa, che non limitava la passione per le corse, anzi. I successi ottenuti lo spingevano verso le monoposto come la Formula Ford 1600. Il problema erano sempre i quattrini: fortunatamente però c'era «Herr Dilk» che provvedeva a coprire le spese di 25.000 marchi per l'intera stagione. In quel 1988 Schumacher, grazie al suo talento, attira l'interesse di Gustav Hoecker, proprietario di una squadra di Formula König, che gli mette a disposizione un volante. Michael ripaga la fiducia conquistando il titolo, mentre in Formula Ford chiude sesto nel Campionato nazionale e secondo nell'europeo, dietro a un altro futuro pilota di F1, Mika Salo.

In questo periodo arriva il segno definitivo: l'incontro con Willy Weber, un intraprendente manager di Stoccarda, proprietario di un team di Formula 3, che resta colpito da

Michael nel corso di una gara al Salzburgring, in Austria. Il giovane parte settimo e dopo il primo giro è già in testa. Una grinta e una classe su cui è bene investire, pensa Weber. Siglato l'accordo, Schumi disputa per lui il Campionato tedesco di F3. Gli eccellenti risultati ottenuti durante la stagione gli fruttano l'ingaggio da parte della Mercedes in vista del Campionato Mondiale sport prototipi di gruppo C. La scuderia è diretta da Peter Sauber, che mira a far crescere giovani talenti, in una sorta di junior team della «Stella a tre punte». In realtà il progetto Mercedes è nato per riportare la casa di Stoccarda in F1 dopo il ritiro avvenuto nel lontano 1955. E Schumi, a fronte di quanto dimostrato, sembrerebbe il pilota giusto. Il programma però non va in porto, causa i costi troppo elevati, e la Mercedes si limita a fornire i motori alla Sauber dal 1993.

È a questo punto che si presenta l'insolita proposta di sostituire Gachot. Eddie Jordan chiede però 150.000 sterline per fornire la monoposto a Michael. Una cifra astronomica se non fosse per il *deus ex machina* Weber che, grazie all'appoggio della Mercedes, si presenta dal manager irlandese con la ventiquattrore piena di banconote, permettendo al suo pupillo di esordire in F1. Purtroppo, il suo primo Gran Premio dura solo poche centinaia di metri: un problema alla frizione lo costringe a parcheggiare la vettura e ad alzare bandiera bianca.

Ma la brillante prestazione in qualifica, come si è detto, non è passata certo inosservata. Flavio Briatore, vulcanico team principal della Benetton, mette subito gli occhi su Michael; qualcuno dice ingolosito anche dalla presenza del munifico budget della Mercedes. Con un vero e proprio blitz, Briatore strappa Schumacher alla Jordan e lo promuove al volante della propria monoposto già dal GP d'Italia. Sono passati solo quindici giorni dall'esordio di Spa. A farne le spese è il brasiliano Roberto Moreno; vedendosi appiedato dalla sera alla mattina, il pilota ricorre in tribunale e il pretore di Monza ordina il sequestro della Benetton destinata al tedesco. Jordan dal canto suo alza la posta e s'intuisce che la questione può essere risolta in tempo utile soltanto con un congruo versamento. L'accordo tra Briatore e Jordan viene raggiunto nelle stanze dell'*Hotel Villa d'Este* sul lago di Como alla presenza di Bernie Ecclestone. Un contratto siglato *in extremis* solo poche ore prima dell'inizio delle prove a Monza. Moreno ottiene il pagamento dell'ingaggio fino al termine della stagione e il posto sulla Jordan, per contro Michael può calarsi nell'abitacolo della Benetton.

Il suo nuovo compagno è nientemeno che il tre volte campione del mondo Nelson Piquet, a fine carriera. Un confronto che avrebbe spaventato molti, ma non certo Michael. Parte settimo davanti a Piquet e taglia il traguardo in quinta posizione, precedendo il brasiliano giunto sesto. Un debutto da incorniciare per Schumi, che coglie i primi punti iridati già alla sua seconda corsa in F1.

Il successivo Campionato 1992 viene dominato dalla Williams-Renault di Nigel Mansell, ma Schumacher conferma tutto il suo talento al volante della Benetton-Ford.

La storia della Benetton è talmente singolare che merita una digressione. Inizialmente Benetton si era proposto come semplice sponsor, per poi rilevare la Toleman nel 1986 e diventare così Benetton Formula. L'ingresso di Briatore detta un deciso cambio di rotta sotto il profilo dell'immagine grazie a un modo innovativo di fare comunicazione: nell'hospitality del team angloitaliano si organizzano happening con personaggi dello spettacolo e di altri sport. Le iniziative mondane catalizzano l'interesse dei media e riscuotono il favore di Ecclestone, che fiuta una ventata di aria nuova e crescenti opportunità. La ribalta di un team legato a un marchio che non opera nel settore automobilistico potrebbe essere un volano per l'economia del Circus, attirando nuovi investitori. Senza per questo penalizzare la competizione, perché sotto l'aspetto sportivo la Benetton-Ford può contare su tecnici di tutto rispetto, come il progettista Rory Byrne e lo stratega Ross Brawn.

Il 30 agosto 1992 Michael sale per la prima volta sul gradino più alto del podio. Il palcoscenico è quello di Spa, dove aveva esordito appena un anno prima. Il Gran Premio è ricco di colpi di scena, dovuti anche al cambiamento repentino del meteo. A giocarsi la vittoria sono le Williams di Nigel Mansell e Riccardo Patrese, insieme alla McLaren di Senna. Alla fine però lo spunto vincente è quello di Michael, che ha saputo montare le gomme da asciutto nel momento giusto, anticipando la concorrenza. Ricordo che in quell'occasione Michael ha pianto per la gioia. È stata una delle rare volte in cui ha concesso spazio all'emotività, mostrandosi per quello che era: un ragazzo di ventitré anni arrivato nel mondo dei suoi eroi.

All'epoca non lo conoscevo ancora di persona ma lo seguivo, lo osservavo... era per me un modello da emulare. Quando poi è diventato un «collega», ho apprezzato ancora di più i momenti in cui si lasciava andare alle emozioni; Michael era solo apparentemente una macchina, o meglio lo era quando tirava giù la visiera. Fuori dalle piste è sempre stato un ragazzo divertente e per nulla freddo. Io l'ho visto piangere per vittorie importanti e arrabbiarsi come solo un italiano sa fare.

Grazie a ben dodici podi, chiude la stagione classificandosi terzo. Le sue quotazioni sono in rialzo e così pure il suo compenso: 300.000 dollari e 10.000 per ogni punto conquistato. Ma la sua sete di vittoria lo porta a sfidare direttamente il numero 1, Senna. Fra loro non correva buon sangue: erano due campioni di pari livello, si erano riconosciuti. Uno voleva emergere, l'altro cercava di preservare il suo regno. Le prime scintille si manifestano al GP del Brasile a causa di una collisione sfiorata, poi c'è il contatto in Francia con immediata reprimenda di Ayrton e infine si sfiora la rissa a Hockenheim durante una sessione di test. Per un'incomprensione le monoposto dei due si toccano e dopo uno scambio di ruotate, Senna piomba furioso nel box dell'avversario cercando un «chiarimento». Solo il provvidenziale intervento di un tecnico evita il peggio.

La rivalità anima tutto il 1993: con l'irraggiungibile Williams dominatrice della classifica, l'obiettivo di Schumi è quello di stare davanti a Senna. Il brasiliano però firma alcuni capolavori, malgrado guidi una McLaren con un 8 cilindri Ford meno evoluto del motore montato sulla Benetton.

Il Campionato successivo non promette bene perché Senna avrà a disposizione la Williams pigliatutto. Michael non si arrende: perfezionista e ambizioso, studia a lungo l'avversario e capisce l'importanza della preparazione atletica. Ayrton è stato infatti uno dei primi a intuire che nella moderna F1 il corpo è sottoposto a forti sollecitazioni fisiche, cui far fronte con allenamenti massacranti. Schumacher inizia così a imitarlo. Punta con decisione sul miglioramento della forma fisica, anche per rispondere prontamente alla strategia della Benetton. I tecnici hanno realizzato una monoposto che deve sfruttare al massimo i pit-stop, in modo da viaggiare sempre leggera e da avvantaggiarsi degli pneumatici freschi. Il pilota è così chiamato ad affrontare le gare divise in più stint (periodo tra due pit-stop) in cui deve mantenere un ritmo costante con prestazioni da qualifica.

Michael arriva preparato e agguerritissimo anche perché quella potrebbe essere la sua stagione. Con Prost e Mansell fuori dai giochi, il 1994 è visto da molti come una sorta di armageddon: o Senna o Schumi. Invece il match conterà solo tre round.

Si inizia in Brasile con Ayrton in pole davanti a Michael. In gara però la Benetton è sempre negli specchietti della Williams. Una distanza minima, che alla prima sosta permette a Schumi di passare in testa. Senna lo insegue, spinge a fondo, ma al 56° giro sbaglia; va in testacoda e si ritira. Un autogol imperdonabile nella gara di casa. Nel GP successivo ad Aida, in Giappone, va ancora peggio. Nonostante la pole, Ayrton è coinvolto in un incidente in partenza e marca il secondo zero. Schumacher invece fa il bis. Quel Mondiale, che avrebbe dovuto essere facile preda della Williams, vede invece la Benetton prima in classifica. Senna deve assolutamente vincere a Imola, ma in riva al Santerno la sfortuna si accanirà di nuovo contro di lui con l'epilogo più tragico. E sarà proprio Michael il testimone oculare più vicino al dramma del Tamburello. A fine gara si chiude nel mutismo, non c'è voglia di festeggiare quella terza vittoria. È difficile non pensare alla monoposto di Senna che improvvisamente si schianta contro le barriere davanti ai suoi occhi. Vien quasi da pensare che il destino abbia voluto impedire che si stabilisse chi era più grande tra Ayrton e Michael.

Scomparso il suo più temibile rivale, Schumacher capisce che i tempi sono maturi per portare l'assalto al titolo. A rendergli la vita difficile ci pensa il compagno di Senna, l'inglese Damon Hill, figlio del grande Graham, che rimonta in classifica, favorito anche dalle sanzioni inflitte al pilota della Benetton per alcune scorrettezze commesse nel corso della stagione. A fine Campionato Michael ha otto vittorie, Damon sei. Li separa un solo punto a favore del primo. Si giocano il tutto per tutto all'ultimo round, il 13 novembre 1994 sul circuito cittadino di Adelaide. Il weekend del GP d'Australia inizia male per Schumacher, che nel corso delle prove del venerdì incappa in una violenta uscita di pista, danneggiando seriamente la sua macchina. Archiviato il botto, da cui è uscito incolume, il tedesco si concentra sulla gara che lo vede prendere subito la testa, seguito come un'ombra da Hill. Al 36° passaggio, Michael all'improvviso perde il controllo della sua B194 alla curva East Terrace, urta il muro e rimbalza in pista. Hill tenta il sorpasso che sarebbe decisivo per il titolo. Sembra fatta per Damon, ma la Benetton priva di ogni controllo centra la Williams, per poi arrestarsi. Mentre Michael esce dall'abitacolo, l'inglese prosegue la sua corsa, ma subito si rende conto che ha una sospensione rotta. Rientra ai box dove i meccanici cercano di riparare il guasto: una speranza vana. Schumi, fermo lungo il tracciato, apprende che ha conquistato la sua prima corona iridata.

Quella collisione sarà fonte di interminabili polemiche. L'incidente avrebbe potuto essere evitato? O il tedesco, vistosi tagliato fuori dalla corsa, ha cercato il contatto con l'avversario?

Io ho visto la gara in tv, insieme a mio padre. Avevo da poco vinto il Campionato italiano di Formula 3 ed ero stato convocato per un test in Minardi, quindi il mio sguardo stava diventando più «professionale». Ho pensato subito alla pressione che si doveva provare nel giocarsi tutto all'ultima gara e questo mi ha portato a giustificare quel gesto: da pilota posso dire che nei suoi panni sarebbe stato molto peggio il rimorso per non averci provato. La FIA, infine, si è pronunciata dichiarando tutto regolare e quindi le polemiche che seguirono furono inutili.

La storia dell'automobilismo degli anni Novanta è costellata da duelli simili, al limite del regolamento. Uno di questi ha visto Michael e me come protagonisti. Ricordo la partenza del GP di Germania, il 30 luglio 2000, sul circuito di Hockenheim: io e Michael ci siamo toccati. Al termine della gara entrambi abbiamo alzato i toni perché durante la competizione l'adrenalina ci rende combattivi, persino aggressivi; scendere in pista è un po' come calarsi nella fossa dei leoni, noi piloti siamo dei gladiatori consapevoli che un minimo errore può costare la vita a noi o ai colleghi. Per questo siamo poco inclini a perdonare le disattenzioni nostre e degli altri.

Il 1995 è l'anno della doppia svolta, personale e professionale. Michael sposa Corinna Betsch, la ex ragazza di Frentzen, che aveva conosciuto ai tempi delle corse di durata e da cui avrà due figli: Gina Maria e Mick Junior. L'8 luglio, invece, nel lussuoso *Hôtel de Paris* a Monte Carlo, avviene in gran segreto l'incontro decisivo tra il pilota e il team principal della Ferrari, Jean Todt, davanti a un contratto di quasi cento pagine. Il corteggiamento era partito una sera di primavera a Torino, nel corso di una cena tra l'avvocato Gianni Agnelli e Luca Cordero di Montezemolo, presidente del Cavallino. Michael, grande stratega anche fuori dalla pista, non aveva ancora rinnovato il contratto con Briatore, confermando implicitamente le voci che lo volevano interessato ad altri team. La Ferrari rappresentava una grossa scommessa dal momento che stava attraversando anni difficili: l'ultimo titolo piloti risaliva al 1979 con Jody Scheckter. Ma Montezemolo, tornato al timone della Rossa nel 1991, era deciso a cambiare rotta, ragione per cui aveva collocato al vertice della gestione sportiva un uomo meticoloso come Todt ed era disposto a pagare bene per avere al volante il migliore. E poi, diciamolo, quale pilota non sogna di montare in sella al Cavallino Rampante?

Soprattutto se è ambizioso come Michael, che già assaporava la sfida di dare nuovo lustro alla scuderia.

Così il 16 agosto, da Maranello arriva il comunicato che ufficializza l'ingaggio del fuoriclasse tedesco. In realtà, a svelare il grande colpo è l'avvocato Agnelli, che nella partitella precampionato della Juventus a Villar Perosa anticipa con nonchalance l'arrivo di Schumi a Maranello. E sulla cifra faraonica, mai ufficializzata – ma si dice intorno agli 80 milioni di dollari in due anni –, commenta ironicamente: «Non ci è certo costato un tozzo di pane». Montezemolo, dal canto suo, confida nel fatto che se la Ferrari paga mezzo secondo alla concorrenza, la differenza può essere colmata solo da un pilota del calibro di Michael. Insieme a lui arrivano in Ferrari anche alcuni cervelli che hanno costruito i successi della Benetton: sono Brawn, Byrne e Stepney, un gruppo già affiatato che può accorciare i tempi della riscossa.

Nel novembre di quello stesso anno, Schumacher varca i cancelli di Maranello insieme al suo nuovo compagno di scuderia: l'irlandese Eddie Irvine. Nel febbraio 1996 viene presentata la nuova Rossa: si chiama F310, è stata progettata da John Barnard ed è spinta da un motore da 10 cilindri. È questa l'arma con cui Schumi dovrà fronteggiare la potente Williams-Renault, forte di un progetto che fa volare sia Damon Hill sia Jacques Villeneuve.

Ricordo bene quel Campionato, in particolare la prima gara a Melbourne: è stato il mio esordio in F1. Come dimenticare il briefing di quel giovedì, 7 marzo 1996? Da giovane *rookie*, giravo nel paddock come un bimbo alle giostre: per me era tutto nuovo e bellissimo. Il giovedì è dedicato alle interviste e io, nonostante fossi pressoché sconosciuto, destavo curiosità nei media internazionali per il modo improvviso in cui ero stato catapultato in gara. Inoltre, il giovedì è dedicato allo studio della pista; di solito la si percorre a piedi o in scooter, per vedere ogni punto del tracciato e discutere con i tecnici. È stato per me un sopralluogo incredibile, incrociavo i miei idoli e allo stesso tempo dovevo restare professionale perché il momento lo richiedeva. Camminavo e osservavo da vicino quei cordoli pensando che mi trovavo a 16.000 chilometri da casa. La sera prima delle prove non ho dormito per l'emozione, perché presto mi sarei trovato di fianco a vere e proprie istituzioni che fino a quel momento avevo visto solo in televisione: Jean Alesi, Gerhard Berger e Schumi, il campione del mondo in carica. Avevo ventitré anni e avrei corso per la Minardi, la passione non mi mancava ma l'esperienza nel competere in un circuito così importante, quella sì. Mi aggiravo per i paddock camminando a un metro da terra perché il mio sogno si stava realizzando, i miei sacrifici erano premiati. Con la testa persa nei miei pensieri, e cercando di trovare la giusta concentrazione che l'automobilismo impone, mi sono trovato di fronte il Kaiser. Con una certa titubanza mi presento e lui si mostra cordiale e affabile, contrariamente a quello che mi sarei aspettato. Anzi, forse notando la mia emozione mi assesta una pacca d'incoraggiamento sulla spalla. Un gesto che non scorderò mai, perché per me è stato come ricevere un'investitura dal pilota più grande del momento.

Ho sempre avuto un rapporto sereno e amichevole con

lui, molto più che con il fratello minore Ralf, che è stato anche mio compagno di scuderia quando stavo alla Jordan. Michael si è rivelato un modello in pista, un rivale leale e un valido compagno di squadra a calcio. A unirci infatti c'era la comune passione per il pallone. Ho perso il conto delle partite giocate insieme con la Nazionale piloti. Di solito si cercava di programmare questi eventi a ridosso dei GP, per avere più piloti in campo. Michael però si rendeva sempre disponibile, persino quando giocavamo in città minori o in date lontane dai weekend di gara.

Per lui qualsiasi impegno sportivo andava disputato a livello agonistico e quelle che in fondo erano solo partitelle a scopo benefico diventavano vere e proprie sfide. È stato in queste occasioni che ho imparato a capire il suo lato più perfezionista e, in fondo, più umano. Ovunque fosse chiamato, anche fuori dalla pista, non si risparmiava, ci metteva tutta la passione e dava il meglio di sé.

A calcio io me la sono sempre cavata piuttosto bene e Michael guardava me come un esempio da imitare. Sui campi di mezza Europa ci siamo molto divertiti e avevamo un'intesa perfetta. Una volta è venuto persino a chiedermi consigli su come calciare i rigori e le punizioni dal limite. Succedeva spesso di ritrovarci insieme ai rispettivi meccanici a fare partite improvvisate, con le porte create nel nulla, così come fanno i bambini che vanno a giocare nel parchetto vicino a casa. Devo ammettere che sono stati momenti di grandissima soddisfazione.

Si dice che l'automobilismo sia uno sport individuale.

Tecnicamente l'atleta è solo a lanciarsi a più di 250 chilometri all'ora sulla pista, ma in realtà è un vero sport di squadra e fanno parte del team i meccanici, gli ingegneri e i membri dello staff: senza di loro il pilota non può realizzare nulla. Il rapporto diretto con altri piloti, a eccezione del compagno di scuderia, non è paragonabile a quello che si crea negli spogliatoi di un campo da calcio, per esempio. Ecco perché ho sempre partecipato con piacere a quelle partite della Nazionale piloti. Anche Michael la pensava così: erano momenti di condivisione in cui abbassare la guardia e stabilire con i colleghi piloti, che sulla pista sono avversari, connessioni personali. È proprio negli spogliatoi a partita di calcio terminata che Schumi in più di un'occasione mi ha raccontato aneddoti della sua infanzia, di quanto gli piacesse correre dietro a un pallone. In quei momenti mostrava tutta la sua spontaneità.

Il Campionato del 1996 si chiude con il dominio delle Williams, ma Schumi sta prendendo confidenza con la macchina e regala qualche soddisfazione ai ferraristi, conquistando la sua prima vittoria col Cavallino nel GP di Spagna del 2 giugno, sulla pista di Barcellona trasformatasi in piscina per via della pioggia battente. Un successo a cui seguono altre vittorie, in Belgio (sempre sul tracciato «amico» di Spa) e in Italia. A fine stagione si piazza terzo, alle spalle di Villeneuve e del nuovo iridato Hill.

Ma c'è un altro GP che mi è rimasto nel cuore, quello del Canada del 1997, e non solo perché ho conquistato il mio primo podio in carriera. La gara viene interrotta a causa del brutto incidente di Olivier Panis, la classifica è congelata al 54°

giro e io sono terzo! Mi precedono Alesi e Schumi. Quando entrambi ci dirigiamo verso il podio per il cerimoniale di rito con la mia prima doccia di champagne, Michael mi si avvicina e non si limita a darmi una pacca, questa volta mi guarda dritto negli occhi, mi sorride e mi stringe la mano, quasi a dirmi: «Guarda dove ti trovi, sei su un podio di Formula 1!»

Il Mondiale è molto combattuto e Michael deve giocarsi la corona nell'ultimo appuntamento in calendario, il 26 ottobre 1997 a Jerez de la Frontera, dove si disputa il GP d'Europa. Si presenta da leader della classifica con settantotto punti, seguito a un solo punto da Villeneuve. Nel corso della gara i due contendenti lottano e si inseguono fino a ventun giri dalla fine, quando per evitare un attacco del canadese, il tedesco chiude il rivale all'entrata della curva Dry Sac. La collisione è inevitabile. Mentre Schumi si ritira tra le polemiche, Villeneuve prosegue la corsa verso il suo primo Mondiale. La manovra scorretta potrebbe costare al ferrarista una lunga squalifica, ma alla fine sarà punita dalla Federazione Internazionale con l'esclusione dalla classifica del Mondiale piloti.

Archiviata l'amarezza per l'occasione perduta, Michael affronta il Campionato del 1998 ancora più motivato. L'avversario però è cambiato. Al posto della Williams orfana del motore Renault, c'è la McLaren-Mercedes del finlandese Mika Häkkinen e dello scozzese David Coulthard, che vanta la presenza di Adrian Newey, un geniale progettista padre di quelle Williams imbattibili degli anni passati. Le «Frecce d'Argento» dominano subito i primi due GP, ma Schumi è pronto ad approfittare di alcune défaillance, come avviene il 16 agosto in Ungheria. All'Hungaroring, Häkkinen e Coulthard entrano in crisi di gomme e lui si lancia al loro inseguimento. Una volta in testa, Schumi s'invola verso una vittoria che riduce la distanza in classifica con Häkkinen. E nel GP successivo in Belgio, al tedesco si presenta la possibilità d'infliggere un nuovo ko al finlandese, ma accade quello che nessuno s'aspetta. Il 30 agosto il maltempo imperversa a Spa, dove si susseguono i colpi di scena, a partire dal via, quando s'innesca una paurosa carambola dopo la prima curva. Al secondo via è ancora caos, con Häkkinen che viene messo fuori gioco da Herbert. Lo scenario migliore per Michael, che quando passa in testa inizia ad assaporare il sorpasso in classifica sul leader della McLaren. Nel tentativo di doppiare Coulthard, però, tampona violentemente la McLaren distruggendo parte dell'avantreno della F300. Schumi è costretto a rientrare ai box su tre ruote, furioso per l'occasione sprecata. «Tu mi volevi uccidere!» urla a Coulthard, e solo l'intervento dei meccanici scongiura la rissa.

Una reazione a caldo dettata dalla paura e dal nervosismo, ma quel rallentamento improvviso di Coulthard desta qualche sospetto. Qualcuno azzarda che potrebbe averlo fatto apposta per favorire la corsa iridata del compagno Häkkinen...

Due settimane dopo, a Monza, viene siglata la pace tra i due e Schumacher si rifà insieme a Irvine firmando una doppietta. Si giunge così all'ultimo round: il GP del Giappone del 1° novembre. A Suzuka, Michael è in pole e deve assolutamente vincere, ma al termine del giro di ricognizione la sua Rossa ammutolisce sulla griglia dopo un piccolo sobbalzo. La verità emerge da lì a poco: a causa delle alte temperature, il tedesco ha accelerato troppo il ritmo nel corso del giro di formazione per favorire un maggior afflusso d'aria nei radiatori. Häkkinen, intuito il problema, ha rallentato il gruppo, costringendo il ferrarista, una volta giunto sulla piazzola, a restare fermo troppo a lungo in attesa del via. Risultato: quando Michael ha inserito la prima, il motore s'è spento.

Schumi paga a caro prezzo il problema perché deve partire dal fondo dello schieramento. Fa l'impossibile e rimonta fino al terzo posto, ma l'esplosione di uno pneumatico pone fine alle sue speranze e incorona Häkkinen.

Durante una tappa del Campionato successivo, l'11 luglio 1999, sul circuito di Silverstone, il ferrarista è vittima di un grave incidente nelle prime fasi del GP di Gran Bretagna. La sua F399 esce alla curva Stowe incastrandosi sotto il fascio di gomme davanti al guard-rail. Schumacher viene subito trasportato in stato cosciente all'ospedale, dove gli viene riscontrata la doppia frattura di tibia e perone della gamba destra. In un istante le speranze iridate svaniscono di nuovo.

Il 2000 è l'anno della riscossa e della conquista del suo terzo titolo, il primo con la Ferrari. Condivido il podio insieme a Michael in Brasile e in Canada; lui vince entrambi i GP, mentre io chiudo rispettivamente al secondo e terzo posto.

Nel 2001, il Mondiale di Schumi inizia col botto. Siamo a Melbourne e durante le prove del venerdì è protagonista di un'uscita di pista in cui capotta più volte, fortunatamente senza conseguenze. Michael non subisce nemmeno un graffio e la domenica s'aggiudica il primo GP stagionale. Salirà altre otto volte sul gradino più alto del podio e si riconfermerà campione (quarto titolo) il 19 agosto in Ungheria. Stesso copione l'anno dopo. Al volante della F2002, il Kaiser è un rullo compressore e i successi salgono a undici. A riprova che la Ferrari sia un'armata invincibile il secondo posto è di Barrichello, compagno del tedesco.

L'unico avversario che non intende piegarsi è il colombiano Juan Pablo Montoya, che al volante della Williams-BMW ingaggia dei duelli coriacei. La quinta incoronazione del Kaiser è datata 21 luglio, dopo aver tagliato vittorioso il GP di Francia. Un risultato che spalanca a Michael le porte della leggenda: ha raggiunto infatti il grande Juan Manuel Fangio, che tra il 1951 e il 1957 vinse cinque titoli alla guida di quattro vetture diverse, Alfa Romeo, Mercedes, Ferrari e Maserati.

Nella stagione 2003 la corsa iridata del Kaiser è in salita. A contendergli il titolo ci pensa un giovane finlandese, tanto talentuoso quanto introverso, ingaggiato dalla McLaren-Mercedes: Kimi Räikkönen. I primi posti di Schumi si riducono a sei. Purtroppo, la prima vittoria stagionale sarà anche la più triste dell'intera carriera. Nell'immediata vigilia del GP di San Marino, Michael e Ralf vengono informati della morte della madre, gravemente malata da tempo. I due fratelli erano andati a trovarla appena concluse le qualifiche, visto il quadro clinico sempre più critico, poi avevano fatto ritorno a Imola. Nonostante il grave lutto, entrambi decidono di gareggiare. Un esempio di grande professionalità. Schumacher riuscirà addirittura a vincere, prendendo parte a un cerimoniale molto sobrio.

Nel Campionato 2003 sono i piazzamenti costanti a regalare al ferrarista il sesto alloro mondiale, conquistato solo all'ultimo round in Giappone. Il 12 ottobre, a Suzuka, il tedesco non va oltre l'ottava piazza e respinge l'assalto di Räikkönen grazie al successo di Barrichello che toglie punti vitali al finlandese. Solo due lunghezze in classifica divideranno Michael da Kimi. Per la Ferrari si tratta di un trionfo dal sapore particolare: è il quinto Mondiale costruttori consecutivo e la monoposto vincente è la F2003GA, dedicata all'avvocato Gianni Agnelli, scomparso il 24 gennaio di quello stesso anno.

Quindici sono i successi del Cavallino l'anno dopo, di cui tredici firmati da Schumacher. A Magny-Cours si compie un vero capolavoro di strategia di squadra: non riuscendo a superare in pista la veloce Renault di Fernando Alonso, i tecnici della Rossa cambiano tattica imponendo al tedesco una sosta in più rispetto al rivale. Alla fine, i pit-stop di Michael, vincitore, saranno ben quattro, contro i tre di Fernando. Il 29 agosto arriva il settimo titolo proprio sul circuito del debutto: Spa. E il dominio si riconferma anche tra i costruttori.

Inaspettatamente nel 2005 si registra un'inversione di tendenza. La monoposto di Maranello non è competitiva come le precedenti e nella stagione che saluta il primo titolo del giovane spagnolo Fernando Alonso, Schumi è solo terzo, a quasi la metà dei punti. Michael ha saggiato la forza dell'avversario a Imola nei giri finali del GP di San Marino, dove cerca di strappargli la vittoria in tutti i modi, seguendolo come un'ombra, ma senza successo.

E la dimostrazione del talento di Alonso emerge definitivamente nel Mondiale successivo, quello del 2006, quando deve far fronte a una Ferrari davvero competitiva. La nuova monoposto si chiama F248 e conquista con Schumacher sette vittorie. La più commovente è quella del 10 settembre a Monza, perché subito dopo lo champagne arriva l'annuncio ufficiale (era nell'aria) del suo ritiro a fine stagione. Sarà sostituito da Räikkönen, giunto secondo e che viene abbracciato da Schumi sul podio, quasi un passaggio di consegne in mondovisione. Le emozioni però vengono subito accantonate, c'è infatti un titolo da contendere. Schumi fa centro in Cina, agguantando Alonso in testa alla classifica a due gare dalla fine, ma nel successivo GP in Giappone deve ritirarsi per la rottura del motore.

A Interlagos, Michael corre la sua ultima gara e a tenerlo in gioco è solo la matematica: deve vincere e sperare in un brutto risultato di Alonso, mio compagno di squadra. La gara è tutta fra noi e le Ferrari. Michael sfoggia un casco speciale con sette stelle d'oro e le sue novantun vittorie. Parte decimo per un problema in qualifica e io devo marcarlo stretto. Nella prima parte di gara mi supera, le Rosse sono troppo superiori (prova ne è che vincerà Felipe Massa). All'8° giro del GP è ancora dietro di me dopo la sosta e io non devo lasciarlo andare via. Ingaggiamo un lungo duello, dove non perdo di vista gli specchietti. Alla fine del rettilineo del traguardo, Schumi parte all'assalto, mi supera, ma ci tocchiamo. Il mio alettone anteriore colpisce la gomma della Rossa e dopo qualche decina di metri mi accorgo che ha bucato, quindi lo soprasso di nuovo. Michael però vuole chiudere alla grande e dopo essere ripartito ultimo, si getta in rimonta sfoggiando classe e grinta. Chiuderà ai piedi del podio, regalando un sorpasso magistrale su Räikkönen prima della curva «S» di Senna. Finita la gara, io e Schumi ci salutiamo senza rancore e mi ritrovo a pensare che per lui è stata l'ultima gara e in qualche modo gli ho negato la vittoria. Lui non ha nemmeno il tempo di realizzare tutto ciò perché lo portano via per le foto di fine stagione con tutto il suo team. Io torno dai miei: c'è un Mondiale costruttori da festeggiare, facciamo anche noi le foto di rito e brindiamo nel paddock come è giusto che sia. La gara finale è come l'ultimo giorno di scuola, ma stavolta so che al ritorno dalle vacanze qualcuno non ci sarà, e questo qualcuno è Michael.

Schumacher resta comunque nell'orbita Ferrari in veste di superconsulente prima e come terzo pilota poi. Nel tempo libero partecipa a gare in moto, prendendosi anche qualche rischio di troppo, forse mosso dalla nostalgia per la pista. Si parla addirittura di un suo possibile ritorno in F1 sulla Ferrari nell'agosto 2009, al posto di Felipe Massa, costretto a chiudere anzitempo la stagione dopo un pauroso incidente in Ungheria. Il tedesco compie alcuni test sulla problematica 056, ma rinuncia, anche a causa dei problemi al collo, postumi di un incidente in moto. Quella monoposto sarà prima affidata a Luca Badoer e poi a me.

Quando mi hanno detto che sarei entrato a far parte del

team Ferrari non potevo crederci: il mio cuore, fin da bambino, batteva per la Rossa e ora toccava a me tenere alto l'onore della mitica monoposto. Ricordo nitidamente il mio esordio, la mia prima volta alla guida di una Ferrari. Non potevo sperare di meglio: è stato in occasione del Gran Premio d'Italia, a Monza, che per un pilota italiano è come, per un calciatore, disputare il derby Roma-Lazio da titolare.

Il coronamento definitivo della mia felicità è stato quando, ad accogliermi e a darmi il benvenuto in Ferrari, mi si è avvicinato Schumacher. Mi ha detto che sarebbe stato presente a Monza e che avrebbe fatto il tifo per me. Il mio mito avrebbe fatto il tifo per me! Non potevo assolutamente deluderlo.

Dopo le prove del venerdì e del sabato sulla griglia di partenza ero al quattordicesimo posto. Già dalle sessioni di prove avevo capito di avere qualche difficoltà nell'adattarmi al KERS, un dispositivo che viene utilizzato per sfruttare l'energia cinetica convertendola durante la frenata, e dopo tredici anni di F1 ho dovuto adeguare il mio stile di guida. Ho tagliato il traguardo nono, mentre il mio compagno di scuderia, Kimi Räikkönen, era terzo. Un weekend che rimarrà per sempre nel mio cuore, anche se il risultato non fu quello sperato. Ricordo tutto come se fosse ieri, i poster di *Autosprint*, le telecamere di Sky che mi aspettavano nell'officina di mio padre, la pressione che ti assale in pista davanti alle tribune colorate di rosso. Una settimana incredibile vissuta tutta d'un fiato. Solo allora mi sono reso conto di cosa significhi correre in Ferrari.

Trascorrono pochi mesi e alla vigilia di Natale, Michael si regala un clamoroso ritorno in pista. Il profumo dell'asfalto lo chiama. Firma un triennale con la Mercedes, nata dalle ceneri della Brawn GP, fresca campione del mondo con Jenson Button. A convincerlo sono più fattori: dalla crisi di astinenza dai gran premi, alla presenza del fidato amico Brawn al timone delle Frecce d'Argento. L'avventura però sarà tutt'altro che esaltante. Le nuove monoposto completamente diverse, la scarsa competitività della vettura e forse i quarantun anni di età lo spingono a prestazioni al di sotto delle aspettative. Nonostante questo sale ancora una volta sul podio, conquistando il terzo posto nel GP d'Europa corso a Valencia il 24 giugno 2012.

Quell'anno saluta la pista, questa volta per sempre, lasciando grandi lezioni ai piloti e grande nostalgia nei tifosi. I suoi duelli agguerriti, la sua cura maniacale, la sua intelligenza in pista sarebbero rimasti, lo sapevano tutti, ricordi indelebili.

Il resto della storia è noto: il 29 dicembre 2013, durante una vacanza invernale sulle nevi di Méribel, in Francia, Michael sbatte violentemente la testa. Il grande pilota che è uscito incolume da paurosi incidenti, sempre pronto a ritornare in pista, viene fermato da una banale caduta sugli sci. È l'inizio di un lungo calvario, che continua tuttora, protetto dall'affetto e dalla discrezione di Corinna e dei figli. Il destino che lo ha sempre favorito in pista ora sembra accanirsi.

Apprendo la notizia su internet, inizialmente non mi rendo conto della serietà dell'incidente, poi i miei contatti in Ferrari mi comunicano che la cosa è più grave di quel che si pensava.

In quell'occasione ho voluto scrivere su Twitter un augurio: «Io ti conosco Michael, sei un grande. Questa è la corsa più difficile, ma sono certo che vincerai di nuovo». Ancora oggi voglio ripetere a gran voce l'augurio al Kaiser. Forza Michael!

Voglio chiudere questo omaggio al grandissimo Michael Schumacher raccontando un episodio che mette in luce il suo lato più umano e giocoso, che io ricordo con affetto.

Siamo al GP di Germania del 1997. Io parto secondo a soli 23 millesimi da Gerhard Berger, alla sua ultima gara in Formula 1. Dopo sedici giri mi ritrovo per la prima volta a condurre in testa una gara, sono consapevole di poter vincere. Al 39° giro però esplode lo pneumatico posteriore della mia monoposto e succede proprio all'entrata del Motodrome. Sento il boato del pubblico dalle tribune, tutti sanno che meritavo ormai quella vittoria. Compio un testacoda e riesco a riguadagnare i box, i meccanici sostituiscono la gomma danneggiata, ma sulla mia Jordan si è rotta una sospensione e poco dopo mi fermo a bordo pista deluso. Mancano un paio di giri e rimango fermo là a vedere il resto della competizione e la vittoria di Berger davanti a Schumi. So di aver fatto una grande gara ma ciò non contribuisce minimamente a consolarmi.

Alla fine, vedo Michael che mi si avvicina, si ferma e mi fa cenno di salire. Mi tengo stretto al cupolino della Ferrari e con un colpetto sul suo casco gli faccio capire che può partire. È una bellissima parata... Non so se la gente applaude più il secondo posto di Michael o la mia gara sfortunata, ma non m'importa. Arriviamo al box e lo ringrazio, lui si complimenta e mi dimostra con sincerità il suo dispiacere. Nel corso della conferenza stampa parlerà ancora della mia gara e della sfortuna che ho avuto, ma per me quel giro d'onore vale più di mille parole.

Sorpassi d'autore

Ayrton Senna diceva: «Non esiste una curva dove non si possa sorpassare». Per un pilota il sorpasso è il massimo gesto tecnico, l'equivalente del gol nel calcio, che non va considerato solo come la conclusione della palla in rete, bensì come l'intera azione di regia, movimento e coordinazione che precede e determina quel momento. Lo stesso vale per il sorpasso, un'azione che si gioca sulla velocità, la prontezza, la visione d'insieme e la strategia. Inizia come una guerra psicologica in cui il pilota da dietro si affaccia a destra e a sinistra, si mostra negli specchietti del rivale, si porta sempre più vicino, va a ridosso degli scarichi, mettendo l'altro in uno stato di costante allerta e tensione. Poi si passa all'azione: appena si apre un varco, arriva il momento dell'allungo, la staccata al limite per poi insinuarsi rapidi davanti. Riuscirci è una delle più grandi soddisfazioni che si possano avere sull'asfalto. Ancora maggiore quando le condizioni sono proibitive. Per esempio, quando piove. Correre sull'acqua non è semplice, anzi; figuriamoci tirare la staccata in prossimità di una curva. In queste situazioni critiche bisogna valutare attentamente quanto convenga tentare un sorpasso alla disperata. I grandi piloti sono maestri nel combinare con equilibrio l'azzardo e il senso strategico.

Il 27 agosto 2000 è una data che tutti gli appassionati di automobilismo ricordano. Il sorpasso a cui abbiamo assistito quel giorno merita di entrare negli annali della F1 come uno dei più belli, audaci e incredibili di tutti i tempi.

Siamo a Spa, GP del Belgio. Va in scena l'ennesimo duello tra Schumacher alla guida della Ferrari e Häkkinen su McLaren, una rivalità che ha animato l'intera stagione. Il tedesco, a lungo leader, si è visto raggiungere e superare in classifica dal «Finlandese volante», che a cinque gran premi dalla fine ha due preziosi punti di vantaggio e la forza psicologica per effettuare una gran rimonta. Ma il Kaiser ama Spa e su quella pista non ha rivali.

Durante le sessioni di prove di venerdì e sabato io guadagno l'undicesima posizione e da lì parto la domenica. Quella mattina aveva piovuto e come spesso accade in Belgio, la corsa è condizionata dal meteo, tant'è che al 13° giro Häkkinen va in testacoda sull'asfalto bagnato. Il Kaiser ha la strada spianata: il GP sembra suo. Ma via via che la pista inizia ad asciugarsi, Mika recupera metri su metri e si presenta negli specchietti della Rossa. È il giro numero 40, quando tenta l'azzardo sul rettilineo del Kemmel. Schumacher reagisce con durezza e respinge l'assalto. Passa un giro e il finlandese mette nuovamente il tedesco nel mirino. Rispetto a prima, però, lo scenario è leggermente diverso: tra i due c'è un concorrente da doppiare, Ricardo Zonta. Schumi calcola la traiettoria, si porta all'esterno e lo scavalca in scioltezza. Ma una volta superata la monoposto del brasiliano, vede sfilare davanti a sé Häkkinen. Il finlandese, con una mossa fulminea e spericolata, si è buttato sul cordolo interno, a 300 all'ora, incurante del terreno ancora umido, e chiude la porta al ferrarista alla doppia curva di Les Combes. Häkkinen vincerà il Gran Premio, ma sarà l'ultimo della stagione, perché da quel momento Schumacher non gli concederà più nulla. Io quell'anno correvo con una Benetton poco competitiva sui circuiti veloci e in quella gara mi ero ritirato all'8° giro per problemi di elettronica, così ho assistito al sorpasso dal mio motorhome e ammetto di essere sobbalzato sulla sedia, eccitato per Häkkinen e allo stesso tempo spaventato per il povero Zonta. Se è da un sorpasso che si misura un campione, Häkkinen sicuramente è stato uno dei più grandi.

Come abbiamo visto, le condizioni atmosferiche rendono insidiosi tutti i tracciati, ma alcune piste sono proibitive di per sé. Pensiamo al percorso strettissimo e tortuoso di Monte Carlo, dove superare è quasi impossibile. Eppure, ce l'ho fatta: nel 2006 ho superato due volte David Coulthard e poi ho infilato Jacques Villeneuve a ruote bloccate alla staccata verso la chicane del porto. Questa è una modalità un po' anomala; avendo pochissimo spazio di frenata nella staccata in curva, l'unico modo per effettuare il sorpasso restando in pista è superare la vettura che ti precede e frenarle davanti con tutte e quattro le ruote, in pratica inchiodandole davanti.

È un sorpasso molto duro, ma su alcune piste come quelle di Monte Carlo non ci sono alternative. È stata un'impresa non da poco.

Su quelle stradine proprio il padre di Jacques, l'indimenticato Gilles Villeneuve, nel 1981 ha compiuto un sorpasso da manuale. Per tutta la gara si era conteso il primo posto con Nelson Piquet e Alan Jones, campione del mondo in carica. Era stato un GP particolarmente emozionante, pieno di cambi al vertice e uscite impreviste (come quella di Piquet al giro 53), ma arrivati a quattro giri dal termine i giochi sembravano ormai fatti, con Alan Jones lanciato verso il traguardo. Villeneuve però non vuole arrendersi: recupera il vantaggio, mangia metro dopo metro e si porta negli scarichi della potente Williams del rivale. E qui la mossa da maestro: proprio sul rettilineo d'arrivo fredda l'australiano con un sorpasso che gli vale la vittoria. È il primo successo di una Ferrari spinta da un motore turbo e gli yacht ormeggiati al porto suonano le sirene per festeggiare l'impresa del canadese. Un episodio che diverrà una tradizione al termine di ogni GP nel Principato.

La stessa storia di questo sport, quando la F1 non era ancora nata e le corse potevano essere seguite solo sulla carta stampata, inizia con un sorpasso entrato nel mito, frutto di audacia e furbizia. Siamo nel lontano 1930, per l'esattezza il 13 aprile, nella parte finale della Mille Miglia, la popolare corsa su strada che infiammò l'Italia per un trentennio, a partire dal 1927. Una maratona massacrante che durava quasi un giorno intero, correndo anche di notte, con le vetture che attraversavano la penisola in mezzo ad ali di folla:

si partiva da Brescia, si arrivava a Roma, per tornare ancora a Brescia. In quella quarta edizione della «Freccia Rossa», Achille Varzi teneva sicuro il comando della gara e si sentiva ormai lanciato verso la vittoria. Ma Tazio Nuvolari, dopo un lungo inseguimento, aveva raggiunto l'Alfa Romeo 6C 1750 gemella, pilotata dal rivale. Era notte, così si racconta, e insieme al copilota Gianbattista Guidotti decise di giocare d'astuzia: per non essere visibile spense i fanali, assumendosi tutti i rischi di procedere nell'oscurità. Non vedendo più le luci degli inseguitori, Varzi credette di aver aumentato il proprio vantaggio, quand'ecco che venne sorpreso e superato da Nuvolari, che s'involò verso il trionfo. A posteriori emerse che il sorpasso avvenne poco prima delle sei, quando iniziava ad albeggiare, ma perché togliere fascino a quel gesto passato alla storia come il «sorpasso dei fari spenti»?

A proposito di mito, fu spettacolare il Gran Premio di Francia disputato a Digione nel 1979. Quell'anno la Ferrari detta legge su qualunque circuito con la 312T4, affidata alla coppia formata da Jody Scheckter e Gilles Villeneuve. Ma quel 1° luglio, la Renault Turbo RS10 di Jean-Pierre Jabouille, partita dalla pole, va in testa al giro 47 e fa il vuoto. Mentre Jabouille è lanciato tranquillo verso il traguardo, dietro si scatena la battaglia per la piazza d'onore tra l'altra Renault di René Arnoux e la Rossa di Villeneuve. Agli attacchi furiosi del francese, il canadese risponde con staccate al limite e mettendo la 312T4 di traverso. In gergo, mettere l'auto «di traverso» indica un tipo di guida in cui la vettura «scivola» per posizionarsi in diagonale con una sbandata controllata con le ruote posteriori che perdono aderenza, un tipo di guida molto simile a quella delle corse di rally e resa celebre dal film *Fast & Furious*. Le monoposto si superano ripetutamente e si sfiorano in piena velocità, mandando in visibilio sia gli spettatori in tribuna, sia quelli a casa davanti alla tv. Alla fine, Gilles riuscirà a precedere il rivale ed entrambi saranno consacrati al pari del vincitore.

Ma Villeneuve non fu solo eccezionale nei sorpassi. Si distinse anche nel contrastarli, resistendo agli assalti e alle pressioni. Per un pilota non è mai piacevole vedersi superato, è uno smacco difficile da digerire. E nei miei tredici anni in F1 ho dovuto purtroppo impararlo. Mi ricordo ancora il GP del Giappone del 2005. Sulla velocissima pista di Suzuka, ero in testa a due tornate dal termine. Ero però in crisi di gomme e dovevo guardarmi dal ritorno della McLaren-Mercedes di Räikkönen, autore di una superba rimonta. La sua vettura era sempre più grande nei miei specchietti, mi seguiva come un'ombra alla chicane del triangolo, per poi prendermi la scia sul rettilineo d'arrivo. Kimi, che di sorpassi come abbiamo visto se ne intendeva, si è buttato sulla sinistra, io cercavo di resistergli come potevo, le nostre ruote quasi si toccavano, ma all'entrata della prima curva l'ho visto sfilarmi tutto all'esterno. Quanto è dura da accettare una beffa simile! Però è altrettanto vero che se sei alla guida di un mezzo «inferiore», o in condizioni critiche, ti senti quantomeno sollevato sapendo di aver dato il massimo.

E, in fondo, nella F1 moderna il sorpasso fa parte del gioco. Si tenta e si resiste sapendo che a volte la strategia può avere un ruolo ancora più importante dello scontro diretto. Basta un buon pit-stop per guadagnare la posizione sperata o riconquistarla una volta persa. Per cui è inutile rischiare un sorpasso azzardato o andare in collisione per resistere, quando una visione più lungimirante può evitare un contatto che danneggerebbe sia il pilota sia la scuderia.

Era un po' diverso ai tempi di Gilles Villeneuve, quando la tecnologia non aveva un tale peso e la gara era molto più basata sull'intuito del pilota. Lì, saper resistere a ogni costo era una gran dote. Pensate al GP di Spagna del 1981. Sul circuito di Jarama, una volta in testa, il ferrarista si vede raggiunto da un trenino di cinque monoposto che cercano di insidiarlo in tutti i modi. Un assalto all'arma bianca nelle fasi conclusive portato principalmente da Jacques Laffite con la sua Ligier-Matra, ma Gilles indomito resiste chiudendo ogni varco e allungando sui tratti rettilinei sfruttando il turbo della sua 126CK. Il piccolo funambolo taglierà il traguardo vittorioso, siglando purtroppo il suo ultimo successo in F1.

Un epilogo simile andrà in scena la stagione successiva, con protagonisti sempre i colori italiani. È il 23 agosto quando il romano Elio De Angelis respinge il ritorno del finlandese Keke Rosberg e s'aggiudica allo sprint il GP d'Austria. Per il ventiquattrenne pilota della Lotus si tratta della prima vittoria nel Mondiale.

È un grande rimpianto per me non aver mai conosciuto Elio. Ne ho sempre ammirato i modi garbati ed eleganti, e ovviamente il suo stile di guida, da vero pilota di razza. Il ricordo del suo incidente mortale a Le Castellet nel 1986 mi mette ancora i brividi. Durante una sessione di prove, si staccò l'alettone posteriore facendo perdere stabilità alla monoposto. Dopo una serie di capottamenti, la BT55 finì contro una barriera e prese fuoco. Alcuni piloti, tra cui Alan Jones, Alain Prost e Nigel Mansell, tentarono inutilmente di estrarre il collega. Trascorsero parecchi minuti prima che i commissari e meccanici, che peraltro non indossavano la tuta ignifuga, riuscissero a soccorrere Elio, che morì il giorno dopo, anche a causa dei gas tossici inalati. Una disgrazia da imputare a misure di sicurezza poco efficaci e alla lentezza dei soccorsi, come la mancanza in pista dell'elicottero, che arrivò mezz'ora dopo l'incidente. Non a caso, dopo quella tragedia qualcosa inizierà a cambiare.

Tutti gli anni Ottanta sono caratterizzati dalla presenza dei motori turbo (resteranno in vigore fino al 1988). Una strada aperta dalla Renault nel GP di Gran Bretagna del 1977 e seguita dalla Ferrari e dai grandi costruttori come Honda e BMW. Il potente motore sovralimentato realizzato a Monaco di Baviera sarà il primo a conquistare il Mondiale, spingendo la Brabham di Nelson Piquet. Ed è proprio lui a firmare un sorpasso da antologia il 10 agosto 1986. Il palcoscenico è quello del GP d'Ungheria, prima gara di F1 a svolgersi oltre la Cortina di Ferro. All'Hungaroring, un tracciato tortuoso poco incline ai sorpassi, Senna e Piquet danno vita a una lotta senza quartiere, confermando la grande rivalità che li divide. Senna è in testa, Piquet lo raggiunge al 30° giro e lo attacca all'interno verso la fine del rettilineo del traguardo; solo che arriva lungo e il pilota della Lotus-Renault mantiene la testa. La tornata successiva il copione si ripete, soltanto che Piquet si butta all'esterno e giunto alla curva stringe la corda, mettendo la sua Williams-Honda di traverso come se fosse un kart e passando definitivamente il suo antagonista. Una mossa vincente che gli regala la vittoria della gara.

Ma nella seconda metà degli anni Ottanta, la ribalta dei sorpassi spetta a Nigel Mansell. Inglese, classe 1953, dopo cinque stagioni con la Lotus approda alla corte di Sir Frank Williams e diventa il «Leone». Un soprannome guadagnato sull'asfalto per via della grinta mostrata in ogni sua azione in pista. Ne sa qualcosa Piquet, suo compagno di scuderia. Nel GP di Gran Bretagna del 1987, Nigel insegue il brasiliano leader della gara e dopo averlo raggiunto lo infila alla curva Stowe. Un'azione che manda in estasi i tanti tifosi che affollano le tribune di Silverstone. Due anni dopo, Mansell veste la tuta rossa griffata Ferrari e nel GP d'Ungheria si impone partendo dalla sesta fila. Una rimonta in cui annichilisce gli avversari con sorpassi da manuale. Il più bello è quello che compie ai danni della McLaren di Senna, che mentre sta per doppiare una Onyx viene freddato dal Leone che gli soffia la leadership e la vittoria.

A poco meno di un anno di distanza, ecco una nuova perla del britannico. È il 24 giugno 1990 e mentre Prost si avvia alla conquista del GP del Messico sulla Ferrari gemella, Mansell ingaggia una lotta con Gerhard Berger per il secondo posto, che ha il suo epilogo nell'ultimo giro con un prepotente affondo nella velocissima curva della Peraltada. Traiettoria tutta all'esterno e gas aperto! Al box del Cavallino esplode la festa per la doppietta. Oggi quella curva è dedicata al Leone, proprio in ricordo di quel sorpasso epico. Una curva davvero disgraziata perché è lì che nel 1962 ha perso la vita Ricardo Rodríguez durante una sessione di prove nemmeno valide per il Mondiale. Chissà se a Mansell nell'affrontare la curva il pensiero è volato a quel tragico episodio, chissà se dando gas ha rivolto un saluto a Ricardo e poi via verso il podio.

Nel 1991, il Leone torna al volante della Williams, una monoposto decisamente in crescita, ed eccolo siglare un altro capolavoro. 29 settembre, Barcellona: Mansell affianca Senna sul lungo rettilineo e tra i due inizia un confronto di velocità, uno accanto all'altro tra scintille e ruote anteriori che si sfiorano. Nessuno dei due vuole mollare fino all'ultimo metro. Una volta in prossimità della curva, sarà la Williams ad avere la meglio sulla McLaren. Qualcuno definirà questo sorpasso il più lungo della storia. Un boccone amaro per uno come Senna, non certo abituato a finire negli scarichi degli avversari.

Negli anni Novanta la Formula 1 vive profondi cambiamenti. Dopo la tragica morte di Ayrton, il 1° maggio 1994 a causa dell'incidente avvenuto sul circuito di Imola, finisce un'era e si corre ai ripari al fine di migliorare la sicurezza. Le monoposto devono rispondere a standard molto severi, ma al tempo stesso sono figlie di una tecnica sempre più esasperata, sia per i materiali speciali utilizzati, sia per l'ausilio dell'elettronica; la macchina inizia a prevalere sull'uomo. Una corsa all'innovazione tecnologica che richiede ingenti capitali e organici sempre più numerosi. La F1 è ormai divenuto uno sport di vasto interesse mediatico, capace di attirare grandi case e ricchi sponsor. Il tutto organizzato dalla mente geniale di Bernie Ecclestone.

In questa nuova dimensione è la Williams-Renault a dettare legge, sfornando modelli sempre al top. A partire dal 1992 domina con Mansell, tocca poi a Prost e infine con Damon Hill e Jacques Villeneuve. Memorabile il loro duello nel GP d'Australia del 1996. Dopo il pit-stop, Damon rientra davanti al compagno che perde la testa della corsa. Jacques però lo segue come un'ombra e dopo poche curve lo supera con una grande manovra, tutta all'esterno. Per contenere il ritorno del britannico, il canadese forza, va largo oltre il cordolo, ma tiene ugualmente la sua FW 18 e resta al comando. La battaglia tra le due vetture anglofrancesi andrà avanti fino a che una noia meccanica costringerà Villeneuve a rallentare e a cedere la vittoria al compagno, giungendo comunque secondo.

La dittatura Williams vive però un biennio di difficoltà dopo la morte di Senna e ad approfittarne è la Benetton, che insieme al nuovo fenomeno Michael Schumacher centra due titoli iridati. L'ascesa del tedesco entra inevitabilmente in rotta di collisione prima con Hill e poi con Villeneuve. Tra Jacques e Michael non mancano i confronti diretti, come in Portogallo nel 1996. Si combatte per il secondo gradino del podio con i due vicinissimi. Il tedesco resiste e allora Jacques attende il momento propizio, che si presenta quando Michael deve doppiare la Minardi di Giovanni Lavaggi. Di fronte al leggero rallentamento della Ferrari, Villeneuve si butta sulla sinistra e spinge a fondo sull'acceleratore. La resistenza di

Schumi è vana e il portacolori della Williams andrà incontro al successo.

Il 1997 mi fa tornare alla memoria il GP del Belgio a Spa, una pista che ho sempre amato. Ricordo la pioggia in partenza e Schumacher che scappa via dalla pole. Io invece, partito dalla seconda fila, mi trovo a duellare prima con Alesi, che supero dopo averlo affiancato alla curva Rivage, e poi con Villeneuve. Raggiungo il canadese della Williams alla chicane Bus Stop e proprio mentre preparo l'affondo decisivo, lui prende la via dei box. In quel GP lotterò sino alla fine, riuscendo a giungere secondo dietro a Schumi.

Durante tutta la gara i piloti sopportano sforzi fisici davvero notevoli. Sono sottoposti ad accelerazioni ben superiori a quella di gravità, arrivando in alcuni casi anche a cinque volte tanto: molto di più di un astronauta alla partenza dello shuttle, tenendo presente che per l'astronauta l'accelerazione dura pochi minuti e lui indossa una tuta appositamente studiata per limitare l'impatto. Ma il problema maggiore sono le decelerazioni, quando in pochi metri una monoposto passa da oltre 300 ai 60-70 chilometri orari (per esempio la staccata alla prima variante di Monza). In questi casi le cinture di sicurezza, che per i comuni automobilisti servono solo in caso di urto, diventano fondamentali. Un pilota che pesa sui 70 chili, durante una di queste staccate, si ritrova a contrastare con le braccia una forza pari a 340 chili.

Ma è nel momento del sorpasso che il corpo dei piloti è sottoposto al maggiore stress psicofisico. La preparazione atletica è importantissima ma quello che fa la differenza è la concentrazione, la capacità di mantenere il sangue freddo. Durante tutta la gara il battito cardiaco è rapido come le velocità che si raggiugono in pista, ma in una fase critica, come un sorpasso, i battiti cardiaci raggiungo i 180-190 al minuto, una prestazione quasi al limite delle possibilità umane se pensiamo che in media le persone a riposo hanno i battiti a 70-75.

L'allenamento prima di un Gran Premio è intenso e prevede oltre a sessioni di lavoro cardio, piscina e palestra, tanti esercizi per braccia, gambe e collo, che devono essere robusti e pronti a sostenere la forza di gravità. È prevista anche una sessione speciale sui kart: al casco usato in questo tipo di allenamento vengono aggiunti dei pesi per abituare il fisico alle forze cui sarà sottoposto su un'auto di F1. Intorno al casco dal peso maggiorato è inoltre applicata una banda elastica che viene tirata mentre il pilota cerca di contrastarne la forza tenendo la testa dritta e in posizione.

Ci sono gare, come sul circuito di Sepang in Malesia, in cui si arriva a perdere due-tre chili. Si tratta soprattutto di liquidi e quindi è fondamentale reidratarsi. Le altre esigenze muscolari vengono trattate con massaggi, in particolare per le parti più sollecitate come collo, gambe e braccia. Per il resto, se hai fatto una bella gara con risultato positivo, la fatica passa in fretta: basta isolarsi e rilassarsi, magari con della musica. Per quanto mi riguarda, la migliore medicina è tornare in fretta dalla mia famiglia per abbracciare moglie e figli, quindi mi trattengo nel circuito il tempo utile per il briefing postgara e poi mi imbarco sul primo volo.

A far sudare sette camicie al Kaiser, verso la fine di questo decennio, ci pensa Mika Häkkinen, il «Finlandese volante» autore dello spettacolare sorpasso che abbiamo visto all'inizio del capitolo. È velocissimo e correndo in F1 dal 1991 ha maturato una certa esperienza. Il suo momento arriva grazie al matrimonio tra la McLaren e la Mercedes. Un mix quasi perfetto tra il potente V10 teutonico e il telaio progettato dal geniale Adrian Newey. La lotta tra la Rossa di Maranello e le Frecce d'Argento regala momenti di grande spettacolo. Io posso vantarmi di essere stato uno spettatore privilegiato di una di queste battaglie, il 26 luglio 1998.

Impossibile dimenticare quel GP d'Austria all'A1-Ring, perché nonostante le condizioni della pista compromesse da un violento acquazzone, riesco a siglare la prima pole position della mia carriera. In questo caso la strategia attendista ha funzionato: avevo aspettato sino all'ultimo prima di lanciarmi nel giro veloce, nella speranza che, cessato il temporale, il manto stradale andasse asciugandosi. Quando ci si trova in pista spesso le decisioni si devono prendere nel giro di qualche secondo. Durante le prove e nelle riunioni di scuderia si stabiliscono strategie, gli ingegneri e i meccanici suggeriscono e danno direttive generali, ma poi spetta all'intuito del driver mettere in pratica la teoria e talvolta capita che sia l'opposto di quello che si era concordato nel paddock. Il pilota deve valutare in un tempo ristrettissimo tante variabili e proprio questa capacità rende un automobilista più abile di un altro. Ecco perché la forza mentale fa la differenza in competizione.

La domenica pomeriggio è una grande emozione schierarmi in prima fila e vedere la pista completamente libera davanti a me. Purtroppo, al via vengo superato da Häkkinen alla prima curva e dopo l'intervento della safety-car, complice un incidente nelle retrovie, Schumacher mi passa, attacca il finlandese e mette il muso della sua Ferrari davanti alla McLaren, solo che arriva lungo e deve alzare il piede. Quale occasione migliore per tornare secondo? Il tedesco si ripiglia la sua posizione al 5° passaggio. Mi ritrovo terzo e dall'abitacolo della mia Benetton assisto agli assalti di Michael. Mika però mette in mostra tutta la sua freddezza, procedendo spedito senza lasciarsi intimidire. Allora Schumi forza finendo però oltre il cordolo; galleggia sulla sabbia e perde l'ala anteriore, compromettendo la sua corsa. Resto secondo fino al rifornimento. Purtroppo, rientrando in pista mi ritrovo al fianco della Sauber di Alesi. Nessuno di noi vuole dare strada all'altro e terminiamo il Gran Premio nella via di fuga.

In quegli anni l'Uragano rosso lascia poco spazio alla concorrenza, malgrado qualcuno cerchi di opporre resistenza. È il caso di un colombiano approdato in F1, dopo aver vinto il Campionato di Formula Cart americano nel 1999 e la 500 Miglia di Indianapolis l'anno dopo: Juan Pablo Montoya. Viene ingaggiato dalla BMW-Williams e sin dal suo primo GP ostenta una certa spavalderia. Nel GP del Brasile del 1° aprile 2001 dà vita a un confronto «muscolare» con Schumi. Tutto accade all'inizio del 3° passaggio dopo il rientro della safety-car. Appena transitato sul traguardo, Montoya aggredisce Michael, scegliendo la traiettoria interna alla prima curva tutta in discesa. La sua BMW-Williams tocca con la ruota posteriore destra la gomma sinistra della Ferrari. In pratica Montoya accompagna Schumi all'esterno e passa di forza. Una fatica inutile, perché il colombiano vedrà sfumare la vittoria, complice un tamponamento di Jos Verstappen.

In quella stessa corsa io ingaggio una lunga battaglia con Alesi su un asfalto reso insidioso dalla pioggia. Raggiungo la sua Prost a dieci giri dal termine e lì inizia il duello. Cerco il varco giusto, ma lui chiude sempre la porta. Finché a cinque tornate dal traguardo parto all'attacco e lo passo all'entrata della curva Pinheirinho. Chiudo con un incredibile sesto posto, in zona punti, dopo essere partito diciottesimo. È stata una soddisfazione unica: a volte non è così importante vincere, a volte conta di più essere soddisfatto della propria prestazione e aver guadagnato tante posizioni dalla griglia di partenza. A volte la migliore gara è quella in cui dai il meglio e basta. È proprio questa la motivazione che anima chi corre in fondo al gruppo, ma al contrario di quanto possa sembrare, forse questi piloti hanno più grinta di chi corre in un top team. L'unico modo per farti notare è dare il massimo e riuscire a ottenere un buon risultato con la monoposto meno competitiva. Io ho costruito così la mia carriera prima di arrivare ai massimi livelli: ero determinato anche quando correvo in ventesima posizione con una Minardi o una Force India, se poi sfioravo la zona punti ero felice come se avessi vinto.

Il 2001 è l'anno di un altro debuttante, più giovane di Montoya: il ventunenne Kimi Räikkönen. Un finlandese timido e introverso, che dopo aver dominato il Campionato di Formula Renault inglese viene ingaggiato a sorpresa dalla Sauber. Ebbene, questa recluta mostra tutto il suo talento niente meno che a Spa, quando al 3° passaggio attacca all'uscita della curva Blanchimont la Bar-Honda di Villeneuve. Il canadese ha poco da fare e cede la sua posizione alla curva del Bus Stop. Gesta che non sfuggono a Ron Dennis, che dalla stagione successiva affiderà a Räikkönen il volante della McLaren-Mercedes. E una delle vittime di Kimi sarà proprio Montoya nel 2002 all'Hungaroring, pista dove i sorpassi sono merce rara. Con le Ferrari che fanno il vuoto, nelle retrovie il finlandese punta il colombiano. Prepara il sorpasso optando per una traiettoria esterna, che gli permette di presentarsi all'interno nel tornante successivo. Un vantaggio che Räikkönen sfrutta appieno mentre il sudamericano finisce fuori pista danneggiando la propria vettura.

Con il suo passaggio a Maranello nel 2007, il finlandese sarà protagonista di grandi duelli con un esordiente destinato a far parlare molto di sé. Il suo nome è Lewis Hamilton, un inglese di colore, classe 1985, che sbarca nel Circus vantando una lunga serie di successi nelle formule minori. A Monza, il britannico in forza alla McLaren-Mercedes fulmina Kimi alla staccata della prima variante nel corso dell'11° giro. I due si affrontano nuovamente in Belgio a distanza di un anno. Si inseguono a vicenda per tutto il Gran Premio e nei giri finali danno vita a un entusiasmante corpo a corpo, mentre comincia a piovere. Kimi è davanti, Lewis porta il suo assalto alla Bus Stop, ma taglia la chicane e deve cedere la posizione per regolamento. L'inglese resta dietro al ferrarista, esce a sinistra per poi buttarsi subito a destra in prossimità della curva successiva, la Source, tutta a gomito. Il colpo questa volta va a segno e Hamilton può volare verso la discesa, la temibile Eau Rouge. Inutilmente: al termine del GP viene penalizzato per la manovra al Bus Stop. Pur avendo ridato strada a Räikkönen, si era mantenuto in scia per poi ripassarlo nuovamente. Da qui la penalizzazione di 25 secondi da aggiungere al tempo finale, che decretano la vittoria assegnata a Felipe Massa, il grande avversario di Hamilton in questo Campionato.

Il pupillo di Ron Dennis sarà protagonista anche nelle gare dell'ultimo decennio, confrontandosi con campioni esperti come Alonso e nuovi come Nico Rosberg, figlio di Keke, e Sebastian Vettel. Quest'ultimo salirà alla ribalta insieme al suo team, la Red Bull. Una realtà facente capo al magnate austriaco Dietrich Mateschitz, il cui cammino ricorda un po' quello della Benetton degli anni Novanta. Prima presente in veste di sponsor, poi in qualità di costruttore e soprattutto non legato al settore automobilistico, bensì alla produzione di bibite energetiche. Grazie ai colpi di genio del progettista Adrian Newey, ingaggiato dalla Red Bull, Vettel si trova a disposizione delle monoposto quasi perfette, con cui vincerà quattro titoli iridati.

Sono anche gli anni di Fernando Alonso che, passato alla Ferrari nel 2010 dopo due stagioni anonime alla Renault, torna a essere molto competitivo. A Monza, nella gara di casa, l'asturiano manda in delirio i tanti ferraristi conquistando il successo dopo aver inseguito Jenson Button sin dal via. Il momento clou è al 36° passaggio. L'inglese opta per la sosta ai box, il ferrarista resta in pista e rientra il giro dopo. I meccanici fanno il miracolo, permettendo a Fernando di tornare in pista davanti a Jenson, che cerca di tirare la staccata. Ma il ferrarista lo precede alla prima variante, riuscendo poi a contenerne gli assalti alla Roggia; singolare l'atteggiamento del doppiato Yamamoto, che vedendo sopraggiungere i due battistrada si fa da parte nella via di fuga.

Alonso entusiasmerà il pubblico di Monza anche nel 2011 (il Campionato in cui vengono introdotti il KERS e il DRS per aumentare i sorpassi). Pur non avendo una vettura competitiva, lo spagnolo s'inventa una partenza da manuale, in cui si butta all'esterno verso il muro e si beve il poleman Vettel, Hamilton e Button. La leadership del ferrarista durerà purtroppo solo qualche tornata. Al rientro della safety-car, è raggiunto da Vettel che cerca di sorprenderlo alla Roggia, ma Fernando non molla. All'inizio del 5° passaggio, il tedesco attua un'azione di disturbo al termine del rettilineo, uscendo dalla prima variante in scia al suo avversario. Affronta il curvone all'esterno messo alle corde da Alonso, ma giunto in prossimità della seconda variante ha lo spunto decisivo, grazie anche alla potenza della sua Red Bull-Renault.

Altro match da ricordare, fra questi due assi del volante, ha luogo a Silverstone nel 2014. Una corsa divisa in due parti, causa la bandiera rossa iniziale. Al secondo via, Vettel si ritrova dietro Alonso dopo la sua seconda sosta e si mette in caccia del ferrarista. Il confronto dura per parecchi passaggi, con la Ferrari e la Red Bull più volte appaiate. Solo a cinque tornate dal termine, il teutonico riuscirà ad avere la meglio alla Brooklands, arpionando la quinta posizione che manterrà sino alla bandiera a scacchi. Una stagione importante quella targata 2014, perché segna sia il passaggio dai motori V8 ai V6 turbo, sia l'introduzione di una doppia alimentazione combinata termica ed elettrica, la cosiddetta power unit.

Novità regolamentari che provocano anche un avvicendamento al vertice del Mondiale 2015. Finisce l'era Red Bull e inizia quella Mercedes. Rosberg e Hamilton (driver delle Frecce d'Argento dal 2013) fanno man bassa e per la concorrenza si annunciano tempi duri. La Red Bull, orfana di Vettel emigrato a Maranello, cerca di fronteggiare le avversarie puntando su un pilota di talento: Daniel Ricciardo, un australiano di origini italiane cresciuto nel vivaio della scuderia di Mateschitz. Così come un olandese appena diciottenne, figlio d'arte, piazzato dal padre sui kart dall'età di quattro anni. È Max Verstappen, figlio di Jos, ex compagno di Schumacher alla Benetton. Un ragazzino tanto terribile quanto arrogante, soprattutto in pista. Debutta sulla Toro Rosso (team satellite Red Bull) e al GP di Monaco sfodera tutta la sua irruenza superando Pastor Maldonado al 6° giro sulla stretta salita che porta al casinò. La sua corsa terminerà tre giri dopo, complice la collisione con Romain Grosjean, altra testa calda.

La stagione dopo, Max viene promosso alla guida della Red Bull a Mondiale già iniziato e al suo esordio a Barcellona centra la sua prima vittoria. Sono in tanti ad affermare che sia nata una nuova stella, ma non mancano gli scettici, visti i botti in cui l'olandese resta coinvolto. Per contro, firma autentici capolavori di guida come il GP del Brasile del 13 novembre 2016. A Interlagos piove a sprazzi, la peggiore condizione per i piloti che si trovano alle prese con il rebus gomme. Senza contare che l'asfalto della pista brasiliana non drena l'acqua.

Ebbene, Verstappen stupisce tutti compiendo manovre incredibili. Duella con Rosberg superandolo alla «S» di Senna, poi mentre percorre la curva in salita dell'Arquibancadas perde il controllo della macchina, ma riesce miracolosamente a evitare il testacoda e a difendersi dal ritorno di Rosberg, mantenendo la seconda piazza. Quando al 54° giro rientra in pista dopo aver montato le gomme da bagnato si ritrova 11° e dà vita a una rimonta da incorniciare. Nei sedici passaggi che gli restano Max mette le ruote dove nessun altro ha il coraggio e sale addirittura sul terzo gradino del podio. L'ultimo attacco lo sferra ai danni del coriaceo Sergio Pérez, che resiste col coltello fra i denti all'esterno, ma poi si arrende.

I grandi sorpassi si fanno anche oggi, ma non sono più insidiosi e spettacolari. La F1 moderna ha penalizzato questo gesto, facendo sempre più affidamento sulla tecnologia e la strategia. Le configurazioni aerodinamiche delle monoposto creano turbolenza nel retrotreno investendo la vettura che deve sorpassare. Aggiungiamoci pure la ricerca esasperata della sicurezza, con la direzione di gara pronta a sanzionare i piloti più grintosi e col piede pesante, quegli stessi che ci avrebbero tenuto con il fiato sospeso fino all'ultimo giro solo qualche anno fa.

Ci tengo a precisare, però, la differenza fra piede pesante e scorrettezza: nessuno vuole limitare un pilota che per sua bravura è portato al sorpasso (come il caso di Max Verstappen), ma i piloti devono attenersi a un codice deontologico che tutti condividiamo. Quando la manovra diventa un azzardo e c'è il rischio di provocare un incidente, allora quel pilota non è più solo un pilota dal piede pesante ma un pilota scorretto, e in questi casi serve l'intervento dei commissari di gara.

Rispetto agli anni Ottanta e Novanta, i nuovi regolamenti consentono ai piloti di utilizzare il DRS (Drag Reduction System), oppure di beneficiare delle diverse mescole degli pneumatici. Sono tutti elementi che creano condizioni diverse, e potenzialmente squilibrate, da pilota a pilota. Nel caso del DRS, ovvero l'utilizzo del sistema di riduzione della resistenza aerodinamica, si mette a disposizione dei guidatori uno strumento pensato per agevolare i sorpassi. Quando viene attivato, una paratia dell'ala posteriore si alza riducendo il carico aerodinamico a favore della velocità di punta. Il DRS può essere utilizzato solo all'interno delle zone DRS designate durante le prove libere e le qualifiche, mentre in gara si può attivare solamente quando un conducente si trova a meno di un secondo dall'avversario che lo precede. Quando si è all'interno di questo gap, misurato al Detection Point, un segnale acustico e una luce sul cruscotto avvertono il pilota che ha la possibilità di azionare l'ala mobile. Durante la gara, il DRS è disponibile solo dopo i primi due giri. Nel caso delle mescole con gomme diverse c'è la possibilità, in base alla strategia applicata dal team, di scegliere mescole più morbide e quindi più veloci, ma che ovviamente si usureranno prima delle altre portando a una sosta anticipata.

Tutto questo per dire che non sempre i sorpassi sono effettuati nelle stesse condizioni di vettura, sia per l'utilizzo del DRS, sia per la strategia di gare e di gomme attuata. Come dire che quando si sorpassa, o si resiste, non si è tutti uguali. È difficile apprezzare il puro gesto tecnico se non si parte tutti alla pari.

Le missioni impossibili

Che cosa rende così affascinante la Formula 1? Perché così tante persone rimangono incollate davanti agli schermi televisivi e riempiono gli autodromi? C'entra la velocità, c'entrano le elevate prestazioni tecnologiche, ma ciò che tiene tutti con il fiato sospeso è quel piccolissimo margine d'incalcolabile... quella minuscola variabile che ribalta i pronostici.

In tutti gli sport motoristici la componente tecnica è fondamentale: i continui test, un tempo in pista e oggi ai simulatori, indicano le soluzioni ottimali per migliorare le prestazioni delle monoposto. Nulla viene lasciato al caso e l'esito di una gara sembra deciso a tavolino, giocato sul margine di pochi centesimi di secondo. Soprattutto negli ultimi decenni, da quando la ricerca aerodinamica combinata con l'elettronica e l'informatica ha richiesto l'investimento di ingenti capitali per raggiungere un'elevata competitività. Una disponibilità che si possono permettere solo poche scuderie, o meglio quelle legate alle grandi case automobilistiche, o a sponsor di caratura internazionale. La conseguenza diretta si è potuta vedere in pista, con una divisione del Campionato in due fasce: la prima occupata dai cosiddetti «top team» (due, massimo tre), che si giocano il titolo iridato, e una seconda in cui si lotta per il piazzamento in zona punti, o qualche risultato di rilievo in qualifica. I pronostici sembrano scontati e il successo è appannaggio dei soliti noti. Ed è qui che interviene la misteriosa e capricciosa variabile: la F1, fuori dalla pista, è un prodigio di ingegneria, dove tutto è calcolato alla perfezione. Ma in pista no, arriva l'imponderabile che annulla ogni certezza e scombina calcoli e strategie.

Si potrebbe ripercorrere la storia della Formula 1 seguendo questo imprevedibile *fil rouge*, attraverso le imprese di uomini che hanno completamente ribaltato i pronostici: campioni designati che mancavano il podio e, cosa bellissima, vincitori che il calcolo avrebbe voluto battuti in partenza.

Tazio Nuvolari è stato uno di loro. Anche a uno dei piloti più celebrati di tutti i tempi è capitato di non essere tra i favoriti. Siamo nel 1935, in pieno regime nazista, quando la politica non si fa scrupolo di usare lo sport per la propaganda. Nel GP di Germania del 28 luglio, le potenti Frecce d'Argento di Auto Union e Mercedes si presentano sul temibile circuito del Nürburgring certe di fare bottino pieno. L'Alfa Romeo P3 del «Mantovano volante», realizzata nel 1931 e modificata nel 1934, è considerata da tutti obsoleta e non concede grandi speranze. Nessuno scommetterebbe alcunché sull'italiano. Una volta in gara però, Nuvolari attacca e a un giro dalla fine si trova sorprendentemente secondo, sfruttando un solo ritiro degli avversari. In testa c'è la Mercedes di Manfred von Brauchitsch, nipote del generale omonimo a cui Hitler affiderà l'invasione della Polonia. Il cavaliere teutonico pare imprendibile e corre sfrontato. Anche se le sue gomme sono usurate, opta per continuare la cavalcata: una sosta ai box metterebbe a repentaglio la prima posizione. Gli tocca però rallentare, mentre Nuvolari viaggia a tavoletta. Al traguardo tutti attendono l'arrivo trionfale della monoposto d'argento, invece spunta l'Alfa rossa. È Nuvolari, che ha superato il rivale al Karussell! Per i gerarchi tedeschi presenti in rappresentanza del Führer è uno smacco colossale.

La rimonta di Jim Clark al GP d'Italia del 1967 per me ha un valore tutto speciale perché mio padre, grande appassionato del pilota scozzese, quando ero piccolo mi raccontava la sua impresa come se fosse una fiaba. Pur essendo in pole, Clark parte male e si ritrova a inseguire. Percorre tre giri sulla Lotus 49 ed è già a ridosso del leader Dan Gurney sulla Eagle, che supera alla Parabolica. Una volta in testa, pare fatta per lo scozzese, che impone il proprio ritmo. Al 13° giro (quando si dice la scaramanzia) la sua Lotus inizia a rallentare: uno pneumatico si sta afflosciando. «Big Jim» è costretto a riparare ai box e quando torna in pista si ritrova con un giro di svantaggio. Anziché gettare la spugna pigia sull'acceleratore e in otto passaggi è già alle spalle dei primi dieci. Grazie al suo immenso talento e ai ritiri di Chris Amon e Graham Hill, Clark sale al terzo posto. Davanti a lui ci sono «Black Jack» Brabham sulla vettura omonima e John Surtees sulla neonata Honda, il cui destino è ormai segnato. Lo scozzese li fulmina e va in testa, pregustando il meritato trionfo. Ma quel giorno il destino gli è avverso. Il motore Corworth inizia a singhiozzare, complice un problema di pescaggio, e la sua monoposto comincia a rallentare. Come due falchi, Surtees e Brabham si avventano sulla preda agonizzante e s'involano verso il traguardo. Clark arriva solo terzo, ma una volta sceso dalla vettura viene portato in trionfo dal pubblico che ha invaso la pista. Una prestazione così ostinata, così coraggiosa e così impossibile non si era mai vista.

C'è un Gran Premio che per me è l'emblema di tutte le missioni impossibili, una gara che è più di una manifestazione sportiva: è una lezione di vita, è un insegnamento che dobbiamo fare nostro come uomini ancor prima che come sportivi.

Il 1° agosto 1976 sul circuito di Nürburgring, Niki Lauda, il pilota austriaco campione del mondo in carica, a bordo della Ferrari prende male un cordolo, sbanda paurosamente e va fuori strada. In un attimo la monoposto è avvolta nelle fiamme. Il campione è stato miracolosamente estratto dalle lamiere infuocate della sua Ferrari 312T2. È gravemente ustionato, e resterà per giorni in pericolo di vita a causa dei gas tossici inalati che gli hanno danneggiato i polmoni. L'incidente è rimasto nella memoria di tutti, ma ciò che deve servire a tutti d'insegnamento è la reazione di Niki. Sono passati solo quaranta giorni dall'incidente, ma lui non vuol sentir parlare di riposo e recupero: il suo primato in classifica è sempre più insidiato da James Hunt. E poi c'è la concorrenza di Carlos Reutemann, l'argentino chiamato a sostituirlo sulla sua monoposto. Così, con grande sorpresa e scetticismo di tutti, venerdì 10 settembre 1976 Lauda si presenta a Monza per prendere parte alla prima sessione di prove. È bendato per proteggere le ferite che ancora non si sono rimarginate. Piove a dirotto, ma Niki si cala ugualmente nell'abitacolo e inizia i suoi primi giri. A posteriori ammetterà che sono stati un vero e proprio incubo, per via del dolore e della paura. Fatica a tenere in pista la macchina, ma grazie alla sua forza mentale intuisce che non deve cercare la prestazione, bensì riacquistare la confidenza col mezzo e con la competizione. Se dopo il primo giorno di prove Lauda chiude col diciannovesimo tempo, nelle qualifiche del sabato è quinto, precedendo le altre due Ferrari di Reutemann e Regazzoni, nonché Hunt, che è solo nono. In gara Niki si fa valere egregiamente. Non rischia tanto, anche perché le ferite tornano a sanguinare e la vista non è perfetta a causa delle palpebre ustionate. L'austriaco stringe i denti e alla fine è quarto, conquistando tre punti in classifica su Hunt ritiratosi all'11° giro. A Monza ha vinto la sua sfida impossibile, mostrando quel carattere che gli permetterà di guadagnare il secondo titolo nel 1977, dimostrando di essere tornato il campione di prima.

La forza di volontà di cui Niki Lauda ha dato prova è davvero straordinaria. E tutti nella propria vita dovrebbero prenderlo a esempio, anche per affrontare situazioni molto meno tragiche.

Io ero troppo piccolo per ricordare l'incidente quando è avvenuto, ma in seguito ho visto e rivisto il video. Quando ero alle elementari Niki era il mio idolo. Ricordo che tenevo un quaderno in cui incollavo le immagini che più mi piacevano ritagliate dai giornali, e pagine e pagine erano dedicate alla Ferrari di Lauda.

Una sera mio padre, che aveva un'officina che io nella mia immaginazione di bambino consideravo un po' come il mio paddock personale, è tornato a casa dal lavoro e mi ha chiamato a gran voce: «Giancarlo! Giancarlo! Vieni subito qui!» Io, un po' intimorito per paura di una ramanzina per qualche marachella che avevo combinato, sguscio fuori dalla mia stanza e lo raggiungo in cucina. Vedo mia madre indaffarata a preparare la cena che sorride e allora mi tranquillizzo. Mio padre con un gesto teatrale dispiega davanti a me un poster, uno di quelli a colori che erano in mezzo alle riviste. Un poster di Niki Lauda. Non potevo crederci! Ero il bambino più felice del mondo e mentre correvo nella mia camera per cercare il luogo d'onore in cui appenderlo, mia madre mi chiamava: «Ma Giancarlo, lo appendi dopo, ora è pronta la cena!» Ma chi aveva più fame?

E non solo. Nel 1984 arriverà anche la terza corona, l'ennesima sfida che avrà un sapore tutto particolare. Verso la fine del 1979, infatti, l'austriaco aveva deciso di abbandonare le competizioni per dedicarsi alla Lauda Air, la compagnia aerea appena fondata. Due anni più tardi, però, aveva cambiato idea ed era sceso di nuovo in pista. Un atto coraggioso: le vetture sono state completamente rinnovate e lui non è più giovanissimo. Ma il test che compie con la McLaren non va male e iniziano le trattative con la Marlboro, lo sponsor che paga i piloti. Concordano una cifra piuttosto alta per un pilota digiuno di corse da qualche anno, per cui Marlboro e

McLaren inseriscono prudentemente una clausola che consente di impugnare l'accordo dopo il primo o secondo quadrimestre, recuperando le cifre versate. Accortezza inutile: Niki è sempre Niki. Alla sua prima stagione s'impone in due GP e nel 1984 arriva il trionfo. La McLaren domina e Lauda vince il titolo per mezzo punto sul nuovo compagno di squadra, Alain Prost, il giovane talento destinato a diventare il «Professore».

Il 1982 fu un *annus horribilis* per il Cavallino, che perde nel giro di poco tempo i suoi piloti titolari. Gilles Villeneuve scompare durante le qualifiche del GP del Belgio e Didier Pironi è vittima di un terribile incidente in Germania, sempre in qualifica, che pone fine alla sua carriera. A Maranello arriva il francese Patrick Tambay, il quale però inizia presto a lamentare una fastidiosa sindrome articolare, che potrebbe costringerlo a dare forfait in alcune gare. Ferrari, temendo di restare senza piloti, torna sul mercato e richiama una vecchia conoscenza, l'italoamericano Mario Andretti. Il pilota si precipita a Maranello, accolto calorosamente dall'entusiasmo di tanti ferraristi all'aeroporto. La Ferrari 126C2 è forte, ma il compito di Andretti non s'annuncia facile. Anche perché in quell'anno ha partecipato solo a un GP, quello di Long Beach cinque mesi prima, e il suo esordio sarà su una delle piste più importanti per il Cavallino: Monza. Insomma, tutti erano riconoscenti alla disponibilità di Andretti e il suo atteggiamento positivo era decisamente incoraggiante, ma le premesse non lo erano affatto e in Ferrari si aspettavano un mezzo flop.

Super Mario prende confidenza col mezzo durante le prove del venerdì e sigla il sesto tempo; non male, dice qualcuno.

Il sabato pomeriggio, Tambay si aggiudica il miglior tempo, ma la felicità al box del Cavallino viene soffocata dal gran risultato di Piquet con la Brabham-BMW. Pare insuperabile la prestazione del brasiliano, quand'ecco che scende in pista Andretti. Dopo il giro di lancio la sua Rossa percorre traiettorie perfette dalla Roggia alle Curve di Lesmo, dall'Ascari alla Parabolica, fino a tagliare il traguardo e fermare i cronometri sul tempo di 1 minuto 28 secondi 473 centesimi: è pole position! Dalle tribune esplode un tifo in stile Mondiale di calcio. Una prestazione incredibile per un pilota di quarantadue anni. In gara sarà un'altra musica e dovrà accontentarsi del terzo posto dietro a Tambay e alla Renault di Arnoux, pilota che nella stagione successiva avrebbe fatto parte della scuderia Ferrari. Ma non importa! Lo sport è fatto di momenti e di conquiste e quella pole inaspettata è di sicuro uno dei momenti più belli dell'automobilismo.

Al limite dell'inverosimile è il finale del GP d'Italia dell'11 settembre 1988. Tutto inizia circa un mese prima, il 14 agosto, quando a Modena si spegne all'età di novant'anni Enzo Ferrari, malato da tempo. Un brutto colpo per il morale del Cavallino, che fatica a fronteggiare il dominio delle McLaren-Honda di Prost e Senna. Hanno vinto tutte le gare in calendario e si prendono di prepotenza la pole di Monza. I ferraristi Berger e Alboreto seguono in terza e quarta posizione, relegati al ruolo di comprimari. La doppietta McLaren pare quasi assicurata, quand'ecco che il vento cambia improvvisamente direzione. Al 37° giro, dopo alcune avvisaglie, Prost ripiega ai box e si ritira tradito dal propulsore Honda, sempre affidabile sino a quel momento. Berger, divenuto secondo, forza l'andatura spinto da uno scatenato Alboreto che gli si avvicina sempre più. Seppur al comando in solitario, Senna avverte la potenziale minaccia rossa e risponde aumentando il proprio ritmo. Si arriva così al penultimo dei cinquantun passaggi, quando il paulista affronta la prima variante cercando di doppiare la Williams-Judd di Jean Louis Schlesser, un quarantenne francese chiamato all'ultimo momento a sostituire Nigel Mansell. Le due monoposto si urtano e la MP4/4 di Senna si gira arrestandosi sul cordolo esterno, all'uscita della chicane. Il paulista cerca di ripartire, ma le sue ruote girano a vuoto. La sua gara è finita. Dalle tribune si alza un boato che saluta le due Ferrari balzate di colpo al comando. Berger e Alboreto procedono in parata sino al traguardo e firmano un clamoroso trionfo che a Monza manca da ben undici anni. Enzo Ferrari diceva sempre: «La vittoria, o anche la semplice partecipazione, hanno un sapore particolare a Monza». Nel dopogara Senna dirà che probabilmente il «Drake», «da lassù», ha dato una mano alle sue Rosse. Le McLaren conquisteranno il Mondiale, con quindici GP su sedici: all'appello manca solo la corsa di Monza che, nell'anno dell'addio a Ferrari, il destino ha voluto regalare alla sua scuderia.

Altrettanto rocambolesco è il successo del francese Olivier Panis sulla modesta Ligier spinta dal motore Mugen Honda domenica 19 maggio 1996. Quel giorno io correvo il mio primo Gran Premio di Monte Carlo, ma sarà ricordato per sempre per il violento acquazzone abbattutosi sul circuito prima del via. Ero molto emozionato ma durante le prove libere ottengo un buon risultato: con la mia Minardi mi piazzo a metà classifica con Pedro Lamy, il mio compagno di scuderia, subito dietro di me. L'inizio è buono ma le condizioni atmosferiche sono davvero avverse così, uno dopo l'altro, i piloti escono di pista e si ritirano. Io e Lamy ci tocchiamo a inizio gara che per noi finisce lì. Dal paddock seguo Panis che resiste, addirittura prende coraggio e al 35° passaggio supera di forza la Ferrari di Eddie Irvine ed è sorprendentemente terzo. Trascorrono cinque giri e Damon Hill deve lasciare il comando a Jean Alesi, a causa del cedimento del motore Renault. Con 30 secondi di vantaggio su Panis, la vittoria di Alesi sembra sicura, ma a Montecarlo il «quasi» è d'obbligo. A quindici tornate dalla fine si rompe la sospensione della sua Benetton e la Ligier si ritrova davanti. Quando transita sotto la bandiera a scacchi (esposta in anticipo per il superamento delle due ore di corsa), Panis precede David Coulthard, Johnny Herbert e Heinz-Harald Frentzen. Sono rimaste in gara solo quattro vetture su ventitré.

Ha un sapore quasi romantico la favola di Rubens Barrichello, che corona il sogno del suo primo successo in F1 a Hockenheim, nel 2000, al termine di una corsa che pare scritta da Alfred Hitchcock. Me lo ricordo bene, perché c'ero anch'io. Col maltempo che flagella le qualifiche, Coulthard è lesto a cogliere la pole, mentre Schumacher mi soffia il secondo posto all'ultimo momento. Barrichello è addirittura diciottesimo. La partenza è decisamente da dimenticare. Durante le prove mi sono guadagnato la terza posizione, ma Coulthard stringe Schumi verso l'esterno, una manovra che mi coglie di sorpresa e finisco con il rovinare addosso alla Ferrari: gara finita per entrambi. Mentre si prosegue con le due Frecce d'Argento in testa, nelle retrovie Barrichello è già entrato in zona punti beneficiando della strategia su due soste. Arriviamo al giro 24, Hakkinen e Coulthard proseguono indisturbati la loro marcia trionfale, quando le telecamere inquadrano la sagoma di un uomo con un impermeabile di plastica bianco, che cammina lungo la pista nella zona del bosco. Si tratta di un ex dipendente della filiale francese della Mercedes, che protesta contro il suo licenziamento. Entra immediatamente la safety-car e si annulla così il vantaggio delle McLaren. Quando la corsa riparte, Hakkinen è ancora primo davanti a Trulli e Barrichello. Le sorprese però non sono finite: inizia a piovere, e gli scrosci si concentrano, strano ma vero, quasi esclusivamente sulla zona del Motodrom. Molti piloti, tra cui Hakkinen e Coulthard, rientrano ai box per montare le gomme da bagnato, mentre Rubinho resta in pista con le coperture da asciutto. Un azzardo che si rivelerà vincente. Quando le Frecce d'Argento tornano sul circuito, il ferrarista è ormai imprendibile e trionfa contro ogni pronostico. Una volta sul podio, Barrichello sventola la bandiera brasiliana in omaggio a Senna, suo grande amico.

Se le missioni impossibili spesso sono il frutto della capacità di sfruttare la situazione che si presenta in quel particolare momento, il 23 maggio 2004 Schumacher va a Monaco con il preciso intento di compiere l'impresa. Si è già imposto cinque volte sulle stradine del Principato e ora intende eguagliare il record dei sei successi di Senna. Ha una gran macchina, la Ferrari F2004, con cui ha annichilito la concorrenza nei primi cinque round stagionali. Però le cose non vanno come sperava: a siglare la sua prima pole in carriera è Jarno Trulli sulla Renault. Un risultato storico, perché nessun italiano era mai riuscito a partire al palo nel Principato, e si sa che chi parte davanti su un circuito così stretto e tortuoso ha un bel vantaggio in gara. I brividi non mancano sin da subito, con la partenza che viene ripetuta per lo spegnimento della Toyota di Panis. Trulli comunque scatta alla grande e va in testa. Si susseguono diversi incidenti, uno dei quali mi vede coinvolto.

A causa dello scoppio del motore di Takuma Sato c'è un rallentamento generale e io vado a sbattere violentemente contro la McLaren di Coulthard. Momenti di panico: sono attimi e, solo nel mio abitacolo, un brivido mi corre lungo la schiena. L'auto si capotta ma per fortuna è unicamente tanto spavento senza conseguenze. Esco dalla monoposto e mi allontano dal circuito sulle mie gambe senza bisogno di soccorsi. In automobilismo, lo abbiamo detto più volte, è indispensabile non perdere la concentrazione, il controllo e l'autocontrollo anche, anzi soprattutto, durante gli incidenti. È fondamentale avere la mente lucida e non farsi sopraffare dall'ansia per poter reagire al meglio alla situazione.

In quell'occasione anche Schumi entra nella lunga lista degli incidentati: in regime di safety-car tampona violentemente Montoya all'uscita del tunnel. Le ultime tornate sono palpitanti per il pilota abruzzese: la missione impossibile diventa la sua. La Bar-Honda di Jenson Button recupera terreno e si presenta minacciosa negli specchietti della Renault a meno di un secondo. Jarno mantiene il sangue freddo e quando taglia il traguardo può finalmente liberare tutta la tensione per il suo primo (e unico) trionfo in F1.

Siamo nel 2007 e la F1 vede la nascita di una nuova stella: Lewis Hamilton è leader del Campionato. Il duello per il titolo iridato è combattutissimo con altri tre piloti: il compagno di scuderia Alonso e il duo della Ferrari, formato da Räikkönen e Massa. Si arriva al weekend del Gran Premio d'Europa che si corre sul Nürburgring. Hamilton ha vinto solo due gare ma è andato a podio in ogni circostanza e, se riuscisse ad arrivare tra i primi tre, conquisterebbe l'incredibile record di dieci podi consecutivi. Alonso ha vinto solo in Malesia e a Monaco e soffre il confronto con il giovane compagno di squadra inglese.

Il più in forma è Räikkönen, unico pilota ad aver vinto ben tre gare, e che arriva da due successi consecutivi. Massa invece è il pilota più in crisi, senza vittorie da cinque gare. Insomma, il Gran Premio d'Europa si prospetta davvero interessante ai vertici e nessuno calcola minimamente uno dei piloti di casa, Markus Winkelhock.

Il pilota tedesco è figlio d'arte, suo padre Manfred aveva corso cinque stagioni in F1 per poi dedicarsi ai prototipi e perdere tragicamente la vita in un incidente che lo vide coinvolto durante la 1000 km di Mosport nel 1985.

Markus debutta in F1 proprio quella domenica. Winkelhock ha ventisette anni, non proprio un novellino, una carriera anonima nelle serie minori e un passato da test driver.

Insomma, il prototipo dell'*underdog*, uno sfavorito, come dicono gli inglesi.

La monoposto che gli viene affidata, la Spyker, non è per niente competitiva, la scuderia economicamente naviga in cattive acque e già a metà stagione è a rischio fallimento.

Nelle libere Markus non raggiunge risultati significativi e le qualifiche sono un disastro. Winkelhock parte in ultima posizione, con un tempo di ben cinque secondi più lento di quello del poleman e soprattutto di un secondo e mezzo più lento rispetto a quello del compagno di squadra Sutil (che sarà poi il mio compagno in Force India nel 2008 e 2009). Räikkönen si prende la pole davanti ai rivali Alonso e Massa, mentre il leader della classifica Hamilton è solo decimo perché in qualifica ha un problema a una gomma che gli causa una brutta uscita di pista finendo contro le barriere, al punto che viene portato al centro medico per accertamenti. Tutti iniziano a parlare del duello a tre per la vittoria, di come potrà rimontare Hamilton e di come si preannuncia una gara scoppiettante. Nessuno si aspetta minimamente che il giorno dopo sarà proprio Markus Winkelhock ad animare la gara e a vivere il sogno di correre in F1 come non si sarebbe immaginato neanche nelle sue più sfrenate fantasie.

La domenica mattina sopra al circuito del Nürburgring si addensano nuvole scure cariche di pioggia. Potrebbe diluviare da un momento all'altro, ma durante il giro di ricognizione la pista è asciutta. La Spyker e Winkelhock non hanno nulla da perdere e tentano la follia: montano gomme da bagnato nonostante la pista sia asciutta.

Mentre si accendono le luci rosse dei semafori che danno il via alla gara iniziano a cadere le gocce. Alla prima curva ben quattro vetture vanno in testacoda, segno che nonostante abbia iniziato a piovere da pochi secondi la pista è già umida. La pioggia aumenta di intensità e il tracciato diventa subito bagnatissimo. Winkelhock è l'unico con gomme da bagnato e si fa largo. Quando termina il primo giro il pilota tedesco è già a ridosso delle vetture al comando. Tutti vanno ai box tranne Räikkönen che sbaglia in ingresso ed è costretto a proseguire per un altro giro. Il finlandese a fine anno diventerà campione del mondo ma è costretto a subire uno dei sorpassi più eclatanti: sul rettilineo del traguardo uno Winkelhock lanciatissimo affianca il pilota della Ferrari prendendosi clamorosamente la vetta della gara.

La Spyker del tedesco quindi, tra lo stupore e l'incredulità generale, è più veloce delle Ferrari e delle McLaren. All'inizio del 4° giro Winkelhock ha oltre mezzo minuto di vantaggio su tutti gli altri e continua a guadagnare terreno. Portroppo però tutto ciò non è destinato a durare a lungo. Al 6° giro una gara già stranissima diventa paradossale.

Alla prima curva Button finisce nella ghiaia. Una trentina di secondi dopo nello stesso identico punto Nico Rosberg, Adrian Sutil, Vitantonio Liuzzi, Scott Speed e soprattutto il leader del Mondiale Hamilton si girano e finiscono accanto alla vettura di Button. La direzione gara prima decide di far entrare la safety-car, azzerando così l'enorme vantaggio di Winkelhock, poi la interrompe per la troppa pioggia. Quando si riparte c'è pochissima acqua in pista e tutti i piloti montano le stesse gomme. La Spyker non può tenere il ritmo delle altre vetture e ben presto Winkelhock termina nelle retrovie, con Massa che conquista la vetta davanti ad Alonso e Räikkönen.

La favola di Winkelhock termina nel corso del 13° giro. La Spyker del tedesco si rompe, costringendolo all'abbandono. Markus riceve però la standing ovation del pubblico di casa, che per qualche minuto ha veramente sognato una vittoria che sarebbe stata pazzesca, e il plauso di tutti i team e degli avversari a fine gara. Winkelhock può essere soddisfatto della sua corsa, ben consapevole che quello che ha fatto è destinato a essere ricordato. Alla fine a vincere il Gran Premio sarà Alonso, dopo un lungo duello con Massa, mentre Räikkönen romperà il motore e Hamilton non riuscirà a prendere punti iridati.

Dell'esperienza di Winkelhock in F1 rimangono, oltre al bel ricordo della favola sfiorata, anche alcuni record. Stando alla matematica, Markus è uno dei pochissimi piloti a poter dire di aver guidato la gara in cui ha debuttato, è l'unico a essere stato in testa con la Spyker e soprattutto è il pilota ad aver percorso la maggior percentuale di giri in carriera in testa. Avendo guidato cinque dei tredici giri completati in F1 in testa ha passato il 38 per cento della sua carriera in prima posizione. Questo record difficilmente sarà battuto visto che il secondo in classifica, Michael Schumacher, ha il 30 per cento di giri completati in testa. Quella di Markus Winkelhock rimane a oggi una delle storie più strane ma anche più belle della F1 moderna, la storia di un ragazzo che si è trovato quasi per caso a realizzare il sogno di molti appassionati di motori.

Quella che ora andiamo a rivivere è più di una missione

impossibile: è il momento in cui la stella di Sebastian Vettel è iniziata a brillare. Al suo secondo anno nel Circus, Sebastian stupisce tutti a Monza nel 2008. Il fine settimana del GP d'Italia non parte certo sotto i migliori auspici per quanto riguarda il meteo. Il venerdì mattina si scatena un violento nubifragio che blocca le prime prove libere. Ricordo che i meccanici evitano, solo a forza di scopa, il rischio di allagamento dei box. La pioggia ritorna il sabato sconvolgendo i piani dei big e lanciando in orbita Vettel. Un tedesco di ventun anni e due mesi, che dopo essere stato test driver alla BMW, è entrato a far parte del vivaio Red Bull, che l'ha subito piazzato sulla Toro Rosso. La domenica si apre ancora sotto l'acqua e la corsa parte dietro la safety-car. Il tracciato nasconde molte insidie, ma Vettel dimostra di sentirsi a proprio agio resistendo agli attacchi della McLaren di Heikki Kovalainen. Nelle retrovie Hamilton dà spettacolo, compiendo sorpassi a raffica malgrado le monoposto alzino grandi nuvoloni d'acqua. Anch'io sono un po' in difficoltà con tutta quella pioggia. Quando cessa e la pista inizia ad asciugarsi, Vettel può tirare un sospiro di sollievo e condurre in porto il risultato senza alcuna sbavatura. E il trionfo del tedeschino incontra subito il parere unanime di molti addetti ai lavori: in F1 è nata una stella.

Ma l'imprevisto è sempre dietro l'angolo e, sebbene ancora molto giovane, Vettel lo sa bene. Nel 2012 a Interlagos, il tedesco è a un passo dalla sua terza e consecutiva corona mondiale: vanta ben tredici lunghezze di vantaggio su Alonso che non deve solo vincere, bensì augurarsi che il tedesco non faccia meglio del quinto posto. Vettel invece potrebbe persino chiudere a pari punti con il ferrarista, perché ha dalla sua cinque vittorie contro le tre dello spagnolo. Le qualifiche sono dominate dalle McLaren-Mercedes di Hamilton e Button, e Vettel (al quarto posto) si vede precedere dal compagno Mark Webber. Per Alonso invece si mette male: parte ottavo. Dunque un bel vantaggio per il campione in carica, che però sbaglia al via. Oltre alla tensione, c'è anche una leggera pioggia che rende molto insidioso l'asfalto. Il serpentone di vetture sfila alla «S» di Senna con le McLaren davanti e Vettel solo settimo, preceduto dalle Ferrari di Alonso e Massa. Per il tedesco si annuncia una corsa complicata, che diventa quasi proibitiva quando viene urtato da Bruno Senna dopo la «Subida do lago». Colpita sulla fiancata destra, la Red Bull va in testacoda e Sebastian assiste impotente al sopraggiungere delle monoposto inseguitrici, che lo evitano miracolosamente. Una fortuna nella sfortuna perché da quel momento Sebastian dà sfogo a tutta la sua rabbia lanciandosi all'inseguimento. Sa benissimo che ora i pronostici pendono dalla parte di Alonso, ma è il momento di reagire. La sua RB8 morde la pista e alla 23ª tornata è già risalita al settimo posto. Il meteo nel frattempo complica la vita ai piloti costringendoli a ripetute soste per montare le gomme adeguate. Anche il tedesco va nuovamente ai box, ritrovandosi così a inseguire Alonso salito al secondo posto. A quattordici giri dal termine, la Red Bull del campione del mondo è settima, quanto basta per conservare il titolo. Il ferrarista infatti paga 20 secondi di ritardo dal leader Button. L'investitura ufficiale per Sebastian va in onda al giro 67 dei 71 in programma, quando supera Kaiser Schumi, il suo idolo giunto all'ultima corsa in carriera. È una sorta di passaggio di consegne tra i due cavalieri teutonici. Ormai saldamente sesto, Vettel ha realizzato che resterà sul trono del Circus. La Ferrari dovrà accontentarsi del doppio podio di Alonso e Massa, giunti rispettivamente secondo e terzo. Una magra consolazione per il Cavallino.

Interlagos, invece, a me ha portato bene (o quasi), regalandomi il mio primo podio nel 2003. Un'impresa impossibile, visto che la mia Jordan non è più spinta dal motore Honda e si è affidata al vetusto V10 Ford Cosworth. A complicare ulteriormente la stagione c'è stata la perdita di uno sponsor importante come la Deutsche Post e la conseguente riduzione del budget, che ci ha fatto percorrere a malapena 4300 chilometri nei test invernali. Insomma, non siamo certo competitivi, anzi. Però il 6 aprile 2003 al GP del Brasile mi qualifico con l'ottavo tempo e sono abbastanza ottimista: il circuito mi piace e poi confido nella pioggia che lima il vantaggio dei top team.

Poco prima della gara si scatena puntualmente il diluvio. La direzione rinvia l'inizio di quindici minuti dopodiché partiamo in regime di safety-car. Una circostanza che permette a me, come ad altri piloti, di rifornire. L'asfalto bagnato di Interlagos però è insidiosissimo: a ogni curva c'è il rischio di finire fuori. Alla curva Do Sol escono una dopo l'altra parecchie monoposto, tra cui la Ferrari di Schumi, partita accanto a me. Malgrado le tante difficoltà, riesco non solo a controllare bene la vettura, ma scopro che posso pure giocarmela. Ora o mai più, penso. Mi ritrovo a duellare con Kimi Räikkönen, il leader della corsa. È il 54° giro quando, approfittando di un suo errore, lo supero e mi ritrovo in testa. Il pensiero di cogliere il mio primo successo mi fa venire i brividi. La missione impossibile sembra per la prima volta possibile. Devo però mantenere la concentrazione, perché mancano ancora diciassette passaggi alla bandiera a scacchi. Ma ecco un nuovo brutto incidente. Restano coinvolte la Jaguar di Mark Webber e la Renault di Fernando Alonso. La necessità di soccorrere lo spagnolo e la presenza di tanti detriti in pista inducono i commissari a interrompere il Gran Premio. In quel preciso momento ho appena iniziato il giro 56. Regolamento alla mano, la classifica finale dovrebbe essere stilata in base al piazzamento dei concorrenti due tornate prima della bandiera rossa, quindi al 54° passaggio. Dunque ho vinto!

Mentre sono nel parco chiuso, l'area dove a fine gara vengono portate le vetture per le verifiche tecniche, scopro però che a causa di un errore del sistema di cronometraggio, la direzione di gara ha decretato la conclusione del Gran Premio prima del mio transito sulla linea del traguardo. Per cui l'ordine di arrivo è quello del giro 53°, ovvero quando Räikkönen era ancora primo. Kimi sale quindi sul primo gradino del podio davanti a me e Fernando. Una beffa assoluta! Io e il mio team siamo sicuri dello sbaglio e presentiamo immediatamente ricorso alla FIA. La Federazione convoca una riunione il venerdì della settimana successiva e corregge l'ordine d'arrivo proclamandomi finalmente vincitore. Malgrado la grande gioia, mi resterà sempre il rammarico di non aver potuto festeggiare il mio primo trionfo sulle note dell'inno di Mameli.

Bisogna ammettere che negli ultimi anni l'inno nazionale italiano si è sentito poco al termine dei gran premi. Posso vantare un piccolo record personale: a oggi, l'ultima volta che un pilota italiano è salito sul gradino più alto del podio è stata in occasione del Gran Premio della Malesia, il 19 marzo 2006, ed ero io. Mi auguro che al più presto qualche italiano mi faccia perdere questo «primato».

Non è stata una vittoria, ma ricordo con altrettanto orgoglio la mia gara di Spa del 2009. Ora corro al volante della Force India, guarda caso la ex Jordan, che dopo continui cambi di proprietà è stata rilevata dall'eccentrico magnate indiano Vijay Mallya. La mia prima stagione col nuovo team mi vede sempre nelle retrovie, nel 2009 però la monoposto migliora, grazie al motore Mercedes. Ma è comunque parecchio distante dalle posizioni di vertice e arriviamo in Belgio senza aver conquistato alcun punto in classifica. Il velocissimo circuito delle Ardenne però ci è favorevole: richiede un basso carico aerodinamico, per cui siamo più competitivi rispetto alle piste precedenti.

Le qualifiche si dividono in tre periodi (Q1, Q2, Q3), al termine del primo periodo di diciotto minuti (Q1) vengono eliminate le vetture con i peggiori cinque tempi, nel secondo periodo di quindici minuti (Q2) vengono eliminate altre cinque vetture coi peggiori tempi e passano alla Q3 solo dieci vetture che si giocheranno la pole position. Il mio sogno sarebbe quello di raggiungere la Q3 in qualifica. Il sabato pomeriggio supero la Q1 abbastanza agevolmente e in Q2 noto che i valori in campo sono molto ravvicinati, riuscendo a confermare le buone prestazioni registrate nella sessione precedente. In questa seconda manche però le sorprese non mancano. Lewis Hamilton, il capoclassifica Jenson Button, Fernando Alonso, Heikki Kovalainen e Adrian Sutil, il mio compagno di squadra, sono eliminati. Jarno Trulli invece fa segnare il miglior tempo e polverizza il precedente record della pista con 1 minuto 44 secondi e 503 centesimi. Quando affronto la Q3 sono molto carico e non ho nulla da perdere: d'altronde ho già raggiunto il risultato che desideravo. Dopo il primo tentativo sono sesto, mentre Jarno sulla Toyota detiene ancora la pole provvisoria. So che ho un ultimo tentativo e allora mi lancio, pennellando curva dopo curva delle traiettorie al limite della perfezione. Quando esco dalla chicane Bus Stop do fondo sull'acceleratore e taglio il traguardo. Subito dopo sento le urla via radio. È il mio ingegnere: «*Well done*, Giancarlo!» Sono in pole. Ho preceduto Trulli per soli 87 millesimi. Al termine delle qualifiche sono raggiante, so di aver fatto qualcosa che non era minimamente prevedibile alla vigilia e se ora dovessi dare una spiegazione non sarei in grado. Ho realizzato un sogno, la pole sulla pista che più amo, la più difficile e bella del Mondiale. Il giorno dopo concludo l'opera con uno splendido podio, arrivando a meno di un secondo dall'imprendibile Ferrari di Räikkönen. È destino che debba sempre lottare con Kimi quando ci sono in ballo le prime posizioni. Pochi giorni dopo sarò ingaggiato dalla Ferrari e «Iceman» sarà il mio nuovo compagno. Quando si dice il caso.

Le grandi rivalità

Monza, 2 settembre 1956. Sul circuito brianzolo si corre il 27° Gran Premio d'Italia valido anche come 16° Gran Premio d'Europa. È l'ultimo appuntamento del Mondiale e sarà quello che incoronerà il nuovo campione del mondo. La lotta si restringe a due uomini: Fangio e Collins, entrambi alfieri del Cavallino. L'argentino vanta otto punti di vantaggio sul britannico. La Ferrari schiera cinque D50, affidate a Juan Manuel Fangio, Eugenio Castellotti, Luigi Musso, Peter Collins e Alfonso de Portago.

Le Rosse dominano le qualifiche, piazzando tre monoposto in prima fila e altre due in terza. Fangio è in pole, ma prima della gara avverte i compagni di fare attenzione alla tenuta delle gomme. Profezia che purtroppo si avvera, con Castellotti che deve abbandonare. L'argentino adotta una tattica prudente, malgrado ciò al 19° passaggio rallenta. Il giro dopo la sua D50 fa capolino ai box e si ferma: s'è rotta una levetta dello sterzo. Gara finita e Mondiale decisamente a rischio, per l'asso sudamericano che scende rassegnato dalla vettura. Quando Musso rientra ai box gli viene chiesto di dare l'auto a Fangio, ma il romano rifiuta. Poi è il turno di Collins, per il previsto cambio delle gomme posteriori. L'inglese sente che il titolo potrebbe essere alla sua portata, ma ecco che entra in scena Marcello Giambertone, manager di Juan Manuel. Si avvicina a Collins e gli chiede se cederebbe la sua Ferrari all'argentino. Il britannico non ha alcuna esitazione, balza fuori dall'abitacolo accantonando senza indugio i sogni di gloria. Fangio, incredulo, abbraccia il compagno e, fino a quel momento, rivale, si mette al volante e riparte.

Stirling Moss trionferà a bordo della Maserati, ma Fangio giungendo alle sue spalle sarà campione del mondo per la quarta volta. Nel dopo gara, davanti alla commozione dell'argentino, Collins minimizzerà il suo gesto dicendo: «Fangio ha quarantacinque anni, avrebbe avuto poche altre occasioni per diventare campione, mentre io che ne ho venticinque avrò sicuramente altre possibilità». Peccato che due anni dopo il britannico morirà tragicamente al Nürburgring a causa di una drammatica uscita di pista nel GP di Germania. Fangio, invece, conquisterà il suo quinto titolo nel 1957.

Il gesto di Collins è passato alla storia per un senso di sportività alquanto raro, soprattutto in uno sport come il nostro dove l'agonismo è all'ennesima potenza e la rivalità in pista e fuori diventa il sale della competizione. Non è un caso che a volte si cerchi di creare ad arte l'antagonismo tra due personaggi. «*That's entertainment*», si dice, e Bernie Ecclestone ne ha fatto per anni il suo motto, in modo da calamitare l'interesse dei media nei confronti del Circus.

Potrebbe sembrare strano, ma il primo avversario di un pilota è proprio il suo compagno di scuderia. Ma come? Un pilota non fa parte di un team? Certo, ma la sfida con il driver della monoposto accanto è qualcosa che nasce spontaneo. La sana competizione nell'ambito di una scuderia è positiva, in quanto spinge entrambi a testare il limite della vettura e di conseguenza favorisce l'individuazione di difetti e migliorie da apportare alle monoposto. Ho sempre pensato che un team debba essere composto da due prime guide in grado di darsi battaglia a colpi di giri veloci, solo così si ottengono i risultati.

Anche il grande Enzo Ferrari era di questo avviso. Il suo principale obiettivo era quello di veder primeggiare il proprio marchio e per raggiungerlo non esitava a ingaggiare talenti aizzandoli tra loro. Il Drake era molto esigente e i piloti erano sempre sotto esame... anche nella loro vita privata. Ne sa qualcosa Eugenio Castellotti, la cui relazione con l'attrice e soubrette Delia Scala venne più volte ostacolata e condannata dal Commendatore.

Ma occorre sempre fare attenzione che l'antagonismo non superi i livelli di guardia perché si rischia che il desiderio di primeggiare prenda il sopravvento e faccia compiere manovre azzardate, che in pista possono solo portare a esiti drammatici. Nel 1957, a Maranello scoppia un'accesa competizione intestina tra Musso, Castellotti, Collins e Hawthorn. E il bilancio finale sarà tragico, coi primi tre che troveranno la morte in pista al volante di una Rossa. Anche Mike Hawthorn morirà in un incidente automobilistico, ma su una statale inglese dopo aver perso il controllo della sua Jaguar.

Il Drake non ha mai cercato di sedare gli animi tra i fantini del Cavallino, anzi. Pure il rapporto tra Clay Regazzoni e Niki Lauda negli anni della grande rivincita della Ferrari non sarà esente da tensioni. L'austriaco viene ingaggiato proprio su suggerimento del ticinese, che ha avuto modo di conoscere il talento del giovane alla BRM. È il 1974 e il modello 312B3, progettato dal geniale ingegner Mauro Forghieri, dimostra subito il suo valore. Il primo successo arriva nel GP di Spagna e porta la firma di Lauda, con Regazzoni secondo. Grazie ai piazzamenti, Clay scala la vetta della classifica, ma anche Niki è deciso a mettersi in evidenza. Una situazione che comincia a minare l'equilibrio all'interno della squadra, dove lo svizzero avrebbe dovuto rivestire i panni (visto il fattore anagrafico) di prima guida. Invece Lauda non ci sente proprio di alzare il piede dall'acceleratore e il 26 maggio a Monte Carlo succede il patatrac.

Niki è in pole al fianco di Clay, che però lo brucia al via. Anziché coprire il compagno per ovvie ragioni di classifica, l'austriaco inizia a disturbarlo. Cerca di infastidirlo per poter sferrare l'attacco e prendere la testa. Come abbiamo detto più volte, a Monte Carlo la pista è stretta e i punti per superare sono pochissimi. La lotta tra i due termina al giro 21, quando Regazzoni ha un testacoda e viene così passato sia dall'impetuoso compagno sia da altri concorrenti. Il destino di Lauda però non sarà fortunato, complici alcune noie all'accensione che lo porteranno al ritiro. Alla fine, Clay è solo quarto con tanto rammarico. Un'occasione sciupata che avrebbe potuto consentire allo svizzero di incamerare punti preziosi e rafforzare il primo posto in graduatoria.

Dopo circa un mese, in Olanda è ancora doppietta rossa, ma con Lauda davanti a Regazzoni. Con l'austriaco deciso ad affermare le sue velleità di pilota di punta, la stagione prosegue e in Germania ecco l'ennesimo scontro. Clay prende subito il comando beffando il poleman Lauda. Niki non ci sta e quando sferra l'attacco al compagno al 2° passaggio finisce fuori. Una situazione sempre più tesa che mette in difficoltà anche il nuovo direttore sportivo Luca Cordero di Montezemolo e che non favorisce certo il ticinese, in lotta per il titolo contro il brasiliano della McLaren, Emerson Fittipaldi, che alla fine si aggiudicherà il Campionato.

Una grossa delusione per Regazzoni, il quale sa benissimo di aver perso la chance della vita, dal momento che la crescente importanza di Lauda in seno alla squadra lo avrebbe relegato a seconda guida. E infatti nel 1975, nonostante un enorme lavoro di sviluppo della nuova 312T, creata da Mauro Forghieri, Regazzoni è chiamato a svolgere un preziosissimo (per Lauda) lavoro di scudiero. Il ticinese però non perdonerà mai al team di non aver definito una gerarchia di squadra in tempo utile e si terrà dentro quella grande amarezza.

Anche Lauda di lì a poco dovrà fare i conti con la sorte avversa. Nel 1976, il ferrarista pare avviato a bissare il titolo, ma il destino è in agguato. Il 1° agosto, il Circus fa tappa al Nürburgring per il GP di Germania e Niki è vittima del drammatico incidente di cui ho parlato nel capitolo «Le missioni impossibili».

La sua convalescenza favorisce la risalita in classifica di James Hunt, che nella seconda parte della stagione si presenta come il grande nemico di Lauda per il Mondiale. Una rivalità nata per un brutto scherzo del destino, perché senza lo schianto al Ring, il ferrarista avrebbe probabilmente messo le mani sul Mondiale con largo anticipo, vista la potenza della 312T2. Nel film del 2013 diretto da Ron Howard, *Rush*, la lotta fra questi due uomini viene molto accentuata. Di sicuro sono due personaggi diversi, quasi agli antipodi. In quegli anni, Lauda è il prototipo del pilota moderno che cura la preparazione fisica e che non trascura alcun dettaglio nella messa a punto della vettura. Forghieri racconta delle lunghe riunioni trascorse con Niki dopo i test sulla pista di Fiorano, dove vengono presi in esame tutti i giri percorsi. Hunt invece impersona la figura romantica del pilota. Il suo bell'aspetto con i lunghi capelli, di moda a quell'epoca, fanno di lui un latin lover impenitente. In gara è molto aggressivo, al punto da guadagnarsi il soprannome di *Hunt the shunt*, ovvero «Hunt lo schianto». Si fa conoscere nel Circus con la scuderia dell'aristocratico inglese Lord Alexander Hesketh dalla Formula 3 fino in F1. La Hesketh Racing è un team molto particolare, definito non a caso glamour. Tutto ruota intorno al corpulento e vulcanico Lord Hesketh che, attingendo al patrimonio di famiglia, si muove nel lusso e organizza party spettacolari, dove lo champagne scorre a fiumi e non mancano le belle donne. E in un ambiente simile, Hunt ci sta a pennello. Qualcuno paragonerà il pilota inglese al fuoriclasse del pallone George Best, anch'egli tutto vizi e sregolatezza. Hunt vincerà il duello iridato con Lauda per un solo punto strappato al Fuji, ma sarà l'unico grande acuto di una carriera che già dal 1977 imboccherà il viale del tramonto. A differenza di quella di Lauda, che si fregerà di altri due allori mondiali. La vita spericolata dell'inglese arriverà al capolinea nel 1993, a soli quarantacinque anni, complice l'abuso di tabacco e alcol.

Più che con Hunt, con cui non si registrarono particolari scontri in pista, il vero contrasto di Lauda matura proprio in quel 1976 con il grande capo di Maranello. Una rivalità che prende corpo dai giorni successivi all'incidente e al ritiro in Giappone. Lauda non ha digerito la mossa di Ferrari di volerlo subito sostituire con altri piloti. L'ingaggio di Carlos Reutemann viene visto dall'austriaco come una mancanza di fiducia, che alimenta la sua voglia di rivalsa. Una vendetta che Lauda costruisce a poco a poco durante il 1977, dapprima ripetendo il successo del 1975 e poi mettendo in atto il grande divorzio dal Cavallino, dopo una burrascosa riunione con Ferrari. L'austriaco respinge l'offerta di rinnovo del contratto propostagli dal Commendatore, facendosi forte del megaingaggio offertogli dalla Brabham di Bernie Ecclestone, appoggiata da un munifico sponsor italiano, la Parmalat di Calisto Tanzi.

Ma la rivalità più drammatica vissuta al box Ferrari sarà quella tra Gilles Villeneuve e Didier Pironi. Quest'ultimo giunge a Maranello nel 1981 e col canadese, in rosso dal 1977, instaura subito un rapporto che si trasforma in una profonda amicizia. Il 25 aprile 1982 è in programma a Imola il 2° Gran Premio di San Marino e nulla fa presagire che da lì a poco quella coppia di piloti si sfascerà irreparabilmente.

Va premesso che la stagione non è iniziata nel migliore dei modi. È sconvolta dalle polemiche tra le scuderie inglesi che formano la Formula One Constructors Association (FOCA) capeggiata da Bernie Ecclestone, e la Fédération Internationale du Sport Automobile (FISA), la federazione presieduta da Jean-Marie Balestre. In realtà, si tratta di una lotta di potere per garantirsi il controllo del Circus, dove circolano sempre più ingenti quantità di denaro. Una delle prime conseguenze è la defezione delle principali scuderie d'oltremanica dal GP di San Marino, lasciando la griglia ai cosiddetti legalisti, ossia Ferrari, Renault, Alfa Romeo, Osella e Toleman, solidali con Balestre. Da qui la necessità di salvare una gara decapitata in partenza. Ma come? Con una *combine* decisa tra Ferrari e Renault, che dovrebbero garantire lo spettacolo. Le prove ufficiali vengono dominate dalle monoposto della Regie, che monopolizzano la prima fila, rispettivamente con René Arnoux e Alain Prost. A seguire Villeneuve e Pironi col terzo e quarto tempo.

Al via, Arnoux scatta al comando e allunga, seguito da Prost e Villeneuve che guadagna la seconda piazza dopo poche curve. Al 26° passaggio il canadese si porta in testa alla Piratella, ma poco dopo, alla Tosa, deve cedere nuovamente il passo ad Arnoux e a Pironi. Mentre la Renault cerca di fuggire, Villeneuve ripassa Pironi, dando così inizio a una lotta fratricida. Tra i due però esiste un accordo stabilito in seno al team nel pregara: chi si troverà in testa nella seconda parte della corsa dovrà vincere. Quando alla 44ª tornata il turbo di Arnoux cede di schianto, Villeneuve si trova in testa, con Pironi che lo segue come un'ombra. Per la gioia del pubblico, le due Rosse, ormai sole al comando, continuano a darsi battaglia. Pironi si riprende il comando all'uscita della Rivazza e tre giri dopo viene fulminato dal canadese. Quando i battistrada iniziano il 50° dei sessanta passaggi previsti, dal muretto Ferrari viene esposto un cartello su cui spicca una scritta: SLOW. La scuderia, in virtù dell'accordo pregara, vuole infatti congelare le posizioni per preservare il risultato di squadra, importantissimo ai fini della classifica costruttori. Dunque evitare collisioni, o restare senza benzina. Alla vista di quel messaggio, Villeneuve si sente sicuro e molto probabilmente rallenta l'andatura. Ma ecco il fuoriprogramma. Pironi sferra un attacco e si riprende la leadership. Gilles crede che il compagno voglia continuare lo show per il pubblico e sta al gioco. Quando però al penultimo passaggio vede che Pironi chiude tutte le porte ai suoi assalti, rompe gli indugi e lo infila con determinazione all'uscita della Tosa. Tutto deciso? Mai dire mai. All'ultimo giro si consuma definitivamente il tradimento. «Cicciobello», come viene soprannominato Pironi dai tifosi italiani, sferra il colpo basso e sempre alla Tosa beffa un allibito Villeneuve, involandosi verso la vittoria. Sceso dalla sua monoposto, il canadese è ferito nell'anima, perché pur essendo un tipo spericolato oltre il limite, è un uomo leale e mai si sarebbe aspettato una pugnalata dall'amico Didier. Dopo essere salito sul podio, Gilles si fionda nel motorhome dove urla al direttore sportivo Marco Piccinini di cercarsi un nuovo pilota. Nel frattempo, Pironi è assediato dai giornalisti e con un italiano non precisissimo dichiara: «Per una volta, penso che una mia vittoria non sia poi ingiustissima». Piccinini dal canto suo minimizza sostenendo che sul famoso cartello non sono state indicate le posizioni da prendere perché non era il caso. «Quindi ritengo naturale», prosegue, «che Didier abbia cercato di conquistare il primo posto. Se ci sarà uno strascico nei contrasti fra i due piloti, cercheremo di superarlo.»

Invece le cose andranno diversamente. Villeneuve, indignato, si presenterà a Maranello convinto di trovare solidarietà dal team e da Enzo Ferrari. Ma il Drake lo spiazza, facendogli capire che per lui ciò che conta è la vittoria di una sua vettura. È un altro colpo basso destinato a segnare il morale del funambolo canadese.

Uno stato d'animo non certo ottimale per affrontare il successivo Gran Premio del Belgio, a Zolder, l'8 maggio 1982. Al box Ferrari la tensione è alta coi due piloti che si evitano. Le prove del venerdì vedono Villeneuve davanti a Pironi, ma quando il giorno dopo, a pochi minuti dal termine delle qualifiche, il transalpino è davanti, Gilles decide di tornare in pista per batterlo. Mauro Forghieri, l'allora responsabile tecnico del Cavallino, cerca di dissuaderlo dicendogli che non ci sono più pneumatici da qualifica, ma il canadese non vuole sentire ragioni. Forse in cuor suo desidera dimostrare al team di essere la prima guida. Villeneuve stacca un buon crono, ancora più alto di quello del compagno. Giunto in prossimità della curva di Terlamenbocht, si trova davanti la

March guidata da Jochen Mass che procede lenta. Villeneuve cerca di passarlo all'esterno sulla destra, ma purtroppo non s'intende col pilota tedesco, che a sua volta dà strada, ma spostandosi nella stessa direzione del canadese. La ruota anteriore destra della Ferrari urta la posteriore sinistra della March. Per il cosiddetto effetto catapulta, la «Rossa 27» decolla, ripiomba a terra di muso e inizia a roteare. L'impatto è violentissimo, l'avantreno si disintegra e il pilota viene sbalzato fuori dall'abitacolo legato al sedile. Ricadrà dopo qualche decina di metri colpendo con il collo un paletto di sostegno delle recinzioni situate all'esterno della pista. I soccorsi sono tempestivi e dopo alcuni tentativi di rianimazione, il pilota viene trasferito in condizioni disperate all'ospedale Saint Raphael di Lovanio. Mantenuto in vita artificialmente, Gilles si spegnerà alle 21.12.

Il destino, però, si dimostrerà terribile anche nei confronti di Pironi. Il 7 agosto successivo, nel corso delle prove del sabato mattina a Hockenheim, per il GP di Germania, il francese della Ferrari tampona la Renault del connazionale Alain Prost che procede lenta. Una collisione dalla dinamica simile a quella di Villeneuve, complice sempre un malinteso tra i due piloti, a cui si aggiunge la scarsa visibilità per il maltempo. Dopo essere decollata, la Ferrari impatta col terreno e comincia a capovolgersi, fino ad arrestarsi semidistrutta. Intrappolato nelle lamiere, Pironi è cosciente, ma stravolto dal dolore per via delle fratture alle gambe. Per estrarlo occorrerà quasi mezz'ora e solo un delicato intervento chirurgico gli eviterà l'amputazione del piede destro. La sua degenza ospedaliera durerà circa un anno, durante il quale subirà trenta operazioni e ben trentacinque anestesie. Compromessa definitivamente la sua carriera in pista, Pironi non abbandonerà il mondo dei motori, dedicandosi alle gare sugli off-shore. Purtroppo, il 23 agosto 1987, gli sarà fatale il ribaltamento del suo motoscafo nel corso di una competizione al largo dell'isola di Wight, in Gran Bretagna. Insieme a lui perderanno la vita anche gli altri due membri dell'equipaggio. Una vicenda dai risvolti tragici, in cui nel giro di due settimane un rapporto quasi fraterno s'è trasformato in odio con un epilogo funesto.

Fortunatamente a Maranello non si vivranno più rapporti così tesi tra i piloti. Le rivalità e qualche screzio in pista non mancheranno, ma tutto rientrerà nell'ordine di una sana competizione. Nel 1990 la convivenza tra Nigel Mansell e il tre volte iridato Alain Prost non sarà del tutto pacifica. Ricordiamo la partenza del GP del Portogallo a Estoril, quando l'inglese spinge verso il muretto dei box il transalpino, facendogli perdere la testa a beneficio del rivale Senna. Oppure i contrasti tra Alonso e Massa: un rapporto mai stato idilliaco. Nel GP della Cina del 2010, le due Rosse imboccano contemporaneamente la via dei box e nella curva a gomito che precede la pitlane, l'asturiano supera di forza il paulista. Pochi mesi dopo, a Hockenheim, nonostante la doppietta i due mostrano musi lunghi sul podio con il direttore sportivo Stefano Domenicali, chiamato a ricucire un nuovo strappo. Tutto ha origine alla 20ª tornata. Alonso, in lotta per il Mondiale, raggiunge il leader Massa, cerca di superarlo, ma questi resiste. Immediata la reazione via radio di Fernando che definisce ridicolo il comportamento del rivale. Le posizioni dei due restano immutate sino al 48° giro, quando Felipe viene raggiunto via radio dal suo ingegnere Rob Smedley: «Fernando è più veloce di te, hai capito il messaggio?» Massa abbozza e dà strada.

Anche nel team di Sir Frank Williams possiamo ricordare una faida tra due piloti dal temperamento molto forte: Nigel Mansell e Nelson Piquet. L'inglese è un duro, combattivo per eccellenza, la sua guida lascia poco spazio alla fantasia, bensì si basa sull'aggressività. Il brasiliano è capace di sfoderare colpi geniali e il carattere latino lo porta a provocare l'avversario anche fuori dalla pista. Non gli mancano le battute feroci che a volte sconfinano nella sfera privata del nemico di turno.

Il primo scontro tra i due ha luogo nell'inverno 1986, durante una sessione di prove in Giappone. Mansell è presente in veste di spettatore in quanto ancora sofferente di dolori al torace e alle costole, postumi di un incidente. Piquet, a conoscenza del problema, inizia a spingere e pungolare l'inglese nella schiena, chiedendogli se le costole fossero guarite. Si sa che il gioco è bello quando dura poco e vista l'insistenza del brasiliano Nigel si gira di scatto e guardando dritto negli occhi il suo «torturatore», gli intima di smetterla: «Ora ti fracasso un paio di costole anche a te, poi vediamo come te la passi». Le provocazioni di Piquet però vanno avanti con mirate dichiarazioni alla stampa. Mansell cerca di non perdere la calma, isolandosi e non leggendo i giornali, ma è indubbio che manchi l'armonia.

Il tutto si complica con il grave incidente stradale che

metterà fuori gioco Frank Williams prima dell'inizio della stagione. La figura del capo è fondamentale per mantenere l'equilibrio all'interno della scuderia. La FW11 motorizzata Honda è molto competitiva e non è un caso che il team diretto momentaneamente dal solo Patrick Head dominerà il Mondiale costruttori. Sul fronte piloti, invece, è lotta aperta tra i due, con Piquet che continua a lamentare favoritismi nei confronti di Mansell: «Il team britannico favorisce il pilota di casa».

I duelli in pista non mancano, come a Brands Hatch, dove Nelson cerca fino alla fine di impensierire il compagno che non molla. O come a Monza, quando al termine del 36° passaggio Piquet affronta la prima variante negli scarichi di Mansell per poi affondare il colpo decisivo nel mezzo della velocissima curva grande. Un sorpasso che assicura al brasiliano il successo. Ma questa lotta fratricida avrà le sue conseguenze all'ultimo round in Australia, dove Mansell e Piquet verranno beffati da Prost che metterà le mani sul titolo, complice una scelta suicida sulle gomme da parte del team anglonipponico.

Il 1987 vede nuovamente la Williams sugli scudi coi due piloti separati in casa. Pubblicamente però si stringono la mano a Imola. Piquet sbatte alla curva del Tamburello nel corso delle qualifiche, distrugge la monoposto, fortunatamente non riporta danni fisici, ma i medici non gli danno il benestare per prendere il via al Gran Premio. Per cui si presenta sulla griglia in borghese e saluta Mansell che s'appresta a scattare dalla prima fila accanto al poleman Senna e trionfare in riva al Santerno. Tra Nigel e Nelson la battaglia proseguirà sino alla fine. L'inglese storce il naso a Monza, quando la vettura dotata delle nuove sospensioni attive viene riservata al brasiliano, che sale sul gradino più alto del podio. Si arriva così in Giappone, il titolo è una questione privata nel team di Sir Frank e a differenza dell'anno precedente si risolve prima del previsto. Nelle prove del venerdì Mansell perde il controllo della sua monoposto, compie un testacoda e col retrotreno va a sbattere contro la barriera degli pneumatici. Per effetto della velocità di oltre 240 chilometri all'ora, la Williams si alza per alcuni metri e poi ripiomba in mezzo alla pista. Nigel resta privo di sensi per alcuni minuti. Una volta estratto dalla FW11B viene trasportato all'ospedale nei pressi di Suzuka, dove gli vengono riscontrate forti contusioni alla colonna vertebrale che gli impediranno di portare a termine il Mondiale, che andrà automaticamente a Piquet. Pare che il brasiliano alla vista del rovinoso incidente del compagno abbia dichiarato: «Non è così che doveva finire».

Nel 1988 alla Williams si tornerà a respirare un clima più disteso, accanto a Mansell ci sarà il più «mansueto» Martin Brundle, mentre Piquet si muoverà alla volta della Lotus, dove farà coppia con l'innocuo Satoru Nakajima. Ebbene, il brasiliano troverà comunque occasione per attaccare un altro suo grande rivale: Ayrton Senna. Una polemica nata anni prima, resa ancor più feroce dal fatto che entrambi sono brasiliani, ma il primo è carioca e il secondo è paulista. A partire dal 1989, Senna si troverà a combattere l'accesissima rivalità con Prost, suo compagno in McLaren fino al 1990. E, a partire dal 1992, con la nuova stella del Circus, Michael Schumacher. Ma la guerra tra Senna e Prost, nata alla corte di Ron Dennis, farà scrivere pagine indelebili nella storia di questo sport.

Nel 2007, sempre nella scuderia inglese dilagherà un altro conflitto devastante tra i due piloti. Uno è Fernando Alonso, al suo primo anno a Woking forte di due titoli iridati, l'altro è Lewis Hamilton, un inglese di origini caraibiche che, più di un *rookie*, è ritenuto un predestinato. Se il buongiorno si vede dal mattino, nel GP d'apertura a Melbourne Alonso capisce subito le ambizioni del suo compagno. Sebbene parta dalla prima fila, l'iberico viene superato al via dal giovane britannico; poi, grazie alla strategia, riuscirà a chiudere secondo dietro a Räikkönen, il vincitore. Il 27 maggio, a Monte Carlo, la McLaren-Mercedes centra la doppietta, ma spuntano delle nubi all'orizzonte. Alonso, autore della pole, precede l'esordiente britannico che però, dopo essersi detto soddisfatto per aver tenuto il ritmo del vincitore, aggiunge: «C'è qualcosa con cui devo fare i conti: sulla mia auto c'è il numero due e io sono il secondo pilota». Il riferimento sarebbe a un presunto ordine impartito da Dennis di congelare le posizioni, proteggendo così il leader Alonso. Ovviamente il team principal smentisce, anche perché il regolamento vieta gli ordini di scuderia. La FIA avvierà lo stesso un'indagine al termine della quale la scuderia d'oltremanica verrà assolta, ma dal GP di Monaco qualcosa si spezza. E proprio da quella gara inizieranno a diffondersi voci circa un episodio di spionaggio industriale subito dalla Ferrari. Un fatto che ogni giorno riserverà continui colpi di scena con prove schiaccianti che inchioderanno sempre più la McLaren. Una sorta di tempesta perfetta che contribuirà a portare la rivalità tra Fernando e Lewis oltre i livelli di guardia.

In Canada, la McLaren celebra il primo successo di Hamilton in F1 con una grande festa che Alonso non gradisce. Nel GP successivo a Indianapolis, il *rookie* si presenta da leader della classifica e sigla la pole davanti allo spagnolo. In gara l'inglese resta sempre al comando con il compagno dietro a insidiarlo. Al 53° giro assistiamo al primo vero assalto. Le due McLaren si presentano vicinissime sul rettilineo del catino del celebre Motor Speedway. È un duello ruota contro ruota, dove Lewis non si lascia intimidire non cedendo di un millimetro. Mantiene il comando e si porta a casa il secondo trionfo consecutivo. In quel corpo a corpo non c'è in ballo solo la leadership della gara, ma anche nella scuderia. Sono le premesse che sfoceranno nella guerra aperta all'Hungaroring il 4 agosto. Sul finire delle qualifiche la McLaren ordina a Hamilton di concedere il vantaggio della pista libera ad Alonso, in ragione dell'alternanza stabilita dal team. L'inglese però se ne infischia e l'iberico mette in atto la sua ripicca. Al momento dell'ultimo pit-stop, quando si montano le gomme per dare l'assalto finale alla pole, Alonso entra ai box seguito da Hamilton. I meccanici sono velocissimi a cambiargli gli pneumatici, ma il pit-stop va per le lunghe, perché lo spagnolo non si muove. I secondi scorrono veloci e Lewis è imbottigliato in colonna come dal benzinaio. Quando Fernando lascia la piazzola per lanciarsi nell'ultimo tentativo, a Lewis resta il tempo necessario per compiere solo il giro di lancio senza poter provare a segnare il miglior tempo. Alonso risulterà infatti il più veloce e Hamilton abbozzerà solo in un primo momento, stringendo anche la mano al suo nemico durante le operazioni di peso. Poi a bocce ferme piomba in direzione gara e fa ricorso.

La FIA esamina il caso e alla fine non solo dà ragione all'inglese assegnandogli la pole e retrocedendo l'iberico di cinque posizioni, ma punisce anche la McLaren, rea di aver dato ordini di scuderia, condannandola a non raccoglier punti nel Gran Premio. Una decisione che trasforma il team di Woking in una vera e propria polveriera. Con Ron Dennis che si vede tradito dal suo pupillo. Quel bimbo di colore che all'età di otto anni, in occasione di una cerimonia, gli aveva chiesto se un giorno avrebbe potuto correre per la blasonata scuderia inglese. Dennis, informato dai suoi talent scout, sapeva benissimo che quel piccolo driver si stava mettendo in luce nel karting e aveva deciso quindi di finanziargli la carriera. Un investimento a lungo termine che però stava dando i suoi frutti, col *rookie* ormai sulla bocca di tutti, considerato come un vero e proprio astro nascente del motorsport.

Hamilton vincerà anche in Ungheria e la domenica sera consoliderà il suo primo posto in classifica, con sette lunghezze di vantaggio su Alonso. Nel frattempo, però, è sempre più aperto il fronte della spy story. Nel Consiglio Mondiale del 26 luglio, la McLaren è riconosciuta colpevole per il possesso di informazioni riservate sulla monoposto e le strategie della Ferrari, ma non può essere punita in quanto non dimostrabile che ne abbia tratto vantaggio. Una sentenza che provoca l'indignazione di Maranello, che contiene però una postilla, secondo la quale se fosse provato il contrario, la squadra inglese verrebbe esclusa non solo dal Mondiale 2007, ma anche da quello successivo. E, guarda caso, le prove sbucano fuori come per incanto nei giorni che precedono il GP d'Italia. Pare che la cosiddetta pistola fumante sia rappresentata da alcune e-mail scambiate tra Alonso e lo spagnolo Pedro de la Rosa, collaudatore del team. A convincere Alonso a vuotare il sacco è una lettera del presidente Max Mosley, che invita i piloti a collaborare nell'inchiesta promettendo l'immunità nei loro confronti. A detta di radio-box, pare che ad Alonso non sia parso vero mettere in atto la vendetta nei confronti della McLaren, per il mancato status di prima guida riservatogli dal team. Pochi giorni prima del GP del Belgio, la FIA condannerà definitivamente Ron Dennis & C. azzerando i punti nel Mondiale costruttori e appioppandogli una megamulta da 100 milioni di dollari. Vengono però risparmiati i piloti che potranno giocarsi il Mondiale sino alla fine.

E a Spa sono subito scintille. Al via Alonso tiene larga la sua traiettoria alla curva della Source, costringendo Hamilton ad andare largo nella via di fuga asfaltata. Lewis però rientra subito in pista e si butta in piena velocità lungo la discesa che porta all'Eau Rouge. Una delle curve più difficili del Mondiale, perché precede la salita che porta all'insidioso tornante del Raidillon. Sono attimi palpitanti perché al fianco del britannico si palesa la monoposto dello spagnolo, che lo supera in piena velocità. È emblematico il volto tirato di Ron Dennis che assiste alla battaglia dai box.

Malgrado le Frecce d'Argento siano le vetture da battere,

riusciranno a perdere il Mondiale negli ultimi due round in modo molto rocambolesco. Il GP della Cina, penultimo appuntamento, rappresenta il match-ball per Hamilton. Lewis è sempre più leader con 107 punti, contro i 95 di Alonso e i 90 di Räikkönen. Dopo il miglior tempo in qualifica prende la testa e procede spedito verso il suo primo titolo mondiale. Anche qualora fosse passato da Räikkönen, il secondo posto gli garantirebbe matematicamente la corona iridata. Ma ecco che si arriva alla 31ª tornata. Le prestazioni sul giro del britannico sono vistosamente in calo per via delle coperture da bagnato utilizzate ormai da troppi giri. Una scelta dettata dalla pioggia intermittente. La posteriore destra della MP4 22 è quasi sulle tele e costringe il pilota a rientrare ai box. Lewis imbocca la via della pit-lane quando improvvisamente finisce nella via di fuga arenandosi nella sabbia. Fa subito un gesto ai commissari di spingerlo fuori, smanetta sul volante, ma tutti gli sforzi sono vani. Il *rookie* deve accettare il suo primo ritiro, ingoiando il rospo per la grande occasione perduta. Con la vittoria di Räikkönen e il secondo posto di Alonso, il suo margine in classifica s'è assottigliato, riaprendo la corsa all'iride. Dunque, un epilogo inaspettato che induce a chiedersi come mai dal box, a fronte di un evidente decadimento dello pneumatico, Hamilton non è stato chiamato in tempo? È un quesito che non otterrà mai risposta.

Così come non si comprenderà quanto accadrà all'inglese nella gara successiva in Brasile. Il 21 ottobre 2007 a Interlagos, Hamilton deve guardarsi dagli assalti del compagno Alonso a quattro punti e dal terzo incomodo, il ferrarista

Räikkönen, lontano sette lunghezze. Lewis sa anche che il team è spaccato in due e teme che Fernando, piuttosto che vederlo iridato, preferisca applaudire un eventuale titolo di Räikkönen. Man mano che si avvicina il momento del via, la tensione sale sempre più e forse sarà proprio questo fattore a tradire l'inglese, che malgrado si trovi in prima fila al fianco della Ferrari di Massa, parte male e viene subito infilato da Räikkönen. Lewis cerca di rimediare, ma alla curva 4 verso la Descida do Lago, nel tentativo di bloccare un deciso attacco di Alonso va largo e perde parecchie posizioni. Rientra in pista decimo, fuori dalla zona punti, mentre i suoi rivali diretti volano via. Allora apre il gas e inizia una rimonta furente. Si beve a uno a uno gli avversari, quando all'8° passaggio il cambio comincia a fare le bizze. Non entrano più le marce e la sua McLaren-Mercedes rallenta. La telecamera on-board inquadra le mani dell'inglese che smanettano frenetiche sui pulsanti del volante e al tempo stesso le altre vetture che gli sfilano ai lati. Dai box suggeriscono a Lewis di fare un reset e come d'incanto il cambio rientra in funzione. Non resta che iniziare una nuova rincorsa... o meglio, una missione impossibile, dal momento che il *rookie* si trova in fondo al gruppo. Alla fine arriverà settimo e il titolo sarà appannaggio della Ferrari di Kimi Räikkönen, che befferà anche Alonso giunto terzo. Stranamente sul podio, lo spagnolo non si dimostrerà così affranto per il Mondiale perduto e troverà pure il modo di fare i complimenti al Cavallino. Hamilton invece non nasconderà la delusione, ma si consolerà dicendo: «Questo era il mio primo anno in F1, avrò tempo per realizzare il mio sogno».

Una dichiarazione profetica, perché si laureerà campione l'anno dopo. Successivamente, con l'ingaggio da parte della Mercedes, le sue corone iridate saliranno a quattro, ma dovrà fronteggiare un nuovo rivale: il compagno Nico Rosberg. Figlio di Keke, campione del mondo del 1982, Nico ne eredita la passione e debutta molto presto sui kart. È il 2000 e nel Campionato kart di Formula A figurano tra gli iscritti due quindicenni: Nico Rosberg e Lewis Hamilton. Fanno parte entrambi della stessa scuderia, l'italiana CRG del padovano Dino Chiesa, esperto del settore che ha svezzato fior di campioni. Per assurdo è proprio papà Keke a contattare quel ragazzino di colore protetto da Ron Dennis, di cui si esaltano le qualità di guida.

I due *guys* iniziano a far coppia e a mietere successi a raffica. Nonostante la rivalità in pista, Nico e Lewis diventano amici, condividono sempre la stessa stanza. Nico è soprannominato il «Principe», visto che è ricco e vive a Monte Carlo, mentre Lewis è lo «Sceicco». Una coppia a volte terribile per i continui scherzi che vengono fatti. Lo stesso Chiesa rivela che una sera viene svegliato in piena notte dalla reception dell'hotel, perché durante una battaglia a cuscinate i due avevano gettato i materassi dalle finestre. Già allora però emerge il carattere diverso dei ragazzi. Rosberg è molto metodico, studia continuamente i dati di gara, un po' alla Lauda, se vogliamo azzardare un paragone. Hamilton invece è istintivo, è un talento naturale con un'insaziabile fame di vittorie. Dopo il karting arriva il passaggio al volante delle monoposto, dapprima in Formula 3 e poi in GP2 Series. E anche in questa categoria, le storie dei due si intrecciano. Nel 2005 Nico trionfa nella GP2 con il team Art Grand Prix, che gli spalanca le porte della F1. L'anno dopo quel titolo sarà ereditato da Lewis, guarda caso al volante di una monoposto griffata Art. Passano gli anni e arriviamo al 2013, stagione in cui Hamilton si sposta dalla McLaren alla Mercedes, prendendo il posto di Kaiser Schumi, e dove farà coppia con l'amico Rosberg. Dopo un'annata in cui la monoposto fa registrare una crescita costante, il 2014 sarà l'anno del definitivo salto di qualità con la W05 candidata alla vittoria finale. Un titolo piloti che manca alla Mercedes dal 1955.

Con una monoposto da vertice è logico che il rapporto tra i due piloti inizi a cambiare e l'amicizia lascia spazio alla rivalità. Il primo duello vero tra i due va in scena in Bahrein a cavallo tra il 18° e il 19° giro. Il tedesco cerca in tutti i modi di superare l'inglese che si difende; una battaglia che viene replicata anche nel finale, ma con Lewis che precede Nico. Qualcosa però si rompe nel fine settimana di Monte Carlo, città dove i due risiedono nello stesso condominio. Siamo nelle fasi finali delle qualifiche e Hamilton è lanciato nel tentativo di battere il tempo di Rosberg. Sulle stradine del Principato tutto diventa più difficile e anche la minima sbavatura la si paga a caro prezzo. L'inglese mostra di avere un ottimo ritmo e continua a migliorarsi, ma ecco che il suo compagno finisce lungo alla curva del Mirabeu. Vettura ferma, bandiere gialle agitate e obbligo per tutti i concorrenti di rallentare. In pratica qualifiche finite e chance abortita per Hamilton. È la dichiarazione di guerra. L'inglese – e non solo lui – ha il sospetto che Nico abbia intenzionalmente sbagliato per decretare la fine delle qualifiche e assicurarsi la pole, che a Monaco è fondamentale. Dall'immancabile polemica emerge un retroscena, probabilmente all'origine della faida. Nel precedente GP di Spagna, vinto da Hamilton tallonato da Rosberg, l'inglese si sarebbe difeso dagli assalti del compagno rompendo un accordo stipulato tra il team e i piloti circa l'utilizzo del pulsante *overtaking* (che dà maggiore potenza), che invece non doveva essere premuto al fine di preservare l'unità motrice. In Canada Rosberg scatta dalla pole e, di fronte all'immediato assalto del compagno, replica allargando leggermente la traiettoria, accompagnando con mestiere all'esterno Hamilton che perde alcune posizioni. Le ostilità si spostano in Ungheria, dove per il pilota di Sua Maestà è prevista una strategia su due soste, in quanto parte dalla pit-lane dopo un problema patito in qualifica. L'inglese dà inizio alla sua risalita e quando nell'ultima parte di gara viene invitato via radio a lasciar passare Nico, non obbedisce. Anzi, nelle ultime tornate passa il compagno arpionando il terzo posto. Dopo la pausa estiva però, il Mondiale penderà sempre più a favore di Hamilton che centra ben sei vittorie contro una del rivale. L'epilogo avrà luogo ad Abu Dhabi, dove si assisterà alla marcia trionfale di Lewis, mentre Nico chiuderà incredibilmente al quattordicesimo posto per via di una perdita di potenza della sua vettura.

Il 2015 riserverà lo stesso copione e a volte ci si metterà di mezzo pure il team. A Monte Carlo, Hamilton viene richiamato per una seconda sosta mentre è al comando. Un errore clamoroso che consegna il primo gradino del podio a Rosberg, il quale però non riuscirà a tener testa al ruolino di marcia del britannico che marca dieci trionfi contro i sei del tedesco.

Il terzo incoronamento di Lewis va in scena nel GP degli Stati Uniti a Austin. In partenza i due si trovano fianco a fianco al primo tornante, Nico viene accompagnato dal compagno nella via di fuga, ma poi recupera e passa Lewis. Al passaggio 48° però, Rosberg commette un errore e Hamilton si prende leadership, vittoria e titolo. Nel dopo gara, gli animi sono molto concitati e quando prima di affacciarsi sul podio l'inglese lancia scherzosamente un cappellino a Rosberg, questi glielo ributta indietro molto stizzito.

Per Nico questa nuova sconfitta è forse troppo, così inizia a prepararsi con puntiglio in vista della stagione successiva, dove vuole a tutti i costi battere l'odiato ex amico. E i frutti di questo meticoloso lavoro si vedono subito con quattro trionfi nei primi quattro appuntamenti, che gli valgono la testa della classifica con un margine di quaranta punti su Lewis. La quinta gara è prevista in Spagna e Hamilton sa che non può più mancare l'appuntamento con la vittoria. Marca la pole, però quando si spengono le luci del semaforo viene sopravanzato da Rosberg. Come accecato dall'ira, il britannico si mette in scia al rivale e tenta il controsorpasso sul tedesco, il quale chiude la porta. La W07 di Lewis scivola sull'erba e finisce contro la vettura gemella. Per le Frecce d'Argento il GP finisce lì. Niki Lauda, presidente non esecutivo della Mercedes, condanna apertamente il comportamento dei due driver, definendolo una manovra stupida. Una volta rientrati ai box, Nico e Lewis vengono sottoposti a una sana lavata di capo davanti al leader supremo della Stella a tre punte Dieter Zetsche. Si cerca di ricucire una situazione che ormai sta sfuggendo di mano. E nel round successivo a Monaco Rosberg, rallentato da problemi meccanici, si lascia sfilare da Hamilton cedendogli in pratica la vittoria.

Che sia dunque tornata la pace? Nemmeno per idea. In Canada, le due Mercedes vengono bruciate al via dalla Ferrari di Vettel, Rosberg cerca di avere la meglio su Hamilton che però pensa bene di spedirlo nella via di fuga alla prima chicane, facendogli perdere parecchie posizioni. E in Austria andrà anche peggio. Malgrado un problema meccanico, Nico risale le posizioni fino a trovarsi al comando. Lewis gli si porta negli scarichi e all'ultimo giro sferra l'assalto. Le due Mercedes si immettono nella Remus Kurve appaiate, Rosberg si difende entrando in contatto con l'avversario e rimediando la rottura dell'ala anteriore. Hamilton proseguirà tagliando il traguardo vittorioso, mentre Nico non solo chiuderà quarto, ma sarà pure penalizzato per aver causato la collisione. Anche in Ungheria le polemiche andranno avanti. Hamilton non esita ad accusare il suo rivale di aver siglato la pole in regime di bandiere gialle. Il tedesco però non beneficerà di questo vantaggio, perdendo subito la testa della corsa a favore del britannico che vincerà e si riporterà in cima alla classifica. Nico sente che deve assolutamente reagire, perché corre il serio rischio di perdere la lotta iridata per la terza volta consecutiva. Si impone quindi in Belgio, in Italia e a Singapore, ritornando leader del Mondiale.

La chiave di volta del Mondiale sarà il GP della Malesia, dove malgrado le temperature tropicali i brividi non mancheranno. Sin dalle prime battute pare che la sorte sia dalla parte di Hamilton che fugge in testa dalla pole, mentre Rosberg finisce nelle retrovie complice una toccata di Vettel. Con l'inglese al comando e il tedesco fuori dai punti, i giochi sarebbero riaperti. D'obbligo l'uso del condizionale, soprattutto nel motorsport, perché al 40° giro dei cinquantasei previsti, la power unit della W07 alza bandiera bianca e lascia a piedi Lewis. Nico intanto è risalito e grazie a un sorpasso molto deciso sulla Rossa di Räikkönen agguanta un terzo posto che vale oro. Hamilton però intende vendere cara la pelle e nei quattro round successivi firmerà quattro vittorie. Nico vincerà una sola volta, ma piazzandosi sempre alle spalle del rivale, si presenterà all'ultimo atto in scena tra le sabbie di Abu Dhabi con dodici punti di vantaggio su Lewis. In pratica gli basta un podio per laurearsi campione e quando vede Hamilton involarsi dalla pole, si limita a giocare in difesa mantenendosi al secondo posto. Passano i giri e il Mondiale è sempre più nelle mani di Rosberg. Ecco che allora dalla mente del britannico scaturisce un piano diabolico. Rallenta volutamente impedendo a Nico di avvicinarsi, in modo che gli avversari possano raggiungerlo e magari superarlo. Lewis sa benissimo che se il tedesco finisce giù dal podio, realizzerebbe il poker mondiale. Rosberg però mantiene i nervi saldi e alla fine si aggiudica il posto d'onore e il tanto sospirato Campionato del mondo. Ma come si suol dire la vendetta è un piatto che va servito freddo e cinque giorni dopo il trionfo a Yas Marina, il neoiridato sbalordisce tutti annunciando il proprio ritiro dalle competizioni. Una mossa che spiazza Hamilton, smanioso di aver la rivincita nel 2017.

Dopo la controproducente rivalità tra Hamilton e Rosberg per la stagione 2018 la Mercedes ha adottato una nuova politica che tende a sopire e a non incoraggiare affatto la competizione esasperata. Toto Wolff, il team manager della casa automobilistica di Stoccarda, aveva sempre ritenuto che una accesa rivalità tra compagni di squadra sarebbe stata una buona cosa per il team, perché li avrebbe spronati a dare il meglio. Ma le difficoltà nel gestire la guerra fratricida fra Hamilton e Rosberg ha insegnato che probabilmente non è del tutto vero. Proprio in questa prospettiva è stato scelto il nuovo compagno dell'inglese: il finlandese Valtteri Bottas, una persona dal temperamento pacato, molto concentrato sul proprio lavoro e senza grilli per la testa. Le caratteristiche di Bottas hanno avuto un benefico effetto anche su Hamilton, che ora considera l'armonia all'interno del team una parte fondamentale del suo successo e può concentrare la sua sete di competizione su Vettel, diventato il suo nuovo rivale.

L'inglese non mancherà di punzecchiare il ferrarista, che fino all'anno prima esaltava dichiarando pubblicamente di essere felice di combattere con fuoriclasse del suo stesso livello. In realtà si trattava di una mossa per sminuire la figura di Rosberg. Complimenti e stima che si sciolgono come neve al sole nel GP dell'Azerbaijan. Siamo al 20° passaggio, la safety-car è appena tornata in pista per consentire ai commissari di ripulire il circuito dai troppi detriti presenti. Hamilton, primo, rallenta di colpo, Vettel che lo segue da vicino non riesce a bloccare la sua Rossa e finisce col tamponare leggermente l'ala posteriore della Mercedes. Complice l'alta tensione, il tedesco perde le staffe e come un automobilista qualunque, affianca l'inglese mandandolo a quel paese. Ma non solo, gli rifila pure una ruotata. «Lewis ha rallentato di colpo e mi sono affiancato per parlargli», si giustificherà il ferrarista, «nell'agitazione ho mollato il volante e gli sono finito addosso.» Hamilton per contro rigetta l'accusa di aver frenato apposta, aggiungendo: «Non ci si comporta così». Il tedesco sarà penalizzato con uno stop&go di dieci secondi, perché alla fine chi tampona ha sempre torto.

L'inglese è abilissimo nell'usare i media per irretire gli avversari. Rispetto al giovane esordiente e arrembante del 2007 sempre scortato dal padre Anthony, è molto cambiato. Si comporta da vera e propria star giramondo presenziando dalle sfilate d'alta moda ai lussuosi party di Hollywood. I suoi look sono sempre stravaganti e originali, dal taglio di capelli ai tatuaggi. Per non parlare degli abiti, come quando entra nel paddock della pista di Al-Sakhir in Bahrein indossando una tunica e un copricapo bianchi da emiro arabo, aggiungendo al tutto una collana d'oro di un paio di etti avente come ciondolo la faccia di Cristo. Un abbinamento quasi provocatorio che catalizza l'interesse dei media.

Non a caso il campione inglese ricopre anche il ruolo di testimonial per marchi glamour. Hamilton ha un munifico portafoglio di sponsor personali che gli assicurano introiti che vanno ad aggiungersi all'ingaggio da nababbo proveniente dalle casse della Mercedes.

Alla vigilia del GP di Germania del 2018, viene ufficializzato il suo rinnovo con Stoccarda per la modica cifra di 100 milioni di dollari per due anni. Vettel invece, come del resto Rosberg, hanno uno stile di vita molto meno appariscente, amano la propria privacy e sono molto poco social, al contrario di Lewis. La competizione tra il teutonico e l'inglese è innegabile, ma non siamo ai livelli raggiunti con Rosberg. Al di là delle frecciate scoccate dal britannico, si ha l'impressione che il personaggio meno tollerato da Vettel sia però il giovane Max Verstappen, soprattutto per certi comportamenti manifestati in pista.

È il 30 ottobre 2016, quando il GP del Messico giunge al 68° passaggio. Hamilton è al comando davanti a Rosberg. Dietro di loro, Vettel va all'assalto della piazza occupata da Verstappen che si difende tagliando la prima curva e non cedendo la posizione. Vettel perde le staffe e protesta vivacemente via radio, ma l'olandese non gli dà strada col risultato di far sì che il suo compagno Daniel Ricciardo si porti in scia al tedesco. Sebastian si trova imbottigliato tra le due Red Bull e quando Ricciardo lo attacca chiude lo spazio e le due monoposto si toccano. La classifica di fine gara vede Verstappen terzo e Vettel quarto, entrambi saranno però penalizzati dai commissari e sul podio salirà Ricciardo. Nel corso delle consuete interviste nel dopo corsa, Max non userà mezzi termini: «Sebastian ha fatto l'idiota, è giusto criticare il suo comportamento». L'incontro ravvicinato tra i due si ripete quest'anno alla 42ª tornata del GP della Cina. Il terribile Max cerca il sorpasso su Vettel, secondo dietro a Valtteri Bottas. Una manovra messa in atto con la solita irruenza dall'olandese, che finisce con lo speronare il rivale costretto a perdere posizioni, pur non riportando danni alla sua Ferrari. L'azzardo costa al pupillo di Helmut Marko, uomo di comando nel team angloaustriaco, dieci secondi di penalità. La mossa innesca nuovamente accuse e repliche.

Riguardo alla mia esperienza di pilota ho sempre vissuto la competizione con il mio compagno di squadra cercando il confronto leale, a partire dai kart quando ero un ragazzo. All'epoca Jarno Trulli e io sapevamo di avere addosso gli occhi di tutti. È stato bello crescere insieme e competere anche in Formula 1, ma nonostante la sana rivalità siamo sempre rimasti in splendidi rapporti.

Non posso dire lo stesso di Ralf Schumacher, mio compagno di squadra alla Jordan nel 1997. Non ho mai avuto tante difficoltà come con lui, che arrivò persino a buttarmi fuori in una gara, quando occupavo la seconda posizione. Se non fosse stato per l'amicizia che avevo con suo fratello Michael, penso che non avremmo finito la stagione nello stesso team.

In seguito, ho corso sempre con piloti forti e al tempo stesso corretti. Con Alex Wurz ho condiviso tre anni alla Benetton; poi è arrivato Jenson Button, un inglese giovane e veloce. In Jordan ho corso con Takuma Sato e Ralph Firman; poi in Sauber mi sono trovato di fianco Felipe Massa, anch'egli giovane e veloce. Quando sono stato ingaggiato dalla Renault, ho fatto i conti col compagno di scuderia più forte che abbia mai avuto: Fernando Alonso. Eravamo entrambi su una macchina molto competitiva e il confronto avrebbe potuto rivelarsi anche aspro. Invece siamo sempre andati d'accordo e siamo diventati amici, ancora oggi lo siamo. Quando si presenta l'occasione, non facciamo altro che lodarci a vicenda. Proprio l'anno scorso, durante un'intervista, Fernando ha dichiarato: «Dei compagni che ho avuto il migliore è stato Fisichella». Da parte mia penso lo stesso, ma in generale sono contento di aver costruito rapporti positivi all'interno del paddock. Ritengo sia normale riconoscere la bravura di un altro pilota, non capisco perché qualcuno fatichi a farlo. Nel 2003 sono stato eletto Driver's Driver, un premio che gli addetti ai lavori (secondo il voto di piloti e team manager) concedono al miglior pilota dell'anno. Ebbene, sono stato molto contento di vincere, a dimostrazione di quanto buoni fossero i rapporti con i colleghi. Per gli addetti ai lavori ero sempre «*the most underrated driver*», il pilota più sottovalutato. Chissà per chi ha votato Ralf Schumacher...

Ho corso pure con Adrian Sutil alla Force India e con Kimi Räikkönen una volta approdato in Ferrari. Il finlandese era un tipo silenzioso, ma corretto e cordiale.

Dal 2010 ho scoperto il mondo delle gare di durata e la mia visione sulla rivalità è cambiata. Il compagno di squadra non è più un rivale, ma un compagno da sostenere e che dà sostegno, ovviamente nei limiti del possibile. Per un pilota proveniente dalla F1 si tratta di un cambiamento radicale. Nell'endurance si condivide tutto: a partire dal set-up fino ai dati di telemetria, insomma un vero e proprio lavoro di squadra. E così ho condiviso gioie e dolori, vittorie e sconfitte durante corse massacranti come la 24 Ore di Le Mans, la 24 Ore di Daytona o la 12 Ore di Sebring. Gare leggendarie vissute con piloti con i quali lavori ventiquattro ore al giorno e condividi addirittura il camper dove vai a riposare. Grandi compagni e amici come Toni Vilander, Gimmi Bruni, Davide Rigon, James Calado, Andrea Bertolini, Marco Cioci, Thomas Flohr, Francesco Castellacci: potrei continuare a lungo perché sono ancora molti e con tutti ho splendidi ricordi. Mi piacerebbe in generale che questo mondo fosse più visibile agli appassionati del motorsport, l'immenso lavoro di Ferrari Competizioni GT e di Amato Ferrari con AF Corse che lo rendono possibile. Per una persona come me che tiene molto all'aspetto umano e alla collaborazione è l'ideale: tutti lavoriamo per lo stesso obiettivo e quando si ottengono i risultati in pista la festa si amplifica perché si condivide.

The Magic

COME ho già raccontato, il mio idolo da bambino era Niki Lauda. Poi però è arrivato Ayrton Senna e io non ho avuto alcun dubbio a sceglierlo come mio preferito. Non lo adoravo solo per le sue vittorie, i sorpassi, il lato tecnico e agonistico: Senna trasmetteva qualcosa in più. E forse lo ammiravo proprio per com'era al di fuori dalla pista, per la sua straordinaria umanità, la sua devozione religiosa e il suo carisma, tutti fattori che lo rendevano diverso dagli altri. Se Michael Schumacher rappresenta la mente e la razionalità, Ayrton Senna è il cuore e la passione.

Il Senna pilota lo conosciamo tutti e ci saranno sempre le immagini a rendere immortali le sue gesta: le imprese al volante della Lotus nera e oro, poi divenuta gialla, e della bianco-rossa McLaren sono pagine indelebili della storia del motorsport. Il mio rimpianto maggiore è non averlo conosciuto di persona. Non aver potuto approfondire quell'aspetto umano che mi ha sempre affascinato. Avremmo potuto incontrarci in pista e per me sarebbe stato un onore stargli accanto sulla griglia, parlargli ai briefing e magari diventare suo amico. In carriera ho sempre avuto ottimi rapporti con i piloti brasiliani, a partire da Felipe Massa e immagino che con Ayrton sarebbe stato ancora più semplice grazie alla sua profonda umanità che lo faceva apparire un gigante.

Quali traguardi avrebbe raggiunto se fosse scampato a quel tragico destino del 1° maggio 1994 nessuno può dirlo. Un personaggio dagli occhi malinconici e dalla personalità complessa, che pur sapendo di essere un predestinato aveva la necessità di avere sempre la conferma quotidiana del suo valore in pista e fuori. E forse quell'epilogo così drammatico l'ha reso ancora più mitico, al pari di quei grandi gladiatori che perdevano la vita combattendo nell'arena.

Ayrton Senna da Silva (Senna è il cognome della madre Neide: in Brasile i figli ereditano i cognomi di entrambi i genitori) nasce a San Paolo il 21 marzo 1960. A differenza della maggior parte dei bambini brasiliani, Ayrton non ama il pallone e si innamora ben presto delle macchine. Quando non gioca coi modellini disegna le auto, una passione trasmessagli da suo padre Milton, un *self-made man*, figlio di un autista, divenuto in seguito proprietario di un'industria metallurgica e di un allevamento di oltre diecimila capi di bestiame nello stato di Goiás. Ayrton cresce quindi in una famiglia facoltosa, accanto alla sorella maggiore Viviane e al fratellino Leonardo. A quattro anni riceve in dono un piccolo kart rudimentale, che il papà gli ha fatto costruire da alcuni suoi operai, ed è un colpo di fulmine. Il piccolo Ayrton passa ore e ore nel cortile di casa a bordo di quel curioso mezzo spinto dal motore di una motofalciatrice. Di fronte a tanto entusiasmo, il padre porta Ayrton al kartodromo di Interlagos, ricavato all'interno del popolare circuito dove si disputa il GP di Formula 1, e a otto anni è alla guida di un kart vero. La passione per i motori diventa la sua priorità e a farne le spese è la scuola, dove Ayrton non consegue risultati brillanti. Si ferma alle scuole secondarie, il Colégio Rio Branco, un istituto privato molto esclusivo di San Paolo, dove viene accompagnato ogni mattina dall'autista.

La leggenda narra che Senna imparò a guidare sul bagnato dopo che un suo amico lo aveva umiliato in una gara di kart, svoltasi proprio sotto la pioggia. Ayrton si arrabbiò così tanto che, non appena pioveva, andava al kartodromo ad allenarsi. Questo gli permise di diventare il «mago della pioggia» che tutti conosciamo.

La sua prima gara di kart va in scena nell'estate 1973 ed è alquanto singolare. I concorrenti sono solo due: Ayrton e papà Milton. Teatro della sfida è il kartodromo di Interlagos, alla presenza dei famigliari più stretti. La vittoria di Ayrton è il preludio ai primi successi nelle gare juniores fino alla conquista del titolo di campione sudamericano nel 1977 e 1978. Seguirà una lunga serie di vittorie, merito sia delle sue doti tecniche, abilissimo a seguire sempre le traiettorie migliori con una perfezione millimetrica, sia del suo preparatore, un meccanico di grande sensibilità, Lucio Pascual Gascon detto «Tchê». Il Brasile però inizia a stargli stretto, così Ayrton decide di misurarsi coi campioni europei di quella categoria e matura la decisione di emigrare in Italia, il Paese di origine della sua famiglia. Il cognome Senna apparteneva infatti alla bisnonna napoletana.

Sbarcato in Italia, Ayrton fa tappa alla DAP, un'azienda lombarda produttrice di kart di proprietà dei fratelli Parrilla. Per prima cosa viene portato al kartodromo di Parma a rodare i motori, a testare il telaio DAP che non aveva mai utilizzato e le gomme Bridgestone che non erano presenti in Brasile. Dopo due giorni di test, ecco la sorpresa. Senza conoscere la pista e col nuovo mezzo, Ayrton fa registrare gli stessi tempi di Terry Fullerton, uno dei maggiori protagonisti sulla scena mondiale del karting, nonché pilota di punta della DAP. Una peculiarità del brasiliano è data dal fatto che sia mancino. Questo gli permette di regolare contemporaneamente il carburatore con la mano destra e controllare il volante con la sinistra. Una manovra che agli avversari risulta difficile. Con queste premesse, nel 1978, Senna affronta il Campionato del mondo di kart a Le Mans, dove punta alla vittoria. Malgrado si metta in luce per la sua combattività, Ayrton viene buttato fuori pista da un rivale e deve ritirarsi. Un risultato che compromette l'ultima manche che lo vede partire dal fondo e chiudere sesto in rimonta. Una delusione che accompagna anche l'edizione successiva del Mondiale, ma che non scalfisce la fame di successi di questo ragazzo che indossa un casco giallo attraversato da una striscia verde orizzontale. Gliel'ha decorato il mitico designer Sid Mosca, che anni dopo convincerà Senna ad aggiungere un'altra riga, ma di colore blu, per ricordare meglio la bandiera brasiliana.

Chiusa la parentesi kartistica italiana, molto formativa, Ayrton guarda al mondo delle monoposto, dirigendosi oltre Manica e su consiglio di Emerson Fittipaldi, bicampione del mondo brasiliano, approda alla Ford. Anzi, il grande «Rato», come viene chiamato Fittipaldi in Brasile, telefona al suo meccanico personale, Ralph Firman, raccomandandogli quel giovane talento, perché è un futuro campione. E Senna dimostra subito il suo carattere ponendo nella trattativa del contratto clausole pretenziose al punto da sbalordire il suo accompagnatore Chico Serra, suo connazionale ed ex pilota di F1. Il 1981 vede il brasiliano impegnato in Formula Ford 1600. Vince alla sua terza gara sotto la pioggia e a fine Campionato vanta un bilancio incredibile: dodici vittorie su venti gare, altre sei volte a podio e mai un ritiro. Senna conquista così le due serie inglesi più importanti. Nel frattempo, s'è sposato con Lilian de Vasconcelos, una bionda ragazza di San Paolo con cui si era fidanzato tempo prima e che l'ha seguito in Inghilterra. Un matrimonio che però naufraga dopo soli otto mesi. Lei non riesce ad abituarsi al clima anglosassone come del resto Ayrton, che però è innamorato delle corse, sua unica ragione di vita.

Davanti al giovane talento si dischiudono orizzonti promettenti e in vista di essi Ayrton dimostra di avere anche doti di marketing. Per distinguersi dai tanti che portano il cognome da Silva, come quello di suo padre, decide di scendere in pista solo col cognome della madre, Senna, e di mettersi in luce senza confondersi con nessun altro. Non solo: il nome Ayrton Senna viene depositato come marchio.

Nel 1982 Ayrton passa alla Formula Ford 2000, ma il copione non cambia e il suo dominio continua. Un episodio significativo ha però luogo a Zolder proprio nel tragico fine settimana in cui perde la vita Gilles Villeneuve. Ayrton si trova sul tracciato belga in occasione del round europeo della categoria e vista la concomitanza con la classe regina cerca di avvicinare Nelson Piquet, il pilota brasiliano più importante del momento nonché detentore del titolo mondiale. L'approccio però non è dei migliori in quanto l'iridato della Brabham lo snobba. Un atteggiamento che minerà per sempre il rapporto tra i due. Piquet dal canto suo sa benissimo che si trova di fronte a un potenziale avversario molto scomodo: l'ambiente della F1 s'è già accorto del talento di Senna, grazie anche alla strategia di marketing messa in atto dal giovane brasiliano. Ayrton, infatti, ha incaricato il fotografo Keith Sutton di inviare ai maggiori giornali i comunicati al termine di ogni corsa, con sintesi della gara e una sua foto in azione.

L'anno successivo Ron Dennis, team boss della McLaren, gli offre a proprie spese di disputare la stagione di F3 e un'opzione di un possibile ingaggio in caso di arrivo in F1. Ayrton però ritiene la proposta poco vantaggiosa e sceglie di accasarsi con la West Surrey Racing, una scuderia parecchio quotata, con la quale è protagonista dell'ennesima marcia trionfale. Ben dieci vittorie nei primi dieci appuntamenti. Prestazioni che gli garantiscono nuove chiamate dai top team del Circus. Il 19 luglio 1983, a Donington Park, Senna percorre i suoi primi giri al volante di una monoposto di F1. È la Williams FW08, con cui Keke Rosberg s'è laureato campione del mondo l'anno prima; il patron della scuderia vuole vedere come conduce una vettura vincente quel giovane fenomeno. Alla fine le tornate percorse saranno ottantatré senza far registrare tempi record, ma a impressionare i tecnici è la metodologia di lavoro di questo ragazzo, costantemente alla ricerca della perfezione. Mesi più tardi, Ayrton sale sulla McLaren a Silverstone e mostra il suo valore siglando il tempo più veloce rispetto agli altri tester, malgrado un problema al motore. Poi è la volta della Toleman, che non è certo una vettura a livello delle migliori, ma il team manager Alex Hawkridge preme da tempo per avere il brasiliano, che però guarda con interesse alla Brabham di Bernie Ecclestone. Il futuro padrone della F1 sarebbe favorevole a ingaggiare il giovane talento al posto di Patrese, passato all'Alfa Romeo, ma l'accordo di sponsorizzazione con la Parmalat prevede la presenza di un pilota italiano. E poi c'è Piquet: il carioca vedrebbe di buon occhio l'arrivo del paulista? Comunque sia il test si effettua al circuito francese Paul Ricard su una BT52, ma le parti non troveranno l'accordo e la scelta cadrà su un italiano, Teo Fabi, reduce da una buona stagione in Formula Cart. Una delusione per Senna, il cui carattere sospettoso lo induce a credere che a mettergli il bastone tra le ruote sia stato proprio Piquet. Un dubbio che non verrà mai sciolto. Vero è che tra i due non corre buon sangue e così sarà per sempre: forse la rivalità nasce dal campanilismo delle rispettive città di nascita? Difficile a dirsi, ma per anni sarà un rincorrersi, oltre che sulla pista, anche sulla carta stampata, con dichiarazioni, illazioni, uscite e sparate poco lusinghiere da parte di entrambi.

Sfumata questa chance e con il 1984 alle porte, Senna deve assolutamente trovare un volante per debuttare in F1. Il 19 dicembre firma con la Toleman un accordo triennale, non certo vantaggioso dal punto di vista economico. Nessun ingaggio per il primo anno, bensì solo la possibilità di usufruire di alcuni spazi sulla tuta, dietro approvazione della scuderia. Per le due stagioni successive è prevista una paga di 300.000 e 500.000 dollari, più un bonus di altri 30.000 per ogni punto conquistato. Ma lo stile del manager spunta fuori ancora una volta. Senna riesce a far inserire una clausola che prevede il pagamento di una modesta penale in caso di rottura del contratto. Il brasiliano è conscio del proprio valore e sa che prima o poi arriveranno le chiamate dalle scuderie di vertice.

L'esordio ha luogo sulla pista di Jacarepaguá nel GP di casa, ma si conclude con un ritiro. Due settimane dopo però, in Sudafrica, arrivano i primi punti iridati grazie a un sesto posto che viene replicato in Belgio. Ma il vero biglietto da visita Senna lo cala sul palcoscenico più glamour e prestigioso, quello di Monte Carlo. Sarà infatti protagonista di una gara che entrerà di diritto nella storia. È il 3 giugno quando in un'insolita atmosfera grigia e sotto una pioggia battente prende il via il GP di Monaco.

In prima fila ci sono il poleman Alain Prost su McLaren-TAG Porsche e Nigel Mansell su Lotus-Renault. Senna parte invece tredicesimo, un risultato più che soddisfacente per un debuttante nel Principato, visto che sono ammesse in griglia solo venti vetture. Al via Prost prende subito la testa, Mansell lo incalza e lo supera qualche giro dopo. La leadership dell'inglese dura poco, complice un contatto con le barriere provocato dall'acquaplanning. Prost torna primo e malgrado la pista vada via via peggiorando pare avere la corsa in pugno. Ma nelle retrovie c'è chi si trova molto a suo agio in queste condizioni estreme: Senna.

Dopo il primo giro è nono e grazie alla sua sensibilità di guida con un'aderenza precaria supera altri concorrenti del calibro di Laffite, Rosberg, Arnoux e Lauda. Aiutato anche dai ritiri, quando il brasiliano inizia la 19ª tornata è secondo a 35 secondi dal leader. Dal box della Toleman viene esposto un cartello che invita Ayrton a rallentare, al fine di non compromettere un risultato che per il team britannico è già grandioso. Ma Senna procede imperterrito e porta la TG184 spinta dal motore Hart in scia a Prost.

Nel frattempo, si susseguono incidenti e uscite di pista, al punto da indurre la direzione gara a interrompere il GP. Tocca al grande Jackie Ickx, direttore di gara, esporre la bandiera rossa che al 31° passaggio pone fine alla corsa consegnando il successo a Prost; proprio mentre Senna lo ha quasi affiancato sul traguardo. L'interruzione anticipata però scatena un mare di polemiche e di sospetti, in quanto Ickx, esperto pilota di gare endurance, è legato a un contratto con la Porsche, che a sua volta fornisce i propulsori alla McLaren. Nel dopo gara Prost rivela che causa noie ai freni, ha dovuto ridurre l'andatura e che se fosse rimasto in pista per altri due giri, avrebbe dovuto cedere il comando a Senna, che si dichiara vincitore morale. Non a caso transita sul traguardo con il braccio alzato pur sapendo di essere giunto secondo e una volta sul podio sorride e abbraccia il vincitore, al quale viene assegnato per regolamento un punteggio dimezzato. Un dettaglio che il transalpino pagherà duramente a fine anno, perdendo il titolo per mezzo punto nei confronti del compagno Lauda.

Inutile dire che i media sono tutti intorno ad Ayrton, promosso immediatamente come la nuova stella del Circus. Occorre tener presente un particolare circa le gomme. La Toleman, dopo aver interrotto l'accordo con la Pirelli, ha scelto di «calzare» le Michelin che però non possono essere quelle di nuova generazione, bensì quelle dell'anno prima, per via di una clausola contrattuale con la McLaren. Altro retroscena curioso che conferma ulteriormente le doti tecniche di questo fuoriclasse riguarda i primi giri. La troppa potenza erogata dal motore rendeva difficile la guida, col conseguente rischio di testacoda, per cui Ayrton ha deciso di chiudere il turbo al fine di controllare meglio la reazione della macchina su un tracciato divenuto un vero e proprio lago. Un'abilità acquisita nel corso delle prime esperienze sui kart e che lo consacrerà il «Rainmaster».

Al volante della Toleman, Ayrton sale altre due volte sul podio, giungendo terzo nel GP di Gran Bretagna e in Portogallo, ultimo round di una stagione che chiude al nono posto in classifica. La sua fedeltà alla Toleman però è arrivata al capolinea. Già a fine agosto, alla vigilia del GP d'Olanda, il brasiliano informa attraverso un comunicato stampa del suo trasferimento alla Lotus per l'anno successivo. Logico che il management della Toleman non gradisca questo «tradimento», ma l'opportunità di guidare per una scuderia prestigiosa che ha laureato campioni dei mostri sacri come Jim Clark, Graham Hill, Jochen Rindt, Emerson Fittipaldi e Mario Andretti alimenta i sogni di Ayrton.

Certo, il fondatore, Colin Chapman, è scomparso tre anni prima, ma la squadra è gestita da due uomini all'altezza come Peter Warr e Gérard Ducarouge, il responsabile tecnico, col quale entra subito in sintonia. Questo sodalizio però non sarà ben digerito da Elio De Angelis, presente in Lotus dal 1980. Il paulista non è disposto a fare la seconda guida e i contrasti con il veterano sono inevitabili. Risultato: a fine stagione il pilota romano passerà alla Brabham, andando incontro a un tragico destino sul circuito francese di Le Castellet il 15 maggio 1986.

Dopo un periodo di sosta che trascorre in Brasile, al primo appuntamento stagionalc arriva finalmente la prima vittoria in F1. È il 21 aprile 1985 quando scatta il GP del Portogallo sulla pista di Estoril e la pioggia si rivela ancora alleata di Senna. Basta un dato per comprendere la sua supremazia; il brasiliano trionfa relegando al secondo posto, con oltre un minuto di distacco, Michele Alboreto sulla Ferrari. Tutti gli altri vengono doppiati. Con la realizzazione di pole, giro veloce e restando al comando dal primo all'ultimo giro, arriva anche il «Grand Chelem»; un risultato prestigioso e ambito. Ma la specialità di Ayrton saranno le pole position, ottenute quasi sempre allo scadere delle qualifiche. Grazie a questa abilità, Senna totalizzerà nella sua breve carriera (centosessantun GP) ben sessantacinque pole. Alla Lotus sanno benissimo di non possedere un'affidabilità che permetta alla monoposto nera e oro di imporsi in gara, così decidono di puntare al dominio in qualifica, che garantisce sempre una buona visibilità mediatica.

A Monza, durante le qualifiche, Piquet è davanti con quasi un secondo e mezzo di vantaggio, allora Senna torna ai box, consulta la pianta del circuito e spiega ai tecnici dove riuscirà a recuperare lo svantaggio curva per curva. Detto, fatto. Al termine della sessione Ayrton partirà al palo sbalordendo ancora una volta i suoi ingegneri. Per comprendere meglio questa grande dote del pilota brasiliano vi consiglio di rivedere le immagini della sua qualifica a Monte Carlo del 1990. Dalla ripresa in soggettiva è possibile ammirare la pulizia di guida combinata con l'aggressività. Due fattori che possono sembrare in antitesi fra loro, ma che se ben combinati diventano un mix esplosivo. Ho visto tante volte quel video e ancora oggi mi mette i brividi.

Dopo la vittoria in Portogallo, Senna si ripete in Belgio, a Spa. Un tracciato molto impegnativo ritenuto da tutti l'università del motorsport. E guarda caso anche quel giorno, il 15 settembre, la corsa è condizionata dalla pioggia. Da questo momento, il brasiliano diventa un pilota di caratura mondiale. A fine anno, Senna è quarto nel Mondiale, stessa posizione anche al termine del 1986. Il salto di qualità avviene l'anno successivo, quando la Lotus sostituisce il motore Renault con il 6 cilindri Honda. La perfezione maniacale di Ayrton si sposa perfettamente con la ricerca del massimo risultato da parte dei tecnici giapponesi. È un feeling che scatta automaticamente. Nel 1987 Senna lotta per il titolo mondiale contro le potenti Williams, anch'esse motorizzate Honda, di Mansell e del «nemico» Piquet. A fine stagione Ayrton chiude terzo con due vittorie all'attivo a Monaco, prima di una lunga serie e a Detroit, confermandosi pure re dei circuiti cittadini. Tracciati dove occorre una guida pulitissima, data la presenza di innumerevoli insidie in ogni punto. Sotto il profilo economico i suoi guadagni salgono a circa 3 milioni di dollari a stagione, versati dalla Lotus e dalla Nacional, la banca brasiliana che lo sponsorizzerà per tutta la carriera. Senna è cresciuto sicuramente, ma ora si trova a un bivio. Punta sempre più in alto e guarda alla McLaren, il top team che dal 1988 sarà motorizzato dalla Honda. Il 5 settembre, alla vigilia del GP d'Italia, nel giardino dello Sporting Club di Monza, il team principal Ron Dennis annuncia il contratto con il motorista giapponese (sottratto alla Williams) e l'ingaggio di Senna. Alla cerimonia è presente anche il futuro compagno del brasiliano, il due volte iridato Alain Prost, chiamato non a caso il «Professore». Due uomini diversi nel carattere, ma accomunati da un solo elemento: la sete di vittoria.

Il Campionato 1988 è all'insegna del dominio McLaren-Honda. La MP4/4, progettata da Gordon Murray e Steve Nichols, trionfa in quindici GP su sedici. L'unica gara conclusa a bocca asciutta è quella di Monza quando, a poche tornate dal termine, Senna vede svanire un trionfo quasi certo entrando in collisione con la Williams del doppiato Jean-Louis Schlesser e dando via libera a una storica doppietta Ferrari. Un concorso di colpa ammesso dallo stesso Ayrton, che si aggiunge all'errore commesso a Monte Carlo qualche mese prima quando, avviato verso un successo sicuro, era finito contro le barriere alla curva del Portier, prima del tunnel. Il duello iridato tra i due alfieri della McLaren ha il suo epilogo il 30 ottobre in Giappone. Sulla velocissima pista di Suzuka, Ayrton è in pole, ma al via il suo motore si spegne. Solo grazie al rettilineo leggermente in discesa riesce a rimetterlo in moto e a partire. Seppur relegato nelle ultime posizioni, il brasiliano si lancia in una furiosa rimonta, mentre Prost è solitario al comando. Dopo un passaggio Senna è già ottavo, poi al giro 19 è secondo a 6 secondi dal rivale, che viene superato alla 27ª tornata, complice un doppiaggio. Una volta in testa, Ayrton è protagonista di una marcia trionfale che gli regala la sua prima corona iridata. L'emozione è forte e a fine gara Senna confesserà di aver visto Dio. Un aspetto, quello della fede, su cui il brasiliano tornerà spesso e che alimenterà alcuni commenti sarcastici da parte dei suoi detrattori, tipici di un ambiente razionale come quello delle corse. La sorella Viviane ha raccontato che Ayrton prima di ogni gara si concedeva alcuni minuti per concentrarsi durante i quali leggeva passi della Bibbia.

Se nel 1988 la battaglia tra i due piloti di Ron Dennis s'è svolta in modo leale, nel 1989 la musica è molto diversa e si assiste alla resa dei conti. Le polveri si accendono a Imola il 23 aprile, nel corso del GP di San Marino, Prost accusa il brasiliano di averlo attaccato duramente in partenza, nonostante le raccomandazioni del team, al fine di evitare rischi inutili. Da qui in poi la rivalità salirà di tono fino a un nuovo scontro, sempre nel Paese del Sol Levante come due samurai. Quando il Circus fa tappa a Suzuka, mancano ancora due round alla fine e Prost guida la classifica con un margine di sedici punti su Ayrton, il quale deve vincere a tutti i costi per tenere aperta la sfida. Il 21 ottobre sigla la sua dodicesima pole delle tredici stagionali, rifilando più di 1 secondo e 7 decimi al rivale; una sorta di avvertimento. In partenza però Prost è più lesto e s'invola al comando. Senna non si perde d'animo e risale portandosi a ridosso del Professore. Al 47° dei cinquantatré giri in programma, il brasiliano lancia il suo attacco alla chicane che immette sul rettilineo d'arrivo. Si butta all'interno, ma il francese resiste e le due monoposto bianco-rosse entrano in contatto e si agganciano fermando la loro corsa. Prost, convinto che la gara sia finita e di essere diventato campione, esce dalla macchina, Ayrton invece riparte facendosi spingere dai commissari, torna ai box per sostituire il musetto danneggiato e riparte. Insegue la Benetton di Alessandro Nannini, il leader provvisorio, lo passa alla solita chicane e taglia il traguardo da vincitore. Dunque Mondiale riaperto? Solo per poco. Nel giro di qualche ora su Senna si abbatte la scure della direzione gara, che lo squalifica per aver commesso una manovra scorretta durante la ripartenza. Una punizione a cui si aggiunge una multa di 100.000 dollari e che consegna il terzo titolo a Prost. È l'inizio di una lunga catena di polemiche. Senna si sente vittima di un'ingiustizia e accusa apertamente il presidente della FIA, il francese Jean-Marie Balestre, di aver favorito Prost. Del resto Balestre, ritenuto da molti una sorta di dittatore, non ha mai fatto mistero delle sue simpatie verso i piloti d'oltralpe, come il Professore. Senna mette nuovamente in pratica la sua abilità nei rapporti coi media, facendo sapere al mondo di quanto sia disgustato e di meditare un clamoroso ritiro dalle competizioni. Per contro Balestre si sente offeso dalle dichiarazioni del paulista e all'inizio del 1990 lancia un ultimatum: «Se entro il 15 febbraio Senna non presenta pubblicamente le sue scuse, non avrà il rinnovo della superlicenza». Fortunatamente le parti in causa si ammorbidiranno dopo varie telefonate. La McLaren pagherà la multa e così la stagione potrà prendere il via con Senna al volante della monoposto anglonipponica.

Si apre così un nuovo capitolo della guerra infinita con Prost, che nel frattempo ha lasciato la scuderia di Dennis accasandosi alla Ferrari. Se il francese firma cinque successi, Senna se ne aggiudica sei e sigla dieci pole position. Tra i due spunta a sorpresa anche un breve disgelo durante il fine settimana del GP d'Italia nella sala stampa del circuito brianzolo. I fotografi immortalano una stretta di mano che sancisce una tregua destinata però a durare per poco. Sotto il profilo agonistico la stagione è equilibrata e vive nuovamente l'atto finale al GP del Giappone. Questa volta però è Senna a comandare la classifica con nove lunghezze di vantaggio sul francese; in pratica gli basterebbe il ritiro del Professore per laurearsi campione del mondo.

Il 21 ottobre, la prima fila vede in pole Ayrton a fianco di Alain e la tensione si taglia con il coltello. A gettare benzina sul fuoco, ci pensa la direzione di gara che nega al brasiliano la possibilità di spostare il lato della pole. Senna è scontento della posizione riservatagli, in quanto partirebbe sul lato sporco della pista con tutti gli svantaggi che ne derivano. E infatti quando scatta la gara Prost parte meglio prendendo la testa, ma mentre sta per impostare la prima curva viene centrato dalla McLaren del paulista. In pratica dopo pochi secondi s'è chiusa la lotta iridata, con entrambe le monoposto arenate nella sabbia della via di fuga. I due contendenti scendono dalle vetture, non si guardano nemmeno e se ne tornano ai box. Prost, amareggiato, accusa la condotta di guida del brasiliano definendolo un «pazzo pericoloso». Senna si difende dicendo di aver seguito la propria traiettoria e di essersi trovato di colpo la porta chiusa dal transalpino. L'anno successivo ammetterà che i campionati si possono vincere a pochi giri dalla fine, o alla prima curva; un chiaro riferimento a quei fatti. Lo scenario della stagione 1991 è alquanto diverso rispetto al 1990. Senna gode di una McLaren decisamente più competitiva rispetto alla Ferrari di Prost. E pensare che quella Rossa avrebbe potuto essere nelle mani di Ayrton.

Già, perché Cesare Fiorio, direttore sportivo della Rossa, corteggia il fuoriclasse della McLaren da due anni. Dopo due incontri segreti, viene firmato un accordo di massima che dovrebbe portare il paulista a Maranello proprio nel 1991. L'ingaggio però sfuma in dirittura d'arrivo. L'allora presidente Ferrari Piero Fusaro si schiera al fianco di Prost, che venuto a conoscenza del «pericolo Senna» fa la voce grossa e fa intervenire pure l'avvocato Agnelli. Questa manovra creerà forti contrasti tra la presidenza Ferrari e Fiorio, che lascerà Maranello nella primavera 1991. In quel Campionato del mondo, Senna ha vita facile e mette le mani sulla sua terza corona iridata. I numeri parlano chiaro: otto pole e sette vittorie. La più emblematica e sofferta è quella di Interlagos datata 24 marzo.

Al di là del fatto che si tratti del primo trionfo sulla pista di casa per Ayrton, l'impresa diventa quasi eroica per la sua dinamica. Senna va in testa, ma la sua MP4/6 manifesta alcuni problemi. Il cambio comincia a fare le bizze e il paulista perde via via tutte le marce a eccezione della sesta, con cui deve portare a termine la gara e guardarsi dalla Williams di Patrese che lo segue a 40 secondi. Gli ultimi giri del GP sono un calvario; senza freno motore Ayrton riesce a governare la macchina sull'asfalto umido. Una volta tagliato il traguardo vittorioso, Senna sfoga tutta la sua tensione lanciando via radio degli urli disumani. Uscirà dall'abitacolo distrutto e sul podio faticherà persino ad alzare il trofeo. Il re ha vinto l'ennesima battaglia!

Degno finale per l'ennesima incoronazione è ancora una volta il GP del Giappone. E quando Ayrton è ormai certo del terzo titolo cede la vittoria al compagno Gerhard Berger, suo grande amico e complice di scherzi a volte feroci. Il destino vuole che quella corsa sia l'ultima di Prost col Cavallino. Il Professore viene licenziato per aver dichiarato che la sua monoposto è faticosa da guidare quanto un camion e si prenderà un anno sabbatico. Esce di scena anche un altro nemico di Senna, Piquet, ritiratosi con duecentoquattro GP all'attivo. Dunque il brasiliano resta l'unico iridato ancora in attività, ma ha a disposizione una vettura che non può reggere il passo della Williams-Renault FW14B che permette a Mansell di laurearsi campione già a metà stagione. Senna riesce comunque a imporsi tre volte. A Monaco beffa il Leone inglese a otto giri dalla fine, sfruttando una sosta ai box forzata del rivale che aveva dominato la corsa dall'inizio. Rientrato in pista, Mansell si riporta negli scarichi della McLaren, ma il paulista chiude tutti i varchi e trionfa. Gli altri successi vanno in scena in Ungheria e in Italia.

A fine anno la stella della McLaren deve accontentarsi del quarto posto con cinquanta punti, superato da un giovane pilota tedesco tanto emergente quanto aggressivo: Michael Schumacher. Tra i due non corre buon sangue, anzi. Ayrton ha percepito che il futuro Kaiser rappresenta una seria minaccia per la sua leadership nel Circus. Nel GP di Francia, il 5 luglio 1992, dopo esser stato tamponato dalla Benetton di Schumi Senna approfitta dell'interruzione della gara per redarguire il tedesco davanti a giornalisti, fotografi e telecamere.

Il 1993 è ancora una stagione in salita per Senna. Sulla potente Williams-Renault non c'è più Mansell, emigrato negli Stati Uniti, bensì Prost tornato alle corse dopo la «pausa di riflessione». Il Professore è rientrato in pista assicurandosi la monoposto migliore del lotto. A complicare la situazione del brasiliano si aggiunge anche la perdita del motore Honda, che costringe la McLaren ad affidarsi all'8 cilindri Ford. Senna è molto scettico sul futuro della scuderia inglese, al punto di non firmare alcun contratto con Ron Dennis e di correre a cachet, gara per gara. Ayrton è solo contro tutti, ma accetta la sfida. Vuole dimostrare al mondo che può vincere anche senza la monoposto migliore.

Il primo colpo lo mette a segno nella gara di casa in Brasile sul tracciato di Interlagos. In un GP contrassegnato dal cambiamento repentino delle condizioni atmosferiche, Senna non commette errori e sale sul gradino più alto del podio. Il bis va in scena quindici giorni dopo nel GP d'Europa. È l'11 aprile e sulla pista di Donington piove a dirotto. Ayrton, partito dalla seconda fila, subisce l'assalto di Schumacher che lo spinge sull'erba, ma reagisce passando il tedesco e due curve dopo superando Hill. Ora ha nel mirino il leader Prost, che riesce a resistergli per poche centinaia di metri. Dopo due passaggi, Senna è al comando e prende il largo. A fine gara, di fronte a Prost che si lamenta della sua Williams, il brasiliano replica con sarcasmo: «Facciamo cambio?» A Monte Carlo, Senna entra nella leggenda firmando il suo sesto successo nel Principato: un record. Altre due affermazioni andranno in scena in Giappone e in Australia. Sarà questa l'ultima vittoria di Ayrton in F1. Sul podio di Adelaide abbraccerà Prost vincitore del suo quarto titolo. Un gesto che sa di un vero e proprio passaggio di consegne: il francese ha annunciato il suo ritiro definitivo, il brasiliano ha raggiunto l'accordo per guidare la Williams l'anno dopo. Senna è felice perché è convinto di aver coronato quel sogno rincorso per due anni. Grazie alla monoposto anglofrancese potrà lanciare l'assalto alla sua quarta corona iridata.

Invece la storia andrà diversamente. Fin dai primi test, Ayrton fatica a entrare nella nuova monoposto per via dell'abitacolo molto stretto. Le esigenze aerodinamiche richiedono una vettura particolarmente snella e il pilota deve adattarsi. Si aggiunga anche la non perfetta sintonia con la scuderia di

Sir Frank. Insomma, un quadro molto differente dalle aspettative che inizia a preoccupare il brasiliano. Una tensione che aumenta dopo i primi due GP che salutano il successo della Benetton di Schumacher. Due round in cui Senna non vede la bandiera a scacchi. Al Gran Premio di San Marino del 1° maggio a Imola Ayrton deve a tutti i costi centrare la prima sospirata vittoria.

Ma già durante i giorni precedenti il GP non si respira la consueta aria di festa. C'è una strana tensione nell'aria. Durante la prima sessione di prove del venerdì, 29 aprile, si verifica un pauroso incidente: Rubens Barrichello alla variante bassa si schianta contro le barriere di protezione e la sua monoposto atterra capovolta. Il pilota brasiliano rimane fermo nell'abitacolo con il volto sanguinante e viene immediatamente intubato. Una volta liberato dall'abitacolo viene trasportato d'urgenza al centro di soccorso. Il tempestivo intervento dei medici gli salverà la vita.

In pista regna un silenzio surreale: è come se quell'incidente avesse ricordato a tutti, piloti, meccanici, ingegneri, che correre a 300 all'ora non è solo uno sport ma una scommessa con il destino. L'abilità non basta – Barrichello è un professionista responsabile –, ci vuole anche una buona dose di fortuna.

Il giorno successivo, il 30 aprile, i piloti si apprestano ad affrontare la seconda sessione di prove ancora scossi. Il destino però sembra accanirsi su quella pista e, nell'affrontare la curva Villeneuve, il pilota austriaco Roland Ratzenberger disintegra la sua Simtek contro il muretto. Viene trasportato in elicottero all'ospedale, ma per lui non ci sarà niente da fare.

I due tragici episodi turbano profondamente Senna, che sia nelle prove di venerdì sia in quelle di sabato conquista la pole. Ayrton è un uomo di fede e cerca di scacciare dalla mente pensieri al limite della superstizione: Barrichello è brasiliano come lui, Ratzenberger aveva la sua stessa età.

La domenica mattina, 1° maggio, Senna si presenta in autodromo più teso del solito dopo una notte molto agitata. Al microfono della tv francese dialoga con il suo vecchio nemico Prost rivolgendogli una frase toccante: «Alain, mi manchi». Una volta in griglia, Ayrton si schiera in pole e nei minuti che precedono la partenza resta seduto nella sua Williams senza indossare il casco. Un gesto insolito, soprattutto per un uomo metodico come lui che rispettava rigorosamente i rituali pregara. Allo start Senna prende il comando seguito da Schumacher, ma nelle retrovie si vivono attimi di paura a causa di un violento tamponamento della Lotus di Pedro Lamy ai danni della Benetton di J.J. Lehto. Volano pure pezzi di carbonio e una gomma in tribuna tra il pubblico. Giusto il tempo di pulire la pista dai detriti: la safety-car rientra e la gara riprende.

La FW16 di Senna numero due è in testa davanti a Schumacher, passa sul traguardo e inizia il 7° giro. Sono le 14.17 quando la Williams, affrontando la curva del Tamburello, scarta improvvisamente e in piena velocità esce di pista. L'impatto contro il muretto è violentissimo, ma la scocca resiste. Purtroppo, però, una scheggia staccatasi dalla sospensione anteriore trafigge la visiera del casco, colpendo mortalmente il brasiliano. Malgrado i soccorsi tempestivi – Senna viene trasportato in elicottero all'ospedale di Bologna – alle 18.40 viene ufficializzato il decesso. In quel momento s'interrompe bruscamente una vita durata solo trentaquattro anni.

Quel 1° maggio mi trovo a Santa Marinella, sul litorale romano, dove i miei genitori hanno una casetta. Per me si tratta di una pausa del Campionato italiano di F3 che vincerò. Ho già qualche contatto avviato e la mia possibilità di entrare in quel mondo è sempre più concreta. Guardo le gare di F1 in tv con rinnovato entusiasmo chiedendomi che cosa si provi a essere sulla griglia di partenza. Io e papà mangiamo in fretta per poi sederci sul divano e non perdere nemmeno un momento del GP. È un weekend strano, il terribile incidente di Barrichello, la morte di Ratzenberger: troppe terribili coincidenze. Ayrton ha bisogno di risultati e sono sicuro che la sua sarà una gara d'attacco. Seguo con circospezione il giro che porta i piloti in griglia per la partenza, al semaforo sale l'adrenalina anche se sono seduto sul divano. Al via l'azione è concitata: un incidente nelle retrovie fa volare pneumatici in tribuna. Poi quel giro maledetto con Senna che precede Schumacher, il Tamburello e l'impatto. Inizialmente mi sembra che il colpo, anche se forte, sia stato assorbito dalle barriere, ma poi si susseguono minuti interminabili. Mio padre e io ci scambiamo sguardi sempre più preoccupati e poi il terrore riempie i nostri occhi quando vediamo che Senna non scende con le sue gambe dalla vettura. Il pomeriggio trascorre con il fiato sospeso seguendo i collegamenti dall'Ospedale Maggiore di Bologna: condizione grave ma non irrecuperabile. Poi, alle 19.00, la notizia colpisce al cuore. Inizialmente non ci credo, poi divento consapevole che non c'è più. La F1 può essere anche incidenti tragici e morte e quel GP di Imola me lo ha dimostrato chiaramente. Penso a tante cose, ma in particolare al rimpianto di non averlo potuto conoscere: mancava così poco, forse avrei potuto affrontarlo in gara, vederlo negli specchietti, provare a superarlo e magari berci una birra e discutere su tutto. Non succederà.

Affronterò la curva del Tamburello qualche mese dopo per la gara di Formula 3, e poi sempre ogni anno per la Formula 1. Tutte le volte che percorro a piedi quella curva ripenso a quei tragici secondi e mi vedo sul divano accanto a mio padre con gli occhi incollati sul televisore.

Il giorno dei funerali tutto il Brasile si fermerà. «The Magic» sarà sepolto nel punto più alto del cimitero di Morumbi a San Paolo. Qualche mese dopo la Nazionale di calcio brasiliana conquisterà la sua quarta Coppa del Mondo e sfilerà in campo con uno striscione dedicato al pilota paulista. Da allora sono trascorsi ventiquattro anni e il mito del tre volte iridato è più vivo che mai, grazie anche all'istituto Ayrton Senna, un ente senza scopo di lucro creato dalla sorella di Ayrton, Viviane. Una fondazione che si propone di migliorare le condizioni di vita dei tanti bambini brasiliani in stato di povertà. Dopo la scomparsa del campione è stata proprio lei a rivelare che Ayrton era solito donare in beneficenza parte dei suoi guadagni, da qui l'iniziativa di creare una fondazione che continuasse l'opera del fratello campione.

Ayrton ha detto: «I ricchi non possono vivere su un'isola circondata da un oceano di povertà. Noi respiriamo tutti la stessa aria. Bisogna dare a tutti una possibilità». La grandezza di una persona si misura dalla sua capacità di prodigarsi per gli altri, senza rumore, senza scalpore.

A Imola oggi c'è una statua che raffigura Ayrton in una sua tipica posa: seduto sul muretto con l'aria pensosa di chi scruta la pista in cerca della traiettoria più giusta, o di chi ha il brutto presentimento che all'indomani, in gara, qualcosa potrebbe andare storto perché così sta scritto nel disegno di Dio.

I padroni del vapore

NEGLI ultimi anni si sono guadagnati sempre più spazio sui tabloid e sui giornali diventando dei veri e propri protagonisti, quasi al pari dei piloti: sono uomini potenti ammirati e invidiati che stipulano affari milionari, ecco perché catalizzano l'attenzione di appassionati e di curiosi. Sono gli uomini chiave del Circus, sono quelli che conoscono tutti i cavilli dei regolamenti e sono abili politici, dote fondamentale per gestire gli interessi della propria scuderia nell'accesa competizione che regna in pista e nel paddock. Sono i padroni della Formula 1. Vestono quasi sempre i panni del direttore sportivo, o meglio del team principal. Sono manager dal carattere forte e autoritario, capaci di mantenere la lucidità nei momenti cruciali, una caratteristica che li rende freddi e calcolatori. Il loro ponte di comando durante i gran premi si divide tra gli uffici privati nelle modernissime hospitality e le postazioni situate al muretto box durante la corsa, davanti ai monitor e circondati da tecnici e ingegneri.

Anche tempo fa esistevano i direttori sportivi, ma non erano popolari quanto oggi perché allora avevano maggior rilevanza i proprietari delle scuderie. Il più emblematico e carismatico di tutti è stato di sicuro Enzo Ferrari. Però non dimentichiamoci di Soichiro Honda, ingegnere e fondatore del grande marchio giapponese, Ken Tyrrell, Guy Ligier, Walter Wolf e Frank Williams, creatori delle scuderie omonime, così come Bruce McLaren e Jack Brabham. Alcuni avevano grandi competenze tecniche, come Charles Cooper e il figlio John, ma un vero e proprio genio fu Colin Chapman, padrone della Lotus, che introdusse nella Formula 1 vere e proprie innovazioni e rivoluzioni sia tecniche (le sospensioni posteriori, il ricollocamento del motore) sia di marketing (sponsorizzazioni aperte a marchi di prodotti non solamente automobilistici).

Ma forse l'antesignano dei team principal moderni ha fatto la sua comparsa in pista già negli anni Venti. Si chiamava Alfred Neubauer, ed era il capo supremo del reparto corse della Mercedes-Benz. Dal piglio autoritario e dalla statura massiccia, questa sorta di generale asburgico era temuto da tutti, anche dai piloti più famosi. Il suo raggio d'azione era totale, dall'aspetto tecnico, dispensando consigli ai suoi ingegneri, al lato organizzativo; non ultima la scelta dei ristoranti (ottimi) durante le trasferte. Soprannominato «don Alfredo» o anche il «Dittatore», ha guidato con il pugno di ferro le Frecce d'Argento ai grandi trionfi negli anni Trenta con Rudolf Caracciola, Hermann Lang e Manfred von Brauchitsch. Un dominio proseguito nel biennio 1954-1955 con le 300 SL pilotate dal grande Juan Manuel Fangio. L'immagine di lui a bordo pista perennemente con il cronometro in mano è diventata iconica e, al termine della carriera, a un giornalista che gli chiedeva il metodo grazie al quale aveva raggiunto così tanti successi, rispose: «Il mio orologio è sempre in anticipo di tre minuti. In questo modo, qualunque sia l'imprevisto, ho tre minuti in più degli altri per affrontarlo».

Dalla seconda metà degli anni Settanta la Formula 1 è cresciuta, grazie all'arrivo dei cospicui investimenti dei grandi sponsor, delle grandi case costruttrici e dei munifici diritti televisivi. Le scuderie non possono più essere gestite da un plenipotenziario, bensì sorgono nuovi ruoli con competenze sempre più specifiche: si va dal settore tecnico a quello amministrativo, dal marketing alla logistica. Il team principal diventa così la figura di riferimento in pubblico della scuderia, anche perché il più delle volte la proprietà fa capo a un gruppo di azionisti, o a un consiglio di amministrazione.

Nei miei tredici di anni di Formula 1 ho conosciuto parecchi «signori» del Circus. Personalità e caratteri diversi, con una propria storia ricca di aneddoti e curiosità. A voler fare una carrellata tra questi personaggi è d'obbligo partire da colui che è considerato un vero e proprio mito: Enzo Ferrari.

Gli hanno dato tanti soprannomi, come il «Commendatore», il «Grande Vecchio» o lo «Stradivari delle quattro ruote», coniato dall'insuperabile giornalista sportivo Gianni Brera. C'era anche chi lo chiamava il «Drake», come il famoso pirata inglese. Lui amava autodefinirsi un «agitatore di uomini». Un motivatore capace di creare una leggenda che continua a vivere tuttora. Oggi il brand Ferrari è considerato uno dei marchi più influenti al mondo, sullo stesso piano di colossi quali Disney e Visa. Ferrari era dotato di uno sferzante senso dell'umorismo e alla domanda di un giornalista che gli chiedeva se la sua auto personale fosse una Ferrari, rispondeva: «No, purtroppo non posso permettermela», come a dire che un'auto Ferrari non è un oggetto per tutti, ma uno status symbol: non basta avere i soldi per acquistarla, ma bisogna avere la classe e il giusto temperamento per possederla.

La sua figura mi ha sempre affascinato perché dimostra che grazie a un sogno si possono realizzare grandi cose, anche creare un impero dal nulla: è il risultato che si ottiene quando la passione e il genio si mettono in moto. Non è un caso che una delle sue tante massime passate alla storia recitasse: «Se lo puoi sognare, lo puoi fare». Una frase che dovremmo insegnare ai nostri bambini per farli crescere con ideali capaci di motivarli.

Il romanzo della sua vita ci regala spunti curiosi sin dall'inizio. Nato a Modena il 18 febbraio 1898, Ferrari viene registrato all'anagrafe solo il 20, perché una nevicata straordinaria ha bloccato la città. La sua famiglia vive in una casa annessa all'officina di carpenteria metallica del padre, alla periferia di Modena, al civico 85 di via Paolo Ferrari, quando si dice il caso. Il piccolo Enzo cresce in questa abitazione di quattro stanze insieme al padre Alfredo, alla madre Adalgisa e al fratello maggiore Dino. Il colpo di fulmine per le automobili avviene a dieci anni, quando il padre lo porta al circuito di Bologna sulla via Emilia, dove sfrecciavano i bolidi di Vincenzo Lancia e Felice Nazzaro.

Crescendo, la sua passione per la meccanica, i carburatori e i pistoni non accenna a diminuire e la madre fa di tutto per fissare un appuntamento nel dicembre 1918 con un dirigente della Fiat a Torino, nella speranza di trovargli un impiego. La risposta della più grande azienda automobilistica italiana non è però quella sperata: non c'è lavoro. A pochi giorni da quella prima delusione, Ferrari riesce a farsi assumere come operaio da una fabbrica torinese di proprietà di un tal Giovannoni che trasforma in telai da autovetture gli châssis dei mezzi militari. Nel frattempo, conosce Ugo Sivocci, ottimo driver dell'epoca, che lo convince a seguirlo a Milano alla CMN (Costruzioni Meccaniche Nazionali) nel ruolo di collaudatore e, in seguito, niente meno che di pilota da corsa. L'esordio avviene in una competizione in salita vicino a casa, la Parma-Poggio di Berceto del 1919. Ferrari chiude quarto nella classe 3000. Nello stesso anno partecipa alla Targa Florio, terminando al nono posto e un anno più tardi, nella stessa gara siciliana si piazza addirittura in seconda posizione, con un'Alfa Romeo 4500. È da qui che inizia il suo rapporto con la casa del Biscione, per la quale centra le sue prime vittorie: al circuito del Polesine e a Pescara, dove batte persino le Mercedes. Successi che gli valgono la convocazione nello squadrone ufficiale Alfa in vista del Gran Premio di Francia del 1924. Alla guida della potente P2 scende in pista a Lione insieme a mostri sacri del calibro di Antonio Ascari, Giuseppe Campari e Louis Wagner. Disputa le prove e poi se ne torna misteriosamente a Modena. Il motivo ufficiale è che ha avuto un esaurimento nervoso.

Forse in cuor suo ha realizzato che il suo futuro non è quello del pilota, bensì del cosiddetto «agitatore».

Le idee non gli mancano come pure l'ambizione e sa trattare molto bene con la gente. Doti che spingono Ferrari a convincere i dirigenti della casa milanese a farsi affidare la gestione della squadra corse. Sfruttando il suo ineguagliabile carisma fa incetta dei migliori tecnici sul mercato rubandoli alla Fiat, rea di non averlo voluto. Una rivincita che pone fine al futuro nel mondo delle corse del marchio torinese e che mostra il carattere del Drake, sempre pronto a rendere la pariglia ai rivali. Grazie alle scelte di Ferrari l'Alfa Romeo diviene imbattibile e lui, che non aveva ancora un incarico preciso nell'organigramma, si guadagna una grande credibilità nell'ambiente, oltre che farsi una notevole esperienza. È il preludio al fatidico 16 novembre 1929, giorno in cui a Modena viene costituita la Scuderia Ferrari. Un esempio di illuminante genialità, anticipatore di quelli che sono oggi i team di Formula 1. Nell'officina di via Trento Trieste, le vetture della scuderia sono ovviamente delle Alfa Romeo acquistate a condizioni particolari e affittate di volta in volta a piloti della domenica o date in uso a corridori di mestiere che saranno poi quelli che creeranno la sua fama. Ferrari ha intuito il momento delicato dell'Alfa, che non intende più partecipare alle competizioni in forma ufficiale e ha quindi escogitato la formula per farla gareggiare sotto le proprie insegne, mantenendone però viva l'immagine.

Dunque, Enzo Ferrari precorre i tempi: lui parla di immagine quando neppure si sa cosa sia, e arriva addirittura al punto di realizzare una rivista della scuderia e una pubblicazione di fine anno con il bilancio, le foto, le sue considerazioni. Un vero e proprio *house organ* come quelli che le grandi industrie crederanno di inventare mezzo secolo dopo: il Drake ci è già arrivato nel 1931. E non dimentichiamoci degli sponsor, che non compaiono sulle sue auto perché ancora non si usa, ma che sono ben visibili sui camion della scuderia che viaggiano lungo le strade d'Europa suscitando rispetto e ammirazione.

Ma la trovata più originale è quella del logo: il cavallino rampante. Una storia nella storia che ha origine in Francesco Baracca, l'asso dell'aviazione della Prima guerra mondiale morto dopo tanti combattimenti vittoriosi nei cieli. Baracca, coraggioso ravennate, aveva scelto il cavallino rampante quale emblema del proprio aereo perché era un validissimo cavallerizzo e perché il proprio battaglione faceva parte della cavalleria, quindi con il simbolo equestre. Cinque anni dopo la morte di Baracca, a Ravenna si corre una gara sul circuito del Savio che vede prevalere proprio Ferrari sull'Alfa. In quell'occasione il Drake conosce i genitori di Baracca e la madre Paolina gli fa omaggio di una cartolina raffigurante il figlio accanto al suo aereo dicendogli: «Sarebbe bello se anche lei mettesse sulle sue macchine il simbolo del cavallino rampante». Passano nove anni e il 9 luglio 1932 le Alfa Romeo della Scuderia Ferrari si presentano alla 24 Ore di Spa con uno scudetto giallo (il colore della città di Modena) sulle fiancate nel quale spicca un cavallino nero che rampa nell'aria. Il trionfo delle due vetture in gara convince Ferrari a non abbandonare più quel simbolo.

Un'altra caratteristica che rende immediatamente riconoscibili le auto Ferrari è il loro rosso fiammante. Ma perché è stato scelto proprio quel colore? In questo caso non c'entra nulla l'estro del Commendatore ma si tratta solo di una convenzione perché, negli anni Venti, quella che oggi noi conosciamo come la FIA aveva stabilito di associare a ogni nazione un suo colore e così all'Italia è toccato il rosso; alle auto francesi il blu, alle belghe il giallo, alle inglesi il verde e alle tedesche il bianco. Ma qui la storia si tinge di leggenda e si narra che in occasione di una gara disputata il 3 giugno 1934 sul circuito del Nürburgring, i direttori di gara avevano constatato che le Mercedes avevano un peso superiore di un chilo rispetto al limite consentito. «Don Alfredo» Neubauer, quindi, durante la notte, fece raschiare la vernice bianca delle vetture, facendole così rientrare nel limite imposto. In questo modo venne lasciata a vista la carrozzeria in alluminio lucidato, di colore argenteo, che ispirò la fantasia dei giornalisti e del pubblico, facendo nascere il nomignolo di «Frecce d'Argento».

La Scuderia Ferrari con le sue vittorie, le sue trovate di marketing, le sue imprese ha unito intere generazioni, un caso unico che tutto il mondo ci invidia: anche in questo caso un antesignano del «made in Italy». Ma Ferrari non sarebbe stato Ferrari senza quel fiuto sopraffino che lo ha sempre distinto nella conoscenza degli uomini e dei piloti. Non è un caso che i più grandi assi dell'automobilismo gareggiassero con le sue macchine. Uno di questi campioni, probabilmente il più amato dal Drake, è Tazio Nuvolari. Coraggio, abnegazione, voglia di rischiare sempre, quasi fosse una scommessa personale: sono queste le caratteristiche che conquistano Ferrari, che pretende tutto dai suoi corridori. In breve tempo il binomio Ferrari-Nuvolari diviene inscindibile, con vittorie a ripetizione su ogni tracciato: dalla Mille Miglia alla Targa Florio, dal Tourist Trophy di Belfast a quello di Monza, dal Nürburgring alla 24 Ore di Le Mans. Ma l'amore tra i due si interrompe nell'estate 1933, quando Nuvolari, ritenendosi insostituibile e indispensabile per il destino della scuderia modenese, avanza richieste decisamente eccessive, tra cui quella che Ferrari cambi il nome della sua squadra in Scuderia Nuvolari-Ferrari. Figurarsi se il Drake accetta una cosa del genere! Un padre-padrone che spesso e volentieri rinfocola la rivalità tra i suoi uomini per avere la garanzia che tutti diano il meglio e che nessuno dorma sugli allori. Ebbene, tra Ferrari e il «Nivola» scoppia una guerra con tanto di ricorso alle carte bollate e che terminerà nell'inverno tra il 1934 e il 1935 con una riconciliazione.

Nonostante i trionfi, anche il rapporto tra Ferrari e il Biscione è destinato a interrompersi nel 1939, a causa di forti divergenze con la dirigenza del Portello. Per il Drake inizia una nuova sfida. Del resto, nel giugno 1935, aveva già costruito la sua prima auto a Modena: l'Alfa Romeo bimotore con cui Nuvolari era sfrecciato a oltre 320 all'ora, con una punta di 364 orari. Ferrari si mette dunque in proprio impegnandosi per contratto a non costruire vetture che portino il suo nome per la durata di quattro anni. Un ostacolo che aggira fondando l'Auto Avio Costruzioni, marchio col quale schiera alla Mille Miglia del 1940 due modelli battezzati semplicemente 815.

Entrambe le vetture comanderanno la gara, poi dovranno ritirarsi. Tutti però hanno capito che sulla scena è tornato lui: Enzo Ferrari.

Con l'ingresso dell'Italia nella Seconda guerra mondiale l'attività automobilistica viene sospesa e le commesse dell'azienda diventano principalmente la costruzione di componenti per velivoli militari. Nel 1943 la sede è spostata a Maranello e nel 1944 viene bombardata dagli Alleati e in seguito ricostruita nel 1945. Un libro del 2011, *Enzo Ferrari's Secret War* del giornalista automobilistico e professore universitario neozelandese David Manton, mette in luce un aspetto inedito del Drake. Ferrari, infatti, aiutava in segreto le unità partigiane nascondendo documenti importanti nella propria azienda e ospitando anche partigiani feriti.

Dopo la guerra si mette a fare sul serio, cominciando a costruire gran turismo di serie con le quali stupirà il mondo e con la vendita di queste si pagherà le corse gareggiando nel nuovo Campionato del mondo di Formula 1. Il 14 luglio 1951, José Froilán «Cabezon» González con la Ferrari 375 batte Juan Manuel Fangio con l'Alfa Romeo 159. È la prima vittoria iridata di Maranello. Di tutte le innumerevoli che seguiranno è questa, probabilmente, la più amata dal Drake, quella che gli farà pronunciare una frase impressa nella storia: «Battendo l'Alfa è come se avessi ucciso mia madre». Una dichiarazione un po' retorica forse, ma veramente sentita perché Enzo Ferrari non ha mai perdonato alla casa del Portello la separazione di dodici anni prima. In pratica ha messo a segno la sua seconda vendetta.

Gli anni Cinquanta sono gli anni d'oro, con le vittorie dei Mondiali di Alberto Ascari nel 1952 e 1953, di Juan Manuel Fangio nel 1956, di Mike Hawthorn nel 1958 e dei sei successi di fila alla Mille Miglia. Ma sono anche gli anni delle tragedie. Come quella di Guidizzolo (nei pressi di Mantova) alla Mille Miglia del 1957, dove perdono la vita i piloti della 335S e nove spettatori, tra cui cinque bambini. Ferrari finisce in tribunale come imputato in qualità di costruttore della vettura, venendo poi assolto nel 1961 per non aver commesso il fatto. Quando nel 1958 nei GP di Francia e Germania muoiono i suoi alfieri, Luigi Musso e Peter Collins, il Drake viene duramente attaccato dalla stampa, in particolare dall'*Osservatore Romano*, che lo definisce «un Saturno che divora i propri figli».

Ma la tragedia che più lo abbatte è la morte del figlio Dino, affetto da distrofia muscolare progressiva, nel 1956. In quella drammatica circostanza dirà: «Mi ha deluso l'impotenza a difendere la vita di mio figlio, che mi è stato strappato giorno dopo giorno per ventiquattro anni».

Gli anni Sessanta iniziano con un titolo iridato, quello di Phil Hill, ma è un Mondiale triste. Una nuova tragedia colpisce il Cavallino a Monza, che da un lato consacra l'americano campione, e dall'altro vede la morte del ferrarista Wolfgang von Trips insieme a quattordici spettatori.

Tra i tanti successi, c'è pure il divorzio di otto tecnici importanti che lasciano Maranello. O meglio, vengono licenziati in tronco per una lettera galeotta. Un episodio rocambolesco da cui si evince ancora una volta l'imprevedibilità del Grande Vecchio. A scatenare il putiferio è l'assidua presenza in fabbrica e in pista della signora Laura, la moglie del grande capo. Si intromette spesso nella vita della scuderia creando malumori tra il personale. Più volte i dirigenti dell'azienda cercano di affrontare la questione con il marito, ma il Drake, conoscendo bene il problema, è abilissimo a evitare l'argomento. Da qui l'iniziativa di far scrivere una lettera dall'avvocato Giacomo Cuoghi, che in modo molto garbato comunica per iscritto a patron Enzo, la richiesta da parte dei quadri dirigenziali di tenere la signora lontana almeno dalle piste. Una soluzione che avrà un effetto boomerang sui mittenti. Nel corso di una delle tante riunioni tecniche, Ferrari si presenta con la lettera ben in vista, al fine di mostrare ai «congiurati» di averla ricevuta e letta. Tutto procede secondo il copione abituale, con i vari interventi dei responsabili dei settori aziendali. Ma la calma piatta del Drake alimenta non poca apprensione tra i presenti che si aspettano da un momento all'altro la sfuriata. Invece non accade nulla, Ferrari continua a tenere la busta in mezzo alla sua agenda, senza farne il minimo accenno. Una volta terminata la riunione, i presenti escono dalla stanza spaesati ed ecco che ad attenderli c'è il vicecapo del personale con in mano alcune buste. Sono le comunicazioni di licenziamento in tronco per ognuno dei firmatari della lettera. È il colpo di teatro, con cui Ferrari è solito spiazzare gli avversari. Ferrari non parlerà mai di licenziamento, bensì di divorzio complice a una congiura di palazzo. L'aver scelto un canale ufficiale con tanto di lettera raccomandata l'ha umiliato.

Tutti parlano di Cavallino decapitato ed ecco il secondo colpo di scena: la promozione delle nuove leve. Tra queste c'è anche un giovane ingegnere divenuto responsabile delle attività sportive e sperimentali e destinato a firmare i futuri trionfi della Rossa: Mauro Forghieri.

Del resto, i rapporti tra Ferrari e i suoi collaboratori più stretti è sempre stato problematico. Il Drake era allergico alla parola ferie, vantandosi di non aver mai fatto in vita sua una vacanza, o un viaggio turistico. Generalmente dava del tu ai suoi luogotenenti, ma al ritorno dalle ferie estive li accoglieva dando loro del lei. Franco Gozzi, braccio destro del Grande Vecchio per quasi quarant'anni, racconta di essere stato licenziato e riassunto due volte in uno stesso giorno: un primato da guinness.

Ma in un mondo dove tutto va veloce, la romantica leggenda del piccolo costruttore di provincia che sfida il mondo non può continuare all'infinito. Enzo Ferrari a un certo punto sente l'esigenza di appoggiarsi a spalle forti per non soccombere e anche per riprendersi la libertà di occuparsi solo di corse in virtù del fatto, sono parole sue, che si era sempre sentito un costruttore e non un industriale. Nel 1964 la Ferrari ha prodotto 598 macchine che sono andate a ruba, ma fabbricare automobili richiede un costante rinnovamento di impianti, una continua immissione di capitali per far fronte a esigenze ogni giorno diverse. Ferrari, con la consueta sensibilità, capisce che è indispensabile imprimere una svolta all'azienda per garantirle un solido futuro. Quanto alle competizioni lui sarebbe riuscito ad affrontarle solo occupandosene a tempo pieno. Per cui fa in modo che siano gli altri a rivolgergli le desiderate offerte.

La Ford è la prima a farsi avanti e il Commendatore si mostra subito interessato, lasciando che gli inviati di Henry Ford II procedano a una valutazione, naturalmente gratuita e senza impegno, di tutta l'azienda. Risultato: la Ferrari vale oltre sei miliardi di lire. Una bella sorpresa anche per il Commendatore che forse non credeva di avere in mano un simile patrimonio. Dalla Ford si dicono favorevoli a entrare nella proprietà del Cavallino con una percentuale gradita al grande capo. L'arrivo dei quadri americani a Maranello fa supporre che l'accordo sia ormai vicino. Invece, nella riunione decisiva del 30 ottobre 1961, gli eventi prendono un corso diverso. Ferrari si sofferma su una clausola che prevede un'autorizzazione da Detroit qualora le spese superino il budget consentito. La cifra si aggira intorno ai 10.000 dollari, che il Drake giudica irrisoria, aggiungendo che l'attesa del benestare dalla casa madre comporterebbe una perdita di tempo nei confronti della concorrenza. «Ma signor Ferrari, lei sta vendendo l'azienda e non può chiedere di continuare a comandare», replica la controparte. Una battuta logica, ma che manda su tutte le furie il Commendatore che esterna tutto il suo disappunto con improperi in dialetto modenese. Morale, l'accordo salta.

Ferrari però continua a sondare il terreno e, nel luglio 1964, incontra Giuseppe Luraghi, presidente dell'Alfa Romeo. Sarebbe un ritorno alle origini dopo venticinque anni di lontananza, ma tutto si conclude in un nulla di fatto. Si giunge così al gennaio 1965, quando Gaudenzio Bono, presidente della Fiat, varca i cancelli di Maranello. A Torino, l'avvocato

Gianni Agnelli non è rimasto insensibile al messaggio lanciato da Ferrari. Ha così inizio il primo atto di un processo di avvicinamento che dopo lunghe trattative (guarda caso le cifre orbiteranno intorno ai 6,5 miliardi), il 20 giugno 1969 culminerà con l'ingresso ufficiale della Fiat nell'assetto azionario del Cavallino. Enzo Ferrari nutre una grande stima per Agnelli, dal quale riceve sempre telefonate alla mattina presto. L'incontro decisivo ha luogo a Torino dove il Commendatore sale a piedi tutti e cinque i piani della direzione Fiat di corso Marconi, davanti allo sguardo attonito dell'Avvocato. Oltre ad aerei e treni, Ferrari diffida pure degli ascensori.

Il matrimonio con la Fiat proietta la Ferrari in una nuova dimensione: grazie a quella mossa lungimirante la casa di Modena sarebbe andata avanti nel tempo resistendo agli uomini, alle mode, alle tempeste economiche e industriali. Maranello da quel momento può contare su quell'appoggio tecnico ed economico che permette al Cavallino di tornare ai vertici della Formula 1 nella seconda metà degli anni Settanta. Arrivano i trionfi della serie 312, T, T2 e T4, le monoposto che regalano tre titoli piloti alla Rossa, i primi due con Niki Lauda, il terzo con il sudafricano Jody Scheckter. E con la T4 correrà e vincerà anche uno dei piloti più amati da Enzo Ferrari, Gilles Villeneuve. Un giovane canadese distintosi nelle corse con le motoslitte, a cui il Drake ha voluto affidare il posto del grande Lauda. L'ennesimo azzardo in risposta al divorzio voluto dall'austriaco, uno dei pochi uomini riuscito a mettere in scacco patron Enzo. L'iniziale scetticismo nei confronti del *rookie* verrà fugato dalle emozioni che questo ragazzo trasmetterà al pubblico. La famosa «febbre Villeneuve», espressione coniata dal giornalista Marcello Sabbatini, farà breccia nei tifosi e diverrà leggenda. «Villeneuve mi rievoca Tazio Nuvolari», dirà il Grande Vecchio. «Penso a [Guy] Moll e [Stirling] Moss. Uomini che su qualunque vettura e in qualsiasi circostanza sono la massima espressione di spregiudicatezza.»

Entrato nell'ultimo decennio di vita, il Commendatore non riuscirà più a essere presente con costanza al timone dell'azienda. Nel 1981 confessa pubblicamente di essersi avvicinato al mistero dell'anima ammettendo di non essere stato un buon cattolico. Il 4 giugno 1988 Giovanni Paolo II, a bordo di una Mondial Cabriolet guidata da Piero Ferrari, secondogenito del Drake, varca i cancelli di Maranello. Passa in rassegna le maestranze, facendo un giro di pista a Fiorano, ma contrariamente a quanto sperava non trova il patriarca dell'automobilismo. Afflitto da seri problemi di salute, Enzo Ferrari si trova a letto nella sua casa di largo Garibaldi a Modena. I due potranno parlarsi solo per telefono. Il papa gli farà gli auguri per una pronta guarigione, Ferrari replicherà con un semplice: «La ringrazio, Santità».

Il 7 agosto, a distanza di tanti anni dalla laurea *honoris causa* in Ingegneria, l'Università di Modena gli conferisce un'altra laurea, questa volta in Fisica. È il suo ultimo traguardo. Il 14 agosto 1988 Ferrari se ne va in punta di piedi e, nel rispetto delle sue ultime volontà, la notizia della scomparsa viene resa nota solo a funerali avvenuti. Funerali che si tengono il giorno di Ferragosto. Oggi Ferrari riposa presso il cimitero di Modena nella tomba di famiglia accanto al figlio Dino che tanto ha amato. Da lì, quando soffia il vento degli Appennini, riesce forse a udire il rombo delle sue macchine che stanno girando a Fiorano per prepararsi a nuove sfide.

Quando Ferrari se n'è andato, io avevo quindici anni e per me era un uomo anziano da guardare con ammirazione e soprattutto da ascoltare con attenzione, perché le sue parole erano cariche della saggezza accumulata in una vita trascorsa per le auto. Sono cresciuto con il suo mito e una passione sfegatata per la Ferrari. Ecco perché, nel 2009, nei giorni precedenti alla mia convocazione a Maranello, sono rimasto un po' stupito nel sentire associata al suo nome una presunta «maledizione». In quei giorni di fine agosto per prendere il posto di Felipe Massa infortunato si facevano il mio nome e quello del polacco Robert Kubica. Ma in molti mi davano sfavorito perché dicevano che la «maledizione del Drake» avrebbe avuto la meglio. Io all'inizio non capivo... ma di cosa si trattava? Si narrava che Enzo Ferrari, dopo le numerose polemiche seguite da incidenti che avevano visto protagonisti piloti italiani, non vedesse di buon occhio i driver nostrani preferendo gli stranieri. Be', io posso con orgoglio dire di aver sfatato la «maledizione del Drake» e, sebbene non lo abbia conosciuto di persona, so che era un estimatore del «genio italico» e credo di poter affermare che in cuor suo avrebbe gioito nel vedere di nuovo un connazionale in sella al suo Cavallino Rampante.

Se Ferrari, come abbiamo visto, è un'icona chiave dell'automobilismo in generale, c'è un uomo entrato di diritto nella storia dell'automobilismo come il creatore della F1 moderna: Bernard Charles Ecclestone, noto semplicemente come «Bernie». Ferrari ed Ecclestone hanno avuto modo di conoscersi e incontrarsi. Memorabile la firma del primo «patto della concordia» che poneva fine alla lotta tra i team di F1. Un'epica stretta di mano avvenuta a Maranello il 19 gennaio 1981, alla presenza anche del dispotico Jean-Marie Balestre, allora presidente della FIA. Un meeting durato fino a mezzanotte senza soste per pranzo e cena, fatta eccezione per il consueto cappuccino di Ferrari. Il Drake ormai ottantatreenne aveva un po' perso lo smalto dei tempi d'oro, mentre Ecclestone s'apprestava a mettere le mani sul Circus. Bernie non ha mai negato di nutrire stima verso il grande costruttore italiano, e ha confessato di avere una sua foto con dedica nell'ufficio londinese.

Bernie Ecclestone è un personaggio più unico che raro, o lo si ama o lo si odia. Non ci sono vie di mezzo. Ha senza dubbio dato un contributo decisivo alla modernizzazione della Formula 1 gestendola da padre-padrone, spesso andando oltre i valori che questo sport ha sempre rappresentato. Io, nel mio piccolo, sono stato obbligato a rispondergli a tono quando, nel 2008, ha criticato il mio passaggio in Force India suggerendomi un tranquillo ritiro dalle scene dopo il triennio 2005-2007 trascorso in Renault. Il successo della Force India e di un intero Paese che si identificava con quella scuderia ha dimostrato però che si sbagliava. All'epoca ho pubblicato sul mio sito questa breve lettera che rispecchia tuttora il mio giudizio su Bernie.

Caro Bernie,

ho letto con interesse la tua intervista su Auto Moto und Sport, *fedelmente riportata sul tuo sito. Tu sei il padre della Formula 1 e come un papà hai parlato un po' di tutti i tuoi figli, me compreso. Volevo però ricordarti, caro papà, anzi caro Bernie, che sono stato proprio io a vincere il primo Gran Premio con la Renault nel 2005 a Melbourne e sono stato dunque io a scoprire per primo che la R25 era una macchina vincente. Nelle due stagioni con Alonso, in pieno accordo con le strategie della mia squadra, ho contribuito alla conquista di due titoli mondiali costruttori piazzandomi da buon* team player *al quarto posto nel Mondiale piloti, proprio come Massa quest'anno. Non credo, viste le circostanze, che potessi fare di più. Nel 2007 la Renault mi ha promesso una macchina vincente e così non è stato, ma non mi sono certo demoralizzato! La prossima settimana, infatti, porterò il mio entusiasmo e la mia esperienza alla Force India, una squadra giovane ma con il cuore «antico» proprio come Giancarlo Fisichella, che di cuore ne ha ancora tanto da vendere!*

Giancarlo Fisichella

Ebbene, quanto scritto sopra troverà conferma con la fantastica pole siglata a Spa nel 2009 con la Force India. E quel giorno Bernie non ha esitato a farmi i complimenti. Ecclestone sa stupirti in ogni momento, proprio perché la sua vita e la sua carriera, che sono poi un tutt'uno, sono state contrassegnate da veri e propri colpi di genio.

Ecclestone trova il modo di distinguersi fin da bambino.

Nasce il 28 ottobre 1930 a Bungay, un piccolo paese del Suffolk, nell'Inghilterra orientale. È figlio di un capitano di motopescherecci e trascorre la sua infanzia a Wangford, nei pressi di Southwold. Durante gli anni della scuola, il piccolo Bernie è solito fermarsi dal panettiere per acquistare numerosi *donuts*, le tipiche ciambelle, prima di recarsi in classe. Un giorno la madre lo scopre e gli chiede preoccupata se tutti quei dolci siano per lui. La risposta è emblematica: «No. Sono il mio guadagno».

Ma non si tratta dell'unica attività imprenditoriale svolta in giovane età dal futuro padrone della F1. Si dedica anche alla raccolta di frutta e patate e successivamente, intorno ai quattordici anni, commercia in penne stilografiche. Le acquista in grande quantità per poi rivenderle a un prezzo maggiore al mercato di Petticoat Lane nell'East End di Londra. Una continua ricerca del guadagno non tanto perché sia indigente, bensì «per soddisfare la voglia di comperare oggetti». Trasferitosi vicino a Londra insieme alla famiglia, Bernie abbandona gli studi per lavorare presso un'officina del gas di un amico del padre. Ma presto scopre la sua grande passione per i motori, iniziando a muoversi nel settore motociclistico. Siamo nell'immediato dopoguerra ed Ecclestone cerca di destreggiarsi come pilota in gare locali finanziandosi con la compravendita di ricambi per moto. Un'attività che conferma il suo fiuto per gli affari. Fonda una società, la Compton & Ecclestone, che piano piano diventa una delle maggiori concessionarie inglesi. Si racconta che il suo salone espositivo brilli per l'ordine e la pulizia, una dote che in futuro lo contraddistinguerà.

E con gli affari che vanno a gonfie vele, Bernie non si dimentica della propria famiglia. Al padre, amante della pesca, acquista una tenuta con tanto di lago al suo interno, che viene puntualmente rifornito di carpe.

L'attenzione del vulcanico manager inglese non si ferma però alle due ruote. Nel 1949 si cala anche nell'abitacolo di una monoposto di F3. Un'avventura che si esaurisce ben presto a causa di un brutto incidente sul circuito di Brands Hatch. Tornerà in pista undici anni dopo e non in una gara minore, bensì nel Mondiale di F1, nientepopodimeno che a Monte Carlo, con l'intento di qualificarsi con una vettura della scuderia Connaught di cui è proprietario per il Gran Premio. Una decisione maturata nel vedere che i suoi piloti Bruce Kessler e Paul Emery si trovano in grosse difficoltà sulle stradine del Principato. Problemi che incontrerà anche lo stesso Bernie, rimanendo escluso dalla griglia di partenza.

È la riprova che Bernie non deve vestire la tuta del pilota, bensì i panni del manager. Compito che ha già iniziato a svolgere gestendo gli interessi del driver britannico Stuart Lewis-Evans. Un connubio che s'interromperà dopo il GP del Marocco del 1958, a causa della morte del pilota dopo un tragico incidente al volante della sua Vanwall. Un brutto colpo per Ecclestone che per un periodo deciderà di star lontano dalle competizioni. Fa ritorno sul finire degli anni Sessanta come manager di un giovane austriaco dotato di molto talento, Jochen Rindt. Ma il destino si accanisce contro il *businessman* inglese. Nel 1970, proprio nella stagione che vede Rindt dominatore sulla Lotus pigliatutto, l'austriaco perde la vita in una drammatica uscita di pista a Monza nel corso delle prove del sabato. Rindt si laureerà ugualmente campione del mondo, unico caso della storia in cui il titolo viene assegnato postumo.

Anche stavolta Ecclestone si prende una pausa di riflessione, ma decisamente più corta perché nel 1972 acquista da Ron Tauranac la Brabham, scuderia fondata dal grande pilota omonimo. All'inizio l'obiettivo è quello di sfruttare commercialmente quel nome blasonato, seppur caduto in disgrazia, per produrre vetture per le categorie addestrative. Ma una volta in F1 le prospettive cambiano. Prima di tutto, Bernie pensa a risollevare l'immagine per attirare gli sponsor, che stanno bussando sempre più di frequente alle porte del Circus.

Grazie alla sua precisione maniacale mette in atto un'autentica rivoluzione. Rinnova i locali della sede e ordina nuove divise per i meccanici. Cura personalmente anche i dettagli della livrea applicando le filettature con nastro adesivo sulla carrozzeria delle monoposto prima della verniciatura. Al posto dei classici furgoni per i trasferimenti sui vari circuiti, acquista un autoarticolato capace di ospitare sia l'officina, sia la cucina. Addetta ai fornelli viene promossa la moglie di Gordon Murray, un giovane ingegnere sudafricano di cui Ecclestone ha intuito le enormi potenzialità. L'idea del camion polifunzionale non è altro che il prototipo delle moderne hospitality, le aree in cui i team ospitano gli sponsor e i vari personaggi che vengono invitati ad assistere alle gare e a cui si accede solo con un pass.

Ecclestone è un maniaco dell'organizzazione e inizia a

vedere le falle nel Circus. Perché ogni autodromo gestisce i GP con una propria procedura? Perché bisogna sempre fare la coda per aver l'accredito? Perché i numeri di gara non sono mai gli stessi? Uno sport che ha le potenzialità per essere molto redditizio non può permettersi questo caos, dove le scuderie sono dei cani sciolti. E sarà proprio da qui che Bernie inizierà a gettare le basi del Circus moderno. Come abbiamo visto, nel 1974 è tra i fondatori della FOCA (Formula One Constructors Association), un'associazione che riunisce le principali scuderie inglesi e che nel giro di breve tempo si contrappone alla Fédération Internationale du Sport Automobile (FISA), una branca della FIA (Federazione Internazionale dell'Automobilismo). Un contrasto che sfocia in un vero e proprio conflitto sia con Jean-Marie Balestre sia contro i team facenti capo ai costruttori a essa legati: Ferrari, Alfa Romeo e Renault. Bernie però sa come muoversi tra le pieghe dei regolamenti, anche perché è affiancato da Max Mosley, un brillante avvocato londinese, nonché futuro presidente federale. La pace arriverà solo con il «patto della concordia» del 1981, in base al quale le scuderie inizieranno a beneficiare degli introiti prodotti dai diritti televisivi.

Guarda caso, Ecclestone viene nominato vicepresidente FIA, con delega agli affari promozionali: praticamente mette le mani sulla cassa. Dunque, oltre a gestire la Brabham, ora Bernie ha anche un ruolo politico. Gli va dato atto di essere stato il primo a rendersi conto che la F1 è diventata un evento di interesse mediatico mondiale e che le televisioni debbano pagare il giusto per trasmettere lo show. Con una crescente visibilità aumenta anche il prezzo degli spazi pubblicitari pagati dagli sponsor, dagli adesivi sulle monoposto ai cartelloni lungo i circuiti. Insomma, il Circus diventa una vera e propria macchina da soldi. La popolarità di Ecclestone aumenta sempre più, anche grazie ai titoli mondiali conquistati dalla Brabham con Nelson Piquet nel 1981 e 1983. La gestione della scuderia però non rientra più tra gli interessi primari del manager e verrà ceduta nel 1987 allo svizzero Joachim Luthi. Un passaggio che sarà l'anticamera della definitiva scomparsa del celebre marchio.

Bernie dà vita alla FOM (Formula One Management) che si occupa di gestire tutti gli aspetti economici della F1. Dai diritti televisivi ai contratti con i promoter dei GP, dalle sponsorizzazioni al merchandising, fino alla pubblicità. Agli autodromi vengono lasciati solo gli introiti dei biglietti. Un sistema che porta talmente tanti soldi nelle casse dei team, che iniziano a essere spartiti a seconda del piazzamento in classifica. Ecclestone è ormai il padrone assoluto di uno sport che da amatoriale sta diventando professionale sotto tutti i punti di vista. Elementi fondamentali che attirano non più solo gli sponsor, ma anche i grandi marchi automobilistici.

Bernie diventa il «Padrino» per molti, «Mister E» per altri, o il «Supremo» per altri ancora. È solito aggirarsi per il suo regno, il paddock, con il suo indistinguibile look: capelli a caschetto, occhiali dalle lenti fumé, camicia bianca, pantaloni neri e mocassini con fibbia, anch'essi rigorosamente neri. Controlla tutto, è restio a mettersi in mostra, ma non disdegna di scambiare qualche battuta con i media perché, da buon anglosassone, non gli manca il *sense of humour*. Ne sono un esempio i suoi biglietti natalizi illustrati con vignette che ironizzano sulla sua persona e sulle problematiche del Circus.

Altro esempio di questa dote viene sfoderato quando in una sera di novembre 2006, Bernie viene aggredito a Londra. Sta passeggiando insieme all'attuale moglie (la terza) Fabiana Losi e viene circondato da quattro malviventi. Oltre al furto dei gioielli indossati dalla signora, «Mister E» rimedia una ferita al capo e alcune contusioni al volto. Ebbene, dopo pochi giorni, decide di posare come testimonial di una nota marca di orologi con tanto di volto tumefatto. Lo slogan: «Guarda quello che farebbe la gente per un Hublot». Intorno a Ecclestone circolano anche alcune leggende metropolitane, le classiche storie che accompagnano i personaggi di altissimo profilo e che li arricchiscono di fascino. È la notte dell'8 agosto 1963, quando il treno postale Glasgow-Londra viene assaltato da dodici rapinatori che si appropriano del carico di banconote destinate a finire fuori corso. Un bottino di circa due milioni e mezzo di sterline, che la banda provvede a spartirsi in una fattoria isolata nella campagna inglese. Secondo voci mai confermate, pare che tra i «beneficiari» di quella somma ci sia anche Ecclestone, che potrà così entrare in F1 con una solida base economica. In merito a questa vicenda, Bernie mostrò sempre una certa ironia dicendo: «Una cosa del genere, io l'avrei organizzata meglio», oppure: «Non c'erano soldi a sufficienza su quel treno».

Ma torniamo alla carriera del Supremo, che nel giugno 2000 sancisce definitivamente il proprio potere ottenendo dalla FIA i diritti commerciali della categoria fino al 2110, ovvero per oltre un secolo! Però non gli va sempre tutto liscio. In quegli stessi anni Ecclestone deve accettare la mancata quotazione della F1 in Borsa e deve far fronte alle difficoltà incontrate per il progetto di una tv digitale del Circus, meglio nota come «Bernievision». Un'idea innovativa nata nel 1996, ma particolarmente dispendiosa con mezzi all'avanguardia che non darà i frutti sperati. Non passano inosservati gli autoarticolati che trasportano sui vari circuiti le enormi attrezzature televisive. Tutti mezzi Mercedes di colore argento metallizzato, che vengono parcheggiati intorno alle piste a lisca di pesce e rigorosamente in ordine crescente di targa. Ovviamente su ordine di Mister E.

In virtù di un complicato sistema di scatole cinesi di società che controllano altre società, in pratica Ecclestone detiene il controllo sull'intero gruppo e non esita a monetizzare questa fortuna cedendo parte delle quote alla Kirch Media Company facente capo al magnate tedesco Leo Kirch, che mira ad acquisire l'intero controllo del pacchetto azionario. Il successivo fallimento di questo colosso multimediale farà sì che Bernie si riappropri della sua creatura per ricederla nel novembre 2005 al fondo finanziario CVC. Una mossa strategica al fine di garantire stabilità all'impero, ma che non implica la sua uscita di scena, anzi.

Nel ruolo di amministratore delegato, il Padrino non perde occasione di progettare il futuro dei GP, esportando il prodotto in Medio ed Estremo Oriente. Dopo la Malesia, la F1 sbarcherà in Bahrein, poi in Cina e debutterà con l'inedita gara in notturna su circuito cittadino di Singapore. Non dimentichiamoci che nel 1986, proprio Ecclestone era riuscito a organizzare il primo GP automobilistico in un Paese oltre la famigerata Cortina di Ferro, l'Ungheria. In segno di riconoscenza, i promoter locali dedicarono al Supremo la bretella di uscita dall'autostrada verso il tracciato dell'Hungaroring, chiamandola Bernie's Avenue. Certo, la scelta di esportare la F1 in Paesi privi di quella tradizione tipicamente europea non si è sempre rivelata un successo. Per contro ha garantito un costante flusso di denaro nelle casse del Circus, quando la vecchia Europa ha iniziato a subire i contraccolpi della recessione mondiale.

Il regno di Ecclestone dura fino al 18 gennaio 2017, data in cui la FIA ratifica la cessione dei diritti F1 dalla CVC al gruppo americano Liberty Media, che opera nel campo dell'informazione. Un business da 8 miliardi di dollari che relega Bernie al ruolo di presidente onorario. Un epilogo a sorpresa visto che Ecclestone avrebbe dovuto mantenere la funzione di amministratore delegato. Un uomo ritenuto quasi immortale per via della sua filosofia di pensiero, che lo ha sempre portato a ragionare con le ambizioni di un ventenne, malgrado il peso dell'età. Avrebbe potuto godersi l'immensa fortuna accumulata in tutti questi anni, oppure la famiglia con le due figlie Petra e Tamara. Invece no. Bernie non ha mai concepito la sua vita oltre i cancelli del paddock, nel bene e nel male. Non sono mancati i momenti difficili, come quando nel 2008 i team hanno fatto la voce grossa creando la FOTA (Formula One Teams Association), poi chiusa nel 2014. Non sono mancate le forti critiche dei media a fronte di alcune gaffe di carattere storico-politico emerse in un'intervista al *Times* in cui esprime pareri favorevoli verso i regimi dittatoriali. E non ultima la vicenda che l'ha visto imputato nel processo per la cessione del pacchetto del Circus alla CVC. Un passaggio favorito da una tangente di 44 milioni di dollari, pagata da Ecclestone a Gerhard Gribkowsky, un banchiere tedesco finito in carcere. Si dice che Mister E avrebbe versato quella somma per evitare che Gribkowsky lo denunciasse al fisco di Sua Maestà per evasione fiscale. Un'inchiesta che verrà archiviata nel 2014 dal Tribunale di Monaco di Baviera dopo due anni di udienze e con il pagamento di 100 milioni di dollari da parte del Padrino.

Di recente non è raro incontrarlo a bordo pista, in qualità di ospite illustre. La sua presenza catalizza ancora l'interesse dei media che non perdono l'occasione di carpire qualche battuta curiosa. Certo è difficile immaginare la F1 senza Bernie. In passato si è parlato spesso di chi avrebbe potuto sostituirlo e solo un nome è apparso il più credibile di tutti: quello di Flavio Briatore. Un uomo che ho avuto modo di conoscere bene nel triennio passato alla Renault.

È un personaggio che brilla di luce propria al di là di ciò che ha realizzato nel motorsport. Il nostro rapporto è stato caratterizzato da alti e bassi, da addii e ritorni. Gli devo essere riconoscente, perché, credendo in me, Briatore mi lega alla Benetton dopo avermi fatto esordire sulla Jordan nel 1997. Per strani scherzi del destino, proprio in quell'anno il suo posto nella scuderia angloitaliana viene occupato da David Richards, che sarà il mio team principal nel 1998. Quando nel 2002 lascio la Benetton, divenuta Renault, Briatore ritorna al posto di comando. Ci ritroveremo nel 2005, ovviamente in Renault. È proprio Flavio a volermi a tutti i costi convincendomi a firmare il contratto, malgrado abbia già un mezzo accordo con Frank Williams. Sono anni belli ma anche frustranti: capita che riesca ad aggiudicarmi buoni piazzamenti per poi dovermi ritirare a causa di problemi tecnici, estromettendomi così dalla corsa al titolo. Mi affianca a Fernando Alonso, di cui Flavio è anche il manager, e sulla monoposto compaiono un bel po' di sponsor iberici. Capisco subito che Flavio vuole che Fernando spicchi il salto definitivo e tiri fuori tutto quello che ha dentro. Nella sua testa da *businessman* la competizione interna tra me e Fernando sarà utile alla scuderia. E i risultati gli daranno ragione. Dopo i successi con la Benetton nel biennio 1994-1995, centra il bis nel 2005 e nel 2006 con il team della Regie. Ho dei bei ricordi di quegli anni di successi e di partite a scopone all'interno del paddock: io e Fernando coppia fissa contro Flavio e l'ospite di turno.

Nel 2007 Briatore mi promette che sarà il mio turno, puntando su di me nella scalata al Mondiale. Fernando, infatti, è partito alla volta della McLaren. Purtroppo, però, la vettura non è competitiva e la mia delusione sarà grande: ancora maggiore rispetto agli anni precedenti. Di quel periodo conservo comunque ricordi che resteranno indelebili: le due vittorie, i podi e i due Mondiali costruttori vinti. È indubbio che la figura di Briatore abbia segnato il Circus per oltre un decennio ed ecco perché la sua storia merita un approfondimento.

Nasce il 12 aprile 1950 a Verzuolo, un piccolo comune nel cuneese, e nonostante il diploma di geometra comincia a lavorare nel settore finanziario. È il 1974 quando conosce Luciano Benetton frequentando la Borsa di Milano. Un'amicizia che ben presto si trasforma in una stretta collaborazione. Nel 1977, infatti, Briatore è negli Stati Uniti con l'incarico di sviluppare il marchio Benetton oltre oceano. Il colpo di fortuna è datato 1985, per l'esattezza il 13 novembre, quando, su invito di Benetton, visita i box di Adelaide per il GP di Australia. Sono gli anni in cui la scuderia di Ponzano Veneto inizia a mettersi in luce nei gran premi. Il team necessita però di un cambio di passo ed ecco che al manager piemontese viene conferita la nomina di direttore commerciale. Alcune malelingue commentano che è un incarico un po' strano per un geometra. Non però per un geometra che ha fiuto per gli affari.

Briatore si trasferisce immediatamente nella factory di Enstone, in Inghilterra, la sede del team, e si mette alla ricerca di nuovi sponsor. Crea un gruppo di venditori con il compito di girare il mondo cercando partnership e i risultati non si fanno attendere. La Benetton inizia a fare notizia in pista, nel paddock e fuori, grazie a un'immagine innovativa che si distingue da quelle molto più fredde e convenzionali delle altre squadre. Mente di questo restyling è Flavio Briatore, che nel frattempo è divenuto team principal. E a rendere il tutto più credibile, e appetibile per gli investitori, arrivano anche i titoli mondiali con Schumacher nel 1994 e 1995, stagione in cui viene centrato anche il titolo costruttori. È il periodo in cui «FB», come lo chiamano gli amici, diventa un personaggio di spicco nel paddock sfoggiando il cappellino azzurro del suo team con tanto di visiera all'indietro. E per lui è giunto il momento di allargare il giro di affari. Briatore acquista per circa 10 milioni di dollari la scuderia francese Ligier, la ristruttura e la rivende due anni dopo a un prezzo vicino ai 95 milioni di dollari.

Il 1998 segna un altro passo avanti nella carriera del manager che, lasciata la Benetton sulle ali del successo, fonda la Supertec Sport, un marchio che si occupa della fornitura di motori alle scuderie. Una parentesi breve, in quanto nel 2000 FB fa ritorno alla Benetton che nel frattempo è divenuta Renault F1 Team. Per tornare ai vertici della F1 come costruttore, la casa automobilistica transalpina non può che rivolgersi a Mister Billionaire. Si progettano nuovi motori e, sebbene gli investimenti non siano faraonici, la missione si trasforma in un vero e proprio trionfo. Nel biennio 2005-2006, la Renault conquista il Mondiale costruttori e piloti, interrompendo il dominio della Ferrari. Anche questa volta, come era accaduto con Schumacher, Briatore punta su un giovane pilota dotato di gran classe: lo spagnolo Fernando Alonso. È l'ennesima scommessa vinta.

Così come lo sarà anche la creazione della GP2, la nuova serie propedeutica per far crescere i giovani talenti che fa da evento di supporto alla Formula 1. Un progetto che in seguito passerà, non a caso, nelle mani di Ecclestone entrato in affari con Flavio. E pensare che durante i suoi primi anni nel paddock, quel geometra di Verzuolo veniva snobbato dagli addetti ai lavori di parte inglese. Nel 2007, proprio insieme a Mister E, Briatore rileva la squadra di calcio londinese del Queens Park Rangers. Una proprietà che nel 2011 sarà ceduta all'imprenditore malese Tony Fernandes, padrone della scuderia Caterham.

Ma si sa che negli affari la parola «amicizia» non esiste e questo vale anche per il duo Briatore-Ecclestone. Il rapporto s'incrina con la creazione della FOTA, in cui Briatore diventa il responsabile per gli aspetti finanziari. La nuova associazione reclama a gran voce più introiti per i team e Flavio viene visto da Bernie come un pericoloso rivale. Nel 2009 esplode il «Singapore Gate», lo scandalo che coinvolge la Renault di Briatore per l'incidente occorso a Nelson Piquet Jr. nel corso del GP di Singapore dell'anno prima. Si sospetta che il brasiliano sia finito intenzionalmente contro le barriere su ordine del team al fine di favorire il successo di Alonso, prima guida della scuderia. L'imprenditore piemontese finisce nella bufera. Un'occasione colta al volo dai suoi tanti rivali per spodestarlo. Il team principal della Renault viene radiato dalla FIA, ma a pochi mesi di distanza il Tribunale delle grandi istanze di Parigi annulla la sentenza federale per irregolarità nel procedimento. Col tempo le posizioni delle parti si ammorbidiranno. Briatore tornerà a far capolino in alcuni gran premi e lo stesso Ecclestone dichiarerà: «Quello che è accaduto con Flavio è stato spiacevole e molto sbagliato, meritava di essere punito ma forse non così severamente». Della serie: tutto è bene quel che finisce bene.

Un altro personaggio molto originale che ho avuto modo

di frequentare assiduamente è Eddie Jordan, uno degli uomini più estrosi del paddock, basti pensare al suo chiassoso look. Jordan ha sicuramente rappresentato una ventata di freschezza con le sue idee, le sue livree e i suoi piloti.

Edmund Patrick Jordan, per tutti Eddie, nasce Dublino il 30 marzo 1948. Dopo le scuole, nonostante i genitori lo spingano a diventare un dentista, Eddie preferisce frequentare un corso di contabilità grazie al quale trova impiego presso una filiale della Bank of Ireland. Nel 1970, durante un soggiorno sull'isola Jersey, ha modo di assistere alle gare di kart e scocca in lui la fatidica scintilla. Decide così di intraprendere la carriera di pilota. Ovviamente parte dal karting dedicandovisi con grande impegno e i risultati non tardano ad arrivare. Nel 1974 Jordan vince il titolo nazionale e debutta sulle monoposto. Disputa gare di Formula 3, Formula Atlantic e Formula 2.

Ma anziché proseguire la sua carriera all'interno di un abitacolo, l'irlandese preferisce restare nel motorsport come titolare di una propria scuderia: la Eddie Jordan Racing Team. È presente dapprima in Formula 3 schierando fior di piloti che poi sbarcheranno in F1; *in primis* Johnny Herbert che vince il titolo nel 1987. E poi in Formula 3000, serie che lo vede trionfare con il giovane Jean Alesi. Successi che accrescono le ambizioni dell'eclettico manager irlandese, il quale inizia ad accarezzare il sogno della F1. L'occasione si presenta con l'arrivo di uno sponsor facoltoso, la 7UP, una popolare bibita gassata. Jordan non se la fa certo sfuggire e chiede l'iscrizione al Campionato Mondiale del 1991. Domanda che viene accolta e che sancisce la nascita della Jordan Grand Prix. Sebbene alla sua prima stagione, la scuderia ha modo di mettersi in evidenza, non tanto per i risultati eclatanti, bensì per l'esordio sulla monoposto di un certo Michael Schumacher e per la cessione del suo cartellino alla Benetton di Briatore: operazione non poco discussa. Col passare degli anni arrivano anche i successi. Il primo in Belgio nel 1998, con Damon Hill sul gradino più alto del podio e il compagno Ralf Schumacher alle sue spalle.

Le gialle vetture di mister Eddie colpiscono anche per l'originale grafica della livrea. Il serpente dipinto sul muso nel 1997, seguito da un temibile calabrone fino ai denti di un famelico squalo. Un'immagine che rispecchia anche il carattere sopra le righe del proprietario. E a catturare l'attenzione di cameramen e fotografi contribuisce la costante presenza di attraenti pin-up nei box e in pit-lane accanto a driver e vetture.

Non passa nemmeno inosservata la sua passione per la musica. Suona la batteria in una band chiamata V10, che poi si trasformerà in Eddie & The Robbers, con cui si esibisce in concerti organizzati alla fine di qualche Gran Premio. Circa il suo look, fa notizia la presenza di un parrucchino che cela una prematura calvizie.

Divagazioni a parte, il 1999 sarà la miglior stagione della Jordan, promossa terza forza del Mondiale e costante trampolino di lancio per giovani talenti. Da lì in poi però inizieranno i problemi. Il lento declino porterà alla definitiva cessione della squadra alla Midland, nel 2005. Per quanto mi riguarda, ho conosciuto Eddie Jordan in due fasi distinte della storia della sua scuderia. Nel 1997, dopo un ottimo test a fianco di Ralf Schumacher sulla Jordan Peugeot, Eddie è entusiasta delle mie prestazioni e del mio modo di rapportarmi coi tecnici. Io un po' meno circa la sua capacità di gestire i rapporti interni al team. Un problema che gli farò presente nel GP d'Argentina, quando Ralf mi butta fuori al 24° giro, mentre ero secondo. Quella stagione sarà comunque bella ed elettrizzante. Tornerò in Jordan dal 2002 fino al 2003, e purtroppo troverò un team sulla via del declino, ma gli regalerò un'ultima vittoria a Interlagos nel 2003.

Quel GP era stato caratterizzato da una serie di incidenti e la direzione di gara aveva deciso di interromperlo. In quel momento io ero in testa, ma il regolamento considera l'ordine dei due giri prima della sospensione, ed ero sempre io. Tuttavia, per un errore di conteggi, era stato decretato che al comando ci fosse Kimi Räikkönen. La FIA però si era accorta dell'errore e aveva convocato una riunione. Non potrò mai dimenticare la sua telefonata, il lunedì successivo, per comunicarmi il verdetto di Parigi: «*Hey man… you're the winner!*» Fra alti e bassi posso comunque considerare positivo il nostro rapporto e lo incontro sempre con piacere nel paddock ora che fa il commentatore per la tv britannica.

Ma come dimenticare il mio primo team principal, nonché titolare della scuderia con cui ho debuttato? Sto parlando di Gian Carlo Minardi, una delle figure più importanti della mia carriera. Ricordo ancora la sua chiamata al termine della bella stagione in Formula 3, nel 1993. In quel periodo sono sponsorizzato dalla Marlboro, come il Minardi Team, e così, a fine stagione, Gian Carlo mi fa provare la sua Formula 1 sulla pista di Fiorano. Il test va molto bene e nel 1995 divento collaudatore del team faentino e nel 1996 avrei dovuto coprire il ruolo di collaudatore e terzo pilota. Poi, a marzo, ecco la sorpresa inaspettata. Mancano dieci giorni al Gran Premio d'Australia quando ricevo la telefonata di Gian Carlo che mi annuncia che avrei corso come pilota ufficiale al posto del giapponese Taki Inoue. Ero al settimo cielo! Con quella telefonata il mio sogno è diventato realtà.

La prima persona che chiamo per dare la notizia non può essere altri che mio padre, «complice» della mia passione fin da quando ero bambino. Faccio il numero e attendo che lui risponda. Le mie parole lo travolgono come un fiume in piena, il mio entusiasmo è incontenibile. Sento la sua voce incrinarsi, balbetta per l'emozione e alla gioia del traguardo ottenuto si aggiunge anche quella di aver reso mio padre orgoglioso di me, fiero di un figlio che ha lavorato duramente per far diventare la sua passione un mestiere. Dopo qualche attimo, mio padre ritrova la forza per parlare e mi dice: «Giancarlo, oggi hai raggiunto un obiettivo importante. Io so che te lo sei meritato». I miei occhi si velano, quelle parole per me valgono tantissimo e non le dimenticherò mai.

Il 1997 sarà una buona stagione, anche se la vettura ha qualche problema di affidabilità.

Il Minardi Team è stata certamente una bella realtà e soprattutto una famiglia. Purtroppo non ritroverò più un contesto simile in F1. È stata un'avventura importantissima e non ringrazierò mai abbastanza Gian Carlo per avermi dato quell'opportunità. Inutile dire quanto manca nel mondo dell'automobilismo italiano un riferimento come Minardi.

Un uomo che avrebbe potuto lavorare soltanto in mezzo alle automobili.

Romagnolo di Faenza, classe 1947, non solo ha i motori nel sangue come tanti suoi conterranei, ma cresce nella concessionaria Fiat di famiglia. A trasmettergli la passione per le corse ci pensa papà Giovanni, che gli mette a disposizione la GM75, una piccola biposto con motore 6 cilindri da 750 cc. Le prime esperienze in gara di Gian Carlo hanno luogo nelle competizioni in salita e in alcuni rally al volante di una Fiat 124. Ben presto però abbandona l'attività agonistica per occuparsi di un team romagnolo presente nelle formule minori: la Scuderia del Passatore. E le soddisfazioni non mancano con il titolo tricolore nel 1973. Ribattezzata Scuderia Everest, la squadra sale di categoria portando al debutto giovani emergenti. Un progetto che piace a Enzo Ferrari, il quale affida a Minardi una 312/B3 per svezzare le promesse dell'automobilismo di casa nostra.

Nel 1979, con la nascita del Minardi Team, l'imprenditore faentino costruisce le sue prime vetture che porta in Formula 2. Il passo successivo arriverà nel 1985, con il debutto in F1. Si sa, però, quanto sia dispendioso restare nel Circus e non mancano momenti duri, che Minardi riesce sempre a superare. Ma la crescita vertiginosa dei costi porterà dapprima alla cessione delle quote di maggioranza a Paul Stoddart, un originale magnate australiano proprietario di una compagnia aerea, e poi alla definitiva uscita di scena nel 2005, a seguito dell'acquisto della scuderia da parte della Red Bull, che la trasformerà nell'attuale Toro Rosso.

C'è stata poi la parentesi targata Sauber, nel 2004. Come per Minardi, anche per Sauber la passione per il motorsport ha origine da una concessionaria di autovetture, di sua proprietà. È il 1967 quando Peter Sauber, nato a Zurigo nel 1943, comincia a elaborare un maggiolone Volkswagen, al punto che questo non è più omologabile per la normale circolazione stradale. Non gli resta quindi che portarlo in pista. Il passo successivo è la costruzione di un prototipo per le gare in salita, che apre la strada ad altri modelli sportivi che permettono a Sauber di mettere insieme un buon numero di clienti. Alle interessanti prospettive economiche si accompagnano anche i primi successi sportivi nell'ambito delle corse di durata; un viatico che spinge il costruttore svizzero a debuttare nel Mondiale sport prototipi nel 1982.

A questa svolta importante segue un sodalizio con la Mercedes che intende tornare nelle competizioni, ma senza esporsi troppo. Nel biennio 1989-1990 i prototipi svizzero-tedeschi dominano nel gruppo C, vincendo anche la 24 Ore di Le Mans. Sono gli anni in cui Sauber, d'accordo con Stoccarda, forma uno junior team per far crescere giovani promesse teutoniche. I tre nomi più famosi sono quelli di piloti destinati a sbarcare in F1: Karl Wendlinger, Heinz-Harald Frentzen e *dulcis in fundo* Michael Schumacher. Ma il declino delle vetture sport, induce Sauber a fare rotta verso il Circus, ovviamente sempre spalleggiato dalla Stella a tre punte e dall'accordo con sponsor facoltosi. È il marzo 1993 quando due monoposto dalla livrea grigio-nera fanno il loro esordio nel Gran Premio del Sudafrica, conquistando i primi punti iridati con il finlandese J.J. Lehto.

L'avventura nella massima serie vive un'altra svolta importante nel 2006 grazie alle nozze con la BMW. Un matrimonio che però non andrà oltre il 2009, quando il grande costruttore di Monaco decide di chiudere il programma sportivo. Sauber però non lascia e riacquista la maggioranza della factory compiendo un grosso sforzo economico. Forse una mossa azzardata all'inizio, che poi si rivela azzeccata, confermando le doti imprenditoriali del suo manager elvetico. Se osserviamo la storia del team di Hinwil, spicca il talento del suo proprietario nel selezionare giovani emergenti, che si sono poi fatti largo nella massima serie. Ne sono un esempio Felipe Massa, Robert Kubica, Sergio Pérez e Kimi Räikkönen. Il finlandese viene fatto esordire in F1 da Sauber a soli ventidue anni, per essere rivenduto dopo una sola stagione alla McLaren, per la «modica» cifra di 50 milioni di euro.

Ho avuto la fortuna di lavorare con Peter Sauber nel 2004, dopo un lungo corteggiamento. Un professionista vero, che ha saputo affrontare momenti di difficoltà per il suo team. Il 2004 è stato un anno importante per me, perché è quello che mi ha poi lanciato nell'orbita Renault. La nostra monoposto, la C23 motorizzata Ferrari, ha avuto un rendimento costante e affidabile su tutti i circuiti. Il mio compagno di squadra era Felipe Massa, che dal 2006 prenderà il posto di Barrichello sulla Rossa. Di quella stagione ricordo soprattutto la gara di Silverstone, in cui dopo esser partito ultimo sono arrivato sesto. A fine stagione, Briatore mi porterà in Renault, ma la stima verso «Herr Sauber» resterà sempre intatta.

Per quanto riguarda altri capitani del Circus, ricordo con

molto piacere Luca Cordero di Montezemolo, che nel 2009 mi ha ingaggiato per correre gli ultimi cinque gran premi della stagione con la Ferrari. Io avevo avuto modo di conoscerlo molto tempo prima e confesso che mi ha sempre colpito quella sua forte personalità combinata allo spiccato spirito imprenditoriale. Ne sono un esempio le tante attività che l'hanno visto protagonista: dalla Fiat alla Confindustria, dalla Juventus ai Mondiali di calcio di Italia '90, fino ai vertici del Cavallino.

Il suo amore per la Ferrari è forse scritto nel destino. Il piccolo Luca segue i passaggi della Mille Miglia e quando diventa un giovanotto fa il suo esordio nelle competizioni al volante di una Fiat 500 elaborata, acquistata in società con il grande amico Cristiano Rattazzi. La pista è quella di Vallelunga vicino a Roma e i due giovani, appena usciti dal liceo, si iscrivono usando i soprannomi epici di Nerone e Virgilio per non farsi scoprire dalle rispettive famiglie. E sempre insieme all'inseparabile Rattazzi arriveranno anche le partecipazioni ai rally e la chiamata a far parte della squadra Lancia diretta da Cesare Fiorio.

Montezemolo è il pilota più giovane del gruppo, non ha ancora ventisei anni e anche per questo viene invitato a una popolarissima trasmissione radiofonica dell'epoca, *Chiamate Roma 3131*, condotta da Franco Moccagatta e Gianni Boncompagni. Di fronte alla chiamata di un ascoltatore che polemizza pesantemente contro il momento difficile della Ferrari, Montezemolo prende il microfono e difende la Rossa a spada tratta, sottolineando i meriti sportivi e industriali di Enzo Ferrari. Ad ascoltare questa arringa difensiva c'è proprio Ferrari, che, dopo aver scoperto la grande amicizia che lega Montezemolo alla famiglia Agnelli, incontra il giovane a Maranello.

Da quel momento la carriera automobilistica di Montezemolo subisce un'accelerata. Debutterà al seguito della squadra corse nel GP di Gran Bretagna del 1973 come assistente del grande capo per poi ricoprire il ruolo di direttore sportivo dal 1974. Il suo arrivo coincide con il ritorno del Cavallino ai piani alti della classifica, che culminerà col titolo mondiale di Lauda nel 1975. Lasciata la Ferrari per occupare nuovi incarichi di vertice nel gruppo Fiat e in altre importanti aziende, Montezemolo farà il suo ritorno nel 1991 in qualità di presidente. Sono stagioni difficili per le Rosse, ma con la sua inesauribile tenacia riuscirà a rilanciare la scuderia verso il dominio assoluto negli anni Duemila. Montezemolo non smetterà mai di amare la Ferrari, anche dopo aver lasciato il gruppo nel 2014: «Se non ci fosse stata la Ferrari, la mia vita sarebbe stata di sicuro differente, ma soprattutto sarebbe stata priva di quella passione immutabile che provo quando le macchine con lo stemma del Cavallino Rampante sul cofano vanno in pista. E penso a quelle persone prive di passioni forti: io proprio non le capisco».

So per certo che la fine del rapporto con la Ferrari non è stata facile per lui, ma sono altrettanto convinto che sia parecchio consolante voltarsi indietro e vedere i successi e le gioie vissuti al timone del Cavallino Rampante, un amore lungo decenni.

C'è poi un uomo la cui passione per il motorismo sportivo

l'ha spinto a superare un destino non certo magnanimo. Un uomo che in tanti anni s'è distinto per i successi e per la sua grande forza d'animo: Frank Williams. Ho conosciuto Frank, persona amabilissima e competente come pochi altri. Non sono in molti a sapere che alla fine del 2004 avevo praticamente firmato per la scuderia britannica, prima che Flavio Briatore mi chiamasse per fare coppia con Fernando Alonso alla Renault.

Williams, inglese di South Shields dove nasce il 16 aprile 1942, è figlio di un pilota della RAF e di una maestra. Studia in un collegio cattolico e mostra un particolare interesse verso il motorsport seguendo le gesta del fuoriclasse Stirling Moss. Grazie ad amici più anziani ha i primi approcci con le gare locali, disputate al volante di una berlina. La sua passione cresce e prosegue la sua carriera di pilota nonostante i risultati poco esaltanti. Verso la metà degli anni Sessanta, Williams partecipa al Campionato di F3 in Italia con innumerevoli sacrifici. Campa coi modesti premi di partenza e per dormire c'è il furgone dei ricambi o la tenda.

Ma se al giovane Frank manca la stoffa per imporsi in pista, è invece molto abile a preparare le monoposto, fino a costituire un suo team di F2 in cui fa correre l'amico Piers Courage, con cui esordirà in F1 nel 1969. I brillanti piazzamenti sembrano l'inizio di un sogno, che però svanisce bruscamente l'anno dopo con la morte in Olanda dell'amico pilota. Seguiranno nuovamente tempi difficili fino al 1977, quando a salvare le sorti della Williams spuntano dei ricchi investitori arabi. È la svolta che cambierà radicalmente le sorti del team, che nel giro di tre stagioni conquisterà il titolo mondiale con Alan Jones. Per la cronaca, quei successi non saranno accompagnati da alcun brindisi a base di champagne, in rispetto della religione musulmana degli sponsor della squadra.

Divenuta ormai un top team, la Williams sposta la sua sede da Didcot a Grove in una moderna struttura e Sir Frank viene persino ribattezzato il «Ferrari d'Inghilterra». Ma il destino è ancora una volta in agguato. L'8 marzo 1986 il manager inglese resta coinvolto in un drammatico incidente stradale mentre si reca all'aeroporto di Nizza, dopo aver assistito ai test della sua nuova monoposto al Paul Ricard. Williams sopravvivrà al tremendo schianto, ma resterà tetraplegico. Una condanna tremenda per un uomo che oltre al motorsport amava partecipare alle gare podistiche. Williams sarà chiamato ad affrontare una nuova sfida, la più dura, ma non cede e pur tra mille difficoltà tornerà sul ponte di comando portando il suo team a nuovi esaltanti successi.

Recentemente, nonostante i problemi fisici e l'età avanzata, Frank Williams non ha esitato a seguire i gran premi dal paddock, assistito dalla figlia Claire sempre più presente nella gestione della squadra di cui è divenuta team principal dal 2013. Spero vivamente che il suo team torni presto nelle posizioni di vertice che merita. Purtroppo, però, i tempi sono cambiati e senza grandi budget, nella F1 attuale si può solo galleggiare.

Vorrei chiudere questo capitolo sui padroni del vapore con un ricordo dedicato a Sergio Marchionne. Sono sicuro che il suo nome sarebbe presto entrato a pieno titolo tra i grandi personaggi del Circus, per i risultati che avrebbe raggiunto con la Ferrari. Lo vedevo spesso ai box, sempre in punta di piedi, ma conscio di quanto fosse importante la sua presenza. Se ne accorgevano tutti, a partire dai piloti. Osservava ogni cosa e scendeva spesso nei dettagli, come solo i tecnici sanno fare. Si vedeva che amava questo sport e questo marchio, le sue presenze al box non erano dovute al ruolo che ricopriva. Sergio e io eravamo uniti non solo dalla Ferrari, ma anche dal legame speciale con l'Alfa Romeo. Marchionne ha voluto rilanciare questo marchio e i risultati gli avrebbero dato ragione.

Ci siamo incontrati un paio di volte sulla pista di Balocco, dove l'Alfa testa i suoi modelli, in occasione del lancio della 4c e della Giulia. È stato mio passeggero per un giro veloce e ho avuto modo di esprimergli la mia speranza che il Biscione facesse ritorno nell'ambito sportivo. A volte per un manager serve distacco e poca passione in quello che fa, per essere più freddo e razionale. Nel suo caso, invece, competenza e passione si sposavano perfettamente. Marchionne avrebbe lasciato nel 2019 la FCA e si sarebbe dedicato completamente alla Ferrari, una sua grande passione dove voleva mettere le radici. Anzi, non solo una passione, perché, per Marchionne, la Rossa non era un hobby, ma un impegno terribilmente serio. Invece, il 25 luglio 2018 è sopraggiunta all'improvviso la beffa del destino a interrompere un sogno.

Marchionne, figlio di un maresciallo dei carabinieri, nasce a Chieti, in Abruzzo, nel 1952. Conosce ben presto gli aspetti duri della vita, emigrando in Canada all'età di quattordici anni. Per pagarsi gli studi lavora come magazziniere in un supermercato di Toronto, forse una delle sue prime sfide, che ovviamente vince. Il suo curriculum vanta tre lauree, in Economia, in Giurisprudenza e in Filosofia. Attestati che permettono a Marchionne di farsi largo a poco a poco nel mondo finanziario, dove inizia una brillante carriera.

Una svolta importante è la nomina ad amministratore delegato della SGS di Ginevra, un'azienda leader a livello mondiale nei servizi di ispezione, analisi e certificazione. Grazie a questo ruolo, Marchionne conosce Umberto Agnelli con cui stringe una solida amicizia, che nel 2004 lo porterà ai vertici della Fiat. Eredita un gruppo in condizioni critiche, che perde 2 milioni di euro al giorno. Il manager italocanadese però mette presto in atto la sua strategia, esigendo subito dalla General Motors il pagamento di 1,5 miliardi di dollari per aver rinunciato al diritto di acquisizione della Fiat dopo un lungo approccio. La seconda mossa ha sempre come scenario gli Stati Uniti e avviene nel 2009 con l'acquisizione della Chrysler, un marchio decisamente in ribasso. Un'operazione a costo zero, grazie al prestito ottenuto dal presidente Barack Obama. È la nascita del marchio FCA e ben presto il costruttore americano tornerà all'utile, con il successo del marchio Jeep.

La rivoluzione targata Marchionne si sposterà così sul fronte italiano con il lancio di innovativi modelli, primo fra tutti la nuova 500. L'azzeramento del debito di FCA sarà ufficializzato proprio nei giorni in cui il manager si troverà ricoverato in terapia intensiva a Zurigo, dove i bollettini medici saranno impietosi.

Nel 2014 Marchionne era diventato il numero uno del

Cavallino. Anche qui la situazione non è delle migliori. L'ultimo titolo costruttori vinto dalla Ferrari risale al 2008 e le Rosse non riescono a reggere il passo prima della Red Bull e poi della Mercedes. Con diversi avvicendamenti nei posti di comando e dando fiducia a tecnici italiani, inizia la rinascita e nel giro di tre stagioni, le Ferrari torneranno non solo alla vittoria, ma a contendere il Mondiale alle Frecce d'Argento. Il Cavallino diventa protagonista anche in campo finanziario con la quotazione in Borsa, prima a Milano e poi a Wall Street.

La vicinanza di Marchionne al team è costante, sia nei momenti felici dove non esita a elogiare l'operato dei suoi uomini, sia nelle situazioni difficili, dove emerge il suo carattere un po' rude, ma diretto. Memorabile lo sfogo al termine del GP d'Italia del 2017 quando, dopo aver assistito alla schiacciante doppietta Hamilton-Bottas, lascia il paddock dicendo: «È imbarazzante. Dobbiamo togliere il sorriso dalla faccia dei nostri avversari». Nel 2018 la Ferrari è cresciuta e la Mercedes non può più contare sul suo strapotere. Il successo iridato della Rossa non è un'utopia. Peccato che quando arriverà il giorno del trionfo mancherà uno spettatore col pullover scuro.

Pit-flop

È IL 15 agosto 1982, quando nel corso del 18° giro la Brabham-BMW di Nelson Piquet imbocca la pit-lane. Non appena si ferma davanti al proprio box, i meccanici del team di Bernie Ecclestone, bardati di tuta ignifuga, passamontagna e caschi integrali, si precipitano intorno alla monoposto bianca e blu per sostituire le quattro gomme e rifornire il serbatoio di carburante. È nato ufficialmente il primo pit-stop. Cinque giri dopo anche Riccardo Patrese, compagno del brasiliano, rientra ai box per effettuare la propria sosta e questa volta i meccanici sono molto più rapidi e il pilota italiano torna in gara al comando. Peccato poi che entrambe le monoposto anglotedesche si fermeranno, bloccate da problemi tecnici, ma quella strategia pensata dal geniale progettista Gordon Murray e avallata da Ecclestone sarà seguita da tutte le altre scuderie del Circus.

Una soluzione nata per far fronte agli elevati consumi di carburante dei turbo BMW. Per cui dividendo la gara in due frazioni, o stint, si permette ai piloti di girare non col pieno, bensì con una quantità di benzina sufficiente a percorrere un determinato numero di giri con meno peso a bordo. In più, montando due set di pneumatici, le vetture sfruttano gomme sempre nuove e più performanti.

Per la verità le soste ai box avvenivano anche in passato. Ai primordi, quando le corse si svolgevano su parecchie distanze, le soste erano necessarie per non restare a secco e gli pneumatici andavano sostituiti perché ormai sulle tele. Negli anni Cinquanta venne fissato un limite al numero dei meccanici addetti alla sosta: tre se si sostituivano le gomme posteriori, cinque se si cambiavano anche quelle anteriori. L'operazione era sempre molto laboriosa e per svitare e avvitare i gallettoni che affrancavano le ruote ai mozzi, si provvedeva assestando vibranti colpi di martello. Altro che pistole svitabulloni! I meccanici vestivano comuni tute di stoffa, non certo ignifughe. Il pieno veniva effettuato con un voluminoso tubo di gomma e il pilota, che restava nell'abitacolo, veniva coperto con un telo cerato per proteggerlo da eventuali spruzzi di benzina. Nel migliore dei casi, quest'operazione durava oltre il minuto. All'epoca, quindi, le soste non erano determinanti per vincere le corse. Col tempo però tutto è cambiato.

Oggi le persone impegnate nel cambio gomme sono circa una ventina. Tre per ogni pneumatico: il primo entra in azione con la pistola automatica, il secondo toglie la gomma vecchia e il terzo posiziona quella nuova. Vi sono poi i due che provvedono a sollevare la monoposto (uno davanti e uno dietro), altri due che si occupano delle regolazioni dell'ala anteriore (uno per lato) e un paio di addetti agli stabilizzatori laterali. Fino a qualche tempo fa c'era anche l'uomo del «lollipop», ossia quello che segnalava la ripartenza dopo il pit-stop verificando che ci fosse via libera, con tanto di cartello metallico simile a un lungo lecca-lecca. Oggi è stato sostituito da un piccolo semaforo posizionato sopra l'abitacolo del pilota, che indica il via libera con la luce verde.

Grazie alla tecnologia e a costanti allenamenti dei meccanici, si è arrivati a effettuare il solo cambio gomme in 1 secondo e 92. Record stabilito nel 2013 dalla Red Bull nel GP degli Stati Uniti ed eguagliato nel 2016 dalla Williams durante il GP d'Europa a Baku. E se qualcosa va storto non si va oltre i 4 secondi. Tempi che si sono ovviamente ridotti con il divieto di rifornire, introdotto nel decennio che va dal 1984 al 1994 e poi dal 2010 ai giorni nostri. Ultimamente s'è ventilata l'ipotesi di un ritorno ai rabbocchi, ma il problema resta sempre quello legato alla sicurezza anche se oggi gli impianti di erogazione possono contare sulla moderna tecnologia aeronautica, sempre più sicura.

Negli ultimi anni il cambio gomme rappresenta un momento spettacolare e determinante di un Gran Premio. Tutto è nelle mani di un gruppo di uomini che agiscono all'unisono, con tempestività e precisione, come una sola unità. Se le ruote non si staccano insieme, la monoposto inizia a inclinarsi e sono guai. Anche un millesimo di secondo può essere determinante. Ecco quindi che non si trascurano nemmeno i minimi dettagli, come la ricerca di una filettatura del dado di fissaggio della ruota che permette uno svitamento e un avvitamento il più veloce possibile. Fondamentali sono pure le pistole, di base uguali per tutti, che poi vengono personalizzate dai team a seconda delle proprie esigenze.

In molti apprezzano la perfetta sincronicità del team dei meccanici anche al di fuori delle piste. Alcuni anni fa, infatti, il primario di chirurgia infantile di un ospedale pediatrico di Londra s'è rivolto alla Ferrari al fine di migliorare il lavoro d'équipe in sala operatoria, dove spesso non c'è in gioco un Mondiale, ma una vita umana. L'esempio da studiare era proprio quello del lavoro eseguito dagli uomini in rosso durante i pit-stop. Al termine di questa collaborazione è stato redatto un protocollo contenente dettagliate disposizioni per medici, anestesisti e infermieri, grazie al quale nei momenti più delicati i movimenti dell'équipe sono ora regolati da automatismi che spaccano il secondo.

Il pit-stop è uno dei momenti più importanti della gara insieme alla partenza. Molti sorpassi si fanno al box, o prima di entrarvi quando il pilota fa il giro veloce poco prima di prendere la via della pit-lane o nell'outlap, ossia il giro in cui si rientra in pista. Spesso le strategie si basano sul momento della sosta, come per esempio l'undercut, che ha preso piede negli ultimi anni. Si tratta di una tattica aggressiva utilizzata in particolare da chi insegue ed è basata su una fermata anticipata che permette di sfruttare le gomme nuove e le performance nei primi giri, quando sono ancora al massimo della prestazione. L'undercut si divide in due fasi: nella prima è previsto lo sfruttamento totale dello pneumatico prima del rientro. La seconda è costituita dal giro di lancio ottimizzando gli pneumatici nuovi. Si tratta di un momento delicato dove il pilota deve affidarsi alla sua sensibilità perché se le gomme sono ancora fredde, vanno scaldate evitando errori. Se poi sei tallonato da un avversario, tutto si complica.

L'overcut invece è l'esatto contrario. In parole povere significa ritardare la sosta ai box. In questo caso la strategia si basa sull'idea di mettere il pilota nelle condizioni di poter spingere più a lungo, rispetto al rivale che precede, senza avere problemi di traffico. L'assenza di altre vetture davanti consente di godere di un flusso d'aria più pulito. La fermata sarà quindi preventivata alcuni giri dopo quella dell'avversario, in modo da creare un divario abbastanza ampio e stargli davanti quando si rientra in pista. Ma attenzione, nel caso dell'overcut non bisogna avere gomme molto usurate, o troppo scadenti rispetto allo pneumatico nuovo, altrimenti si rischia di ottenere un risultato opposto. Negli anni Duemila, ero considerato un «esperto» di overcut in quanto partivo con serbatoio pieno e cercavo di posticipare il più possibile la sosta. Ovviamente, per adottare questa tattica è necessaria una guida pulita in grado di preservare la gomma il più a lungo possibile, non sono consentiti spiattellamenti a ogni giro. Sono poi fondamentali, come dicevo, l'inlap e l'outlap, che sono parti integranti del pit-stop. Si tratta del giro di rientro ai box e la tornata in cui si riaccede alla pista. Arrivi in pit-lane e inserisci il limitatore di velocità né un centimetro prima né uno dopo. Qui la concentrazione da parte del pilota è massima, paragonabile a quella alla partenza. I miei primi pit-stop in Minardi andarono bene perché avevo trascorso giornate e giornate a fare prove e assimilare ogni dettaglio. Nel 1996 le soste erano più lunghe e complesse: c'era il rischio di perdere o guadagnare secondi, non decimi come adesso. Ricordo bene quanta tensione avevo dentro: dalla paura di far spegnere la vettura a quella di commettere altri errori che avrebbero mandato in fumo il lavoro di tutti. Nel mio primo Gran Premio, a Melbourne nel 1996, ero concentrato al massimo e per fortuna tutto andò alla perfezione.

Però ci sono volte in cui qualcosa non va per il verso giusto. Non sempre l'uomo, sia il pilota sia il meccanico, riesce a mantenere la lucidità quando il battito cardiaco accelera sempre di più. Ecco allora che la sosta si trasforma in una trappola implacabile, ripresa in mondovisione. Molti di questi casi sono divenuti famosi, vuoi per la loro drammaticità, vuoi per le conseguenze o vuoi per un certo risvolto comico.

In apertura di questa carrellata, vorrei però raccontarvi di una sosta particolare, quasi di carattere gastronomico. Occorre tornare indietro al GP del Belgio valido anche come GP d'Europa, corso a Spa il 28 giugno 1925. A sfidare le potenti Alfa Romeo P2, oltre alle Bugatti e alle Sunbeam, vi sono le francesi Delage. Il confronto però è impari con le vetture del Biscione che impongono un ritmo insostenibile. Si arriva al punto che quando a metà gara Antonio Ascari procede al comando con un giro di vantaggio (15 chilometri) sugli inseguitori, Vittorio Jano, *deus ex machina* della casa del Portello, organizza ai box uno spuntino per i suoi piloti, mentre i rivali proseguono la competizione. Una mossa ideata in risposta ai fischi del pubblico di parte francese indirizzati contro i piloti italiani. Inutile dire che Antonio Ascari vincerà la gara a mani basse.

Ventisei anni dopo, sarà il figlio di Antonio, Alberto, a essere protagonista di una sosta tutt'altro che tranquilla nel GP d'Italia del 16 settembre 1951. È il penultimo round del Mondiale che vede in lotta Fangio e lo stesso Ascari: Alfa Romeo contro Ferrari. L'argentino partito dalla pole si ritrova a inseguire il ferrarista e dovrà poi ritirarsi per noie meccaniche. Per Ascari si profila una marcia trionfale, ma non senza il cosiddetto brivido dell'imprevisto. Durante la sosta al 35° giro, viene innaffiato da un forte getto di benzina, fuoriuscito per errore, che inonda il box Ferrari. Incurante del pericolo, «Ciccio», come lo chiamano affettuosamente i tifosi, torna in pista e conduce la sua 375 verso la bandiera a scacchi. Peccato che un mese dopo, in Spagna, il milanese perderà il titolo a beneficio di Fangio per colpa di una scelta errata delle gomme da parte della sua scuderia.

Una situazione analoga si verificherà a distanza di oltre trent'anni alla prima gara del Mondiale 1983. Siamo in Brasile sul circuito di Jacarepaguá, sorto nei pressi di Rio de Janeiro, intitolato poi a Nelson Piquet. Al 28° passaggio, Keke Rosberg va ai box per la sosta, ma all'apertura del serbatoio fuoriescono i gas che s'infiammano subito a causa delle alte temperature prodotte dal motore. Alla vista delle fiamme, il campione del mondo in carica si catapulta fuori dalla sua Williams. Una volta domato il principio d'incendio, per nulla intimorito dall'accaduto, Rosberg rimette in moto la vettura e torna in pista grazie alla spinta dei meccanici. Dà così inizio a una coraggiosa rimonta che lo porterà al secondo posto, dietro alla Brabham-BMW di Piquet. Quella spinta ricevuta ai box sarà però sanzionata dalla direzione gara con la squalifica del finlandese.

Alquanto rocambolesco l'episodio che ha come protagonista Nigel Mansell il 24 settembre 1989 nel GP del Portogallo. Mansell, al comando, rientra per il pit-stop e arriva lungo mancando la postazione dei meccanici Ferrari. Invece di tornare in pista e ripresentarsi il giro successivo, innesta la retro e raggiunge i suoi uomini; peccato però che la manovra sia vietata dal regolamento. Come se nulla fosse l'inglese riprende la gara e, scivolato al terzo posto, dà inizio alla sua rincorsa. È il 45° giro, dalla direzione gara gli espongono la bandiera nera e pure il suo team lo invita a fermarsi. Il Leone invece va avanti e attacca Senna per prendersi la seconda piazza. La McLaren e la Ferrari entrano in collisione e la corsa termina in sabbia per entrambe, scatenando la furia di Ron Dennis che si scaglia contro Cesare Fiorio, suo alter ego al timone della Rossa, e segue uno scambio di opinioni non proprio amichevoli. Mansell spiegherà l'accaduto dicendo di non aver visto la bandiera nera: «Ero troppo impegnato nella guida». C'è da credergli?

E sempre sul tracciato di Estoril, il britannico sarà nuovamente vittima della sosta nel GP portoghese del 1991. A quattro round dalla fine, Mansell cerca di contrastare la marcia di Senna lanciato verso il suo terzo titolo. Con l'obbligo di fare bottino pieno, il britannico si porta al comando e inizia a fare il vuoto. Al 29° giro torna al box ed ecco il patatrac.

Alla ripartenza del pilota, la gomma posteriore destra fissata male si sgancia dalla Williams dopo pochi metri. I meccanici provvedono a montare una nuova ruota, ma lavorando nel mezzo della pit-lane commettono un'imperdonabile infrazione. La rincorsa del Leone, rientrato diciassettesimo, è bloccata da una nuova bandiera nera e al pilota della Williams non resta che alzare bandiera bianca. Un errore del box che darà una grossa mano a Senna nella vittoria finale.

Nel 1994 torna l'incubo del fuoco. L'autodromo è quello di Hockenheim e il Gran Premio è quello di Germania. Al 15° giro nel corso del rifornimento, la Benetton di Jos Verstappen viene avvolta dalle fiamme per nove lunghissimi secondi. Fortunatamente il pronto intervento dell'antincendio scongiura il dramma: cinque meccanici riportano lievi ferite, mentre il pilota è incolume. L'accaduto non passa inosservato agli occhi della FIA, che avvia un'indagine dalla quale emergerà che è stata manomessa la macchina dei rifornimenti per velocizzare la sosta. Il team verrà riconosciuto colpevole e a pagare sarà Tom Walkinshaw, uno dei manager che siede sul ponte di comando.

Le fiamme ricompariranno nel 2003 e 2004, rispettivamente in Austria e in Italia. All'A1-Ring è Michael Schumacher a vivere attimi di terrore al 23° giro durante il suo rifornimento. Un problema che nasce dall'inconveniente accaduto a Barrichello due tornate prima. L'impianto d'erogazione destinato al brasiliano s'inceppa e i meccanici lo sostituiscono con quello di Schumi. Il guaio è che alcune gocce di carburante restano sulla valvola e quando quel bocchettone arriva a contatto con le parti roventi del serbatoio della F2003GA, si origina una fiammata che circonda la parte posteriore della Rossa in prossimità dell'abitacolo. Gli estintori dei meccanici entrano subito in azione e la paura si esaurisce dopo una manciata di secondi, il tutto sotto lo sguardo allibito di Umberto Agnelli, divenuto presidente della Fiat dopo la scomparsa del fratello pochi mesi prima. Quello che stupisce è la reazione del pilota che resta impassibile al posto di guida, nonostante il pericolo. E una volta ripartito, il Kaiser andrà a vincere la sua ennesima sfida. A Monza, nel 2004, tocca invece all'italiano Gianmaria Bruni vivere il suo «inferno di cristallo». Al volante della Minardi, Cosworth effettua il suo secondo pit-stop quando dall'erogatore fuoriesce della benzina che s'incendia non appena giunge a contatto con le roventi temperature del retrotreno. In un istante la vettura del romano è avvolta da una vampata di fuoco. Grazie al fulmineo operato della squadra antincendio tutto finisce con un grande spavento e Bruni esce indenne dalla monoposto, lamentando soltanto una leggera difficoltà respiratoria provocata dalla schiuma degli estintori.

Ma facciamo di nuovo un passo indietro e torniamo al 1998, quando nel primo GP del Campionato, in Australia, va in scena un malinteso al box McLaren. Siamo all'Albert Park di Melbourne e Mika Häkkinen sta conducendo davanti al compagno David Coulthard. Tutto fila liscio per il finlandese, se non che al 36° passaggio interpreta male una comunicazione radio e rientra inaspettatamente ai box, cogliendo tutti di sorpresa. Accortosi dello sbaglio tira dritto e torna in pista alle spalle di Coulthard. Un risultato che farebbe venir meno un accordo interno al team anglotedesco, secondo cui la vittoria sarebbe spettata al pilota che si fosse trovato in testa dopo la prima curva. Per cui quando nel finale Häkkinen si porta a ridosso di Coulthard, quest'ultimo gli cede il passo ottemperando al patto stretto prima del via.

Più comico è quanto succede a Eddie Irvine, mentre è in piena corsa per il titolo. Nürburgring, 26 settembre 1999, giro 21°. La corsa vive attimi concitati subito dopo il via con una carambola che coinvolge alcuni concorrenti e provoca l'intervento della safety-car. Io mi ritrovo a lottare proprio con l'irlandese, che riesce a superarmi dopo una serie di schermaglie. Nel frattempo inizia a piovere come spesso accade nella regione dell'Eifel e molti piloti optano per le gomme da bagnato. Al box Ferrari c'è parecchia concitazione: dapprima entra Mika Salo, sostituto di Schumacher dopo l'incidente di Silverstone, con l'ala anteriore danneggiata. Poi si presenta Irvine che via radio aveva chiesto le gomme da bagnato, ma all'ultimo secondo cambia idea optando per quelle da asciutto. I meccanici già pronti in pit-lane cercano di provvedere al dietrofront, ma si sa che la fretta è cattiva consigliera. La F399 numero quattro resta immobile nella piazzola su tre ruote, mentre l'addetto alla gomma posteriore destra si sbraccia animatamente. Dov'è finita la ruota? Il mistero viene risolto quasi subito e la Rossa può ripartire, ma è indubbio che l'inconveniente abbia compromesso il GP del ferrarista. L'episodio, ripreso in mondovisione, scatena non poche critiche e l'umorismo di qualche tifoso che il giorno dopo fa trovare un cerchione con tanto di pneumatico in un'aiuola nel centro di Maranello.

Come abbiamo già detto, in questi momenti febbrili ognuno deve rispettare il proprio compito e muoversi secondo precise istruzioni. Non dimentichiamoci che il pilota sopraggiunge a una velocità di 60 chilometri orari: non è un fulmine, ma resta un fattore di pericolo. Non è raro vedere un meccanico investito all'arrivo della monoposto, o alla ripartenza. L'urto con un'appendice alare o una ruota è sempre in agguato. Nel GP degli Stati Uniti del 2000, sulla mitica pista di Indianapolis dove si disputa la 500 Miglia, l'argentino Gastón Mazzacane sopraggiunge in pit-lane e colpisce con la sua Minardi un addetto ai lavori. Anche Schumacher non è esente da queste disavventure, come a Barcellona in quella stessa stagione. La corsa è animata dal duello tra i «soliti noti» Häkkinen e Schumi e si capisce che si deciderà alle soste. Malauguratamente il primo pit del ferrarista si complica. Al box del Cavallino si deve far presto per permettere al Kaiser di rientrare al comando. Purtroppo, l'uomo del «lollipop» alza in anticipo la paletta, si accorge dell'errore e la riabbassa immediatamente. Ma il primo gesto ha innescato la reazione del pilota che, innestata la marcia, parte. A farne le spese è Nigel Stepney, il capomeccanico inglese e addetto al bocchettone, che vola a terra e la sua gamba sinistra viene calpestata dalla F2000. Schumi si accorge dell'accaduto guardando negli specchietti e s'informa via radio delle condizioni dell'infortunato. Stepney se la caverà con una distorsione alla caviglia, ma i guai del teutonico si presenteranno pure alla seconda sosta. Il nuovo addetto al rifornimento paga l'inesperienza e l'emozione, faticando a infilare il tubo della benzina. Schumi chiuderà solo quinto, complice anche un problema di pressione a una gomma, dopo aver cercato di resistere in tutti i modi all'assalto del fratello Ralf.

Nella stagione 2005 ho totalizzato ben due GP caratterizzati da pit-flop clamorosi. Il primo è quello di Francia a Magny-Cours, che per il team Renault è la gara di casa e ci teniamo a fare bella figura. Ebbene, in corsa avrò problemi in entrambi i pit-stop che risulteranno uno peggio dell'altro. Transito sesto sotto la bandiera a scacchi, mentre il mio compagno Alonso vince la gara. Il secondo GP è quello di Gran Bretagna a Silverstone. Sto lottando per il podio, quando una sosta troppo lenta e problematica permette a Räikkönen di superarmi. Mi devo accontentare del quarto posto, vedendo sfuggire il podio e forse qualcosa di più. Alla fine per queste due disavventure mi ritroverò fuori dai giochi per il Campionato. E c'è ancora chi dice che i pit-stop non sono importanti.

Certo, andrà peggio a Kazuki Nakajima a Interlagos nel 2007, dove fa strike e abbatte i due addetti alla gomma anteriore sinistra. Anche di recente, l'8 aprile 2018, si sono vissuti momenti di panico proprio al box del Cavallino, nel deserto di Al-Sakhir, in Bahrein. È il 36° giro e Räikkönen, in terza piazza, effettua il secondo pit. Mentre vengono montate le tre supersoft, come previsto dalla strategia, il dado della gomma posteriore sinistra non si svita e la gomma soft resta sulla SF71H. Contemporaneamente, di fronte a Kimi, si accende il semaforo perché i sensori elettronici rilevano che tutte e quattro le ruote sono sulla vettura. Sono frazioni di secondo e il finlandese parte a razzo falciando Francesco Cigarini, che si occupa della posteriore sinistra. Una botta tremenda che procura al malcapitato la frattura esposta di tibia e perone. Räikkönen viene fermato dopo pochi metri, dal momento che non può proseguire con pneumatici diversi. Trasportato all'ospedale di Manama, Cigarini verrà operato per la riduzione delle fratture, mentre la Ferrari sarà punita con una multa di 50.000 euro. Fortunatamente non ci sono state conseguenze più gravi, ma questo episodio dimostrano che anche i moderni sistemi elettronici non bastano a garantire la precisione al cento per cento. Sicuramente velocizzano le soste ma presentano dei punti deboli, così come la riduzione del filetto sul mozzo, che può rovinarsi più facilmente con tutti i guai del caso.

L'introduzione del semaforo «intelligente» è stata voluta al fine di rimediare all'errore umano. Ne sa qualcosa l'olandese Christijan Albers che, al 28° passaggio del GP di Francia 2007, credendo di aver terminato il suo pit, torna in pista trascinando dietro alla sua Spyker-Ferrari il tubo del rifornimento come se fosse un'enorme coda. Accortosi dell'incidente si fermerà appena uscito dalla corsia box.

Stesso copione per Felipe Massa la stagione successiva nel primo Gran Premio in notturna della storia. Il palcoscenico è quello della città-Stato di Singapore, tra le sue vie sovrastate dai grattacieli della city. Una prima molto particolare che pone la F1 sotto i riflettori in tutti i sensi, dove non mancheranno tanti colpi di scena.

Uno di questi si verifica subito dopo l'incidente occorso a nelson Piquet Jr., che finisce a muro con la sua Renault. Uno schianto che sarà poi all'origine del grosso scandalo, di cui abbiamo già accennato. Al 17° passaggio con la safety-car in pista e l'apertura della pit-lane, parecchi piloti rientrano a rifornire, tra questi Massa che occupa la prima posizione davanti a Hamilton, suo rivale in Campionato. Gli uomini in rosso devono sfoderare tutta la loro bravura accelerando le operazioni, sia per garantire a Felipe la leadership, sia per assistere Räikkönen sopraggiunto a sua volta per la sosta. Tutto pare andare per il meglio quando un meccanico schiaccia il pulsante collegato al semaforo che accende la luce verde. Non c'erano ancora i sensori. Procedura perfetta, soltanto che il bocchettone è ancora attaccato al serbatoio della F2008. Risultato: Massa parte trascinando con sé parte dell'impianto, sotto lo sguardo glaciale di Kimi. Fermatosi subito lungo la corsia box, deve attendere che i meccanici sbrighino la pratica Räikkönen, dopodiché arrivano i soccorsi. Purtroppo però i guai proseguono. Lo strattone ha di fatto incastrato il tubo e per liberare la monoposto serve un'azione di forza di più uomini. La scena si chiude con Massa che rientrerà in pista molto attardato e i meccanici abbattuti che tornano al proprio box con il «serpentone» argenteo sulle spalle. Una disavventura che costerà al brasiliano parecchi punti in classifica nei confronti di Hamilton.

Di recente, durante il GP d'Australia del 25 marzo 2018, il francese Romain Grosjean si è reso protagonista di un atto di grande umanità. Durante le prove le due monoposto della scuderia Haas-Ferrari sono molto agguerrite e si piazzano piuttosto bene in griglia di partenza. Durante la gara il primo a fermarsi al pit-stop è Kevin Magnussen, che però a causa di un errore da parte dei meccanici nel fissaggio dello pneumatico posteriore sinistro è costretto a ritirarsi. Da lì a poco è il turno di Romain Grosjean. La tensione tra gli uomini al box è alle stelle: il pilota francese arriva nella pit-lane ma il problema si ripete e sfuma così il miglior piazzamento di sempre per una Haas. Terminata la gara però Romain si reca ai box e va a consolare i due meccanici che quel giorno hanno commesso i fatali errori: li ha abbracciati e li ha sostenuti difendendo il loro operato. Abbiamo detto più volte che la Formula 1 è uno sport in cui il lato umano fa fatica a emergere, ma quando lo fa risplende ancora più fulgido.

Il traffico in pit-lane è un altro fattore di rischio, soprattutto se ci si trova in regime di safety-car e tutti sfruttano il momento per tornare ai box. È un po' come se fossimo in pieno centro nell'ora di punta, dove, anziché un'utilitaria, dobbiamo governare un mezzo lungo circa quattro metri e mezzo e largo quasi due. Ricordo una situazione paradossale in Canada nel 2008, quando al giro 19° Kubica e Räikkönen superano Hamilton alla sosta. Giunti alla fine della corsia box devono fermarsi poiché il semaforo della pit-lane è ancora rosso. Hamilton, forse distratto dalla foga di volersi riprendere la posizione, non s'avvede delle due vetture in sosta e finisce con il tamponare la Rossa di Kimi. Ci va di mezzo anche Nico Rosberg, che trovandosi di colpo a tu per tu con la McLaren del britannico non può evitarla. Kubica, l'unico rimasto indenne, si allontana e andrà a vincere la corsa. Emblematico il gesto di Räikkönen che, una volta sceso dalla macchina, si rivolge a Hamilton invitandolo con ironia a guardare più attentamente il semaforo. Insomma, una scena di ordinaria viabilità!

Anche in questi casi l'adrenalina che si ha in corpo può giocare brutti scherzi. Una tensione che aumenta quando ricevi l'ordine di rientrare, arrivi in pit-lane e scorgi i meccanici che ti stanno aspettando. Il problema è quando non li vedi proprio, o non ci sono le gomme pronte. Chiedere conferma al povero Daniel Ricciardo, che s'è visto sfuggire un trionfo quasi certo a Monaco nel 2016. Si sa che essere in testa al GP di Monte Carlo dà ottime chance di vittoria e deve averlo pensato anche l'australiano della Red Bull prima di effettuare la sosta. Una volta davanti al proprio box constata con grande disappunto che le sue supersoft sono ancora avvolte nelle termocoperte. Comprensibile il travaso di bile, perché resta immobile per quasi dieci secondi, spianando così la strada a Hamilton verso il successo.

Un colpo di fortuna per il britannico che pareggia quanto accadutogli l'anno prima proprio sul toboga monegasco. Siamo a quattordici giri dalla fine con la Mercedes di Lewis saldamente in testa. Complice un botto nelle retrovie tra Max Verstappen e Romain Grosjean, spunta la safety-car e il finale pare scontato. Pare... Gli strateghi della Mercedes decidono infatti di richiamare l'inglese per la seconda sosta. Lewis ubbidisce, ma quando torna in pista si ritrova negli scarichi della W06 di Rosberg, che ringrazia e si mette in tasca la vittoria.

A fine gara Hamilton è furioso, non riesce a spiegarsi la strategia suicida. Toto Wolff, team principal della Stella a tre punte, ammette l'errore: «Credevamo di avere più margine e che Vettel montasse le soft. A quel punto sarebbe stata una minaccia per noi». Per contro, Hamilton dirà di aver rispettato l'ordine credendo fosse stato impartito anche a Rosberg. Qualcuno avanzerà l'ipotesi di un assist fatto a Nico per riequilibrare i rapporti di forza nella squadra. Ipotesi poco credibile perché l'inglese è fresco di un rinnovo contrattuale per circa 100 milioni di dollari. La spiegazione più plausibile resta dunque quella dello sbaglio clamoroso. Incredibile ma possibile, anche quando le tattiche sono elaborate da fior di ingegneri assistiti da super computer.

Nella strategia di gara il pilota deve attenersi a quanto deciso dai tecnici seduti al muretto, anche nei casi in cui subentrino modifiche alla strategia nel corso della gara, a volte suggerite dal pilota stesso. Magari viene chiesto al driver di stare ancora in pista o, al contrario, gli si chiede di anticipare la sosta perché le gomme si stanno deteriorando e le prestazioni sono in caduta libera. Solitamente il muretto ha sempre ragione, ma vi sono casi in cui si palesa l'errore.

Nel 1997 ho perso una gara a Monte Carlo perché il team aveva deciso di montarmi mescole intermedie e non ha voluto ascoltare i miei consigli. Alla fine sono arrivato solo sesto dopo essere stato per tre quarti del Gran Premio fra i primi tre.

Certo, la strategia è pianificata in anticipo e valutata da tecnici e ingegneri da ogni punto di vista. Poi c'è il parere del pilota che, a seconda di come si evolve la gara in pista, interviene per ritoccare la tattica, e infine ci sono gli imprevisti che costringono a un pit-stop fuori programma.

È quello che è successo al pilota britannico Anthony Davidson alla guida di una Super Aguri durante il Gran Premio di Montréal, in Canada, nel 2007. Davidson sta facendo un'ottima prova, è terzo e sta inseguendo il sogno di una vita: i primi punti iridati in carriera. Ma al 37° giro qualcosa di davvero inaspettato lo costringe a un pit-stop di emergenza. Una marmotta, di fatto nel suo habitat naturale, attraversa la pista e viene travolta dal bolide di Davidson che stava passando proprio in quel momento. Il pilota inglese realizza che nell'impatto la vettura ha subito un danno all'ala anteriore e si reca al box. I meccanici non se lo aspettano, sono stupiti e spiazzati e tardano qualche secondo a fiondarsi sulla monoposto mentre Davidson è costretto ad attendere impotente perdendo tempo e posizioni. Povero Anthony e povera marmotta!

Per concludere, vorrei raccontare come avvengono i pit-stop nella mia attuale categoria, il Mondiale Endurance, ovvero le gare di durata con le vetture sport prototipo. In questa categoria il ruolo di pilota mi impone di aiutare il mio compagno che s'appresta a salire in vettura per darmi il cambio. Una volta che questi s'è sistemato alla guida, lo aiuto a indossare le cinture e a controllare che sia tutto a posto. Il lavoro di squadra nelle gare Endurance, come nella mitica 24 Ore di Le Mans, è per certi versi maggiore rispetto ai gran premi di Formula 1.

Colpi di genio

È VENERDÌ 16 giugno 1978 e sul circuito di Anderstorp s'è da poco conclusa l'ultima sessione di prove ufficiali del Gran Premio di Svezia. A osservare la griglia di partenza della gara non fa certo notizia la pole di Mario Andretti. Con la sua Lotus-Cosworth 79, che sfrutta al massimo l'effetto suolo prodotto dalle minigonne. È un'arma micidiale e a confermarlo sono i risultati. Le «minigonne» sono delle bandelle laterali che, mascherate da una funzione estetica, aiutano la vettura nell'effetto suolo, in pratica cercano di tenere «attaccato» meglio il fondo vettura al suolo sottostante, in modo da aumentare la deportanza e la stabilità dell'auto. Nei sette gran premi disputati sino a quel momento, Andretti ha siglato quattro pole e tre vittorie. Più parco il bilancio del suo compagno, lo svedese Ronnie Peterson, con una pole e una vittoria. I numeri parlano chiaro, la Lotus sta dominando il Mondiale.

Ad Anderstorp, però, balzano all'occhio le prestazioni delle due Brabham-Alfa Romeo. John Watson e Niki Lauda, i due piloti della scuderia di Bernie Ecclestone, hanno conquistato rispettivamente la seconda e la terza posizione, migliorando di oltre due secondi i tempi fatti registrare il giorno prima. Per la verità la BT46 non solo non ha ancora vinto una corsa, ma ha messo in luce parecchi problemi. Dunque, come mai quest'improvviso salto di qualità?

La spiegazione si trova nella parte posteriore della monoposto inglese, dove spicca un'enorme ventola. Si tratta di un'invenzione di Gordon Murray, giovane e geniale ingegnere sudafricano che, prendendo spunto dallo sport prototipo Chaparral 2J, separa il fondo del retrotreno della BT46/2 e usa un ventilatore azionato dal motore per incollare la macchina al suolo. Il perno della ventola nasce da un prolungamento dell'albero primario del cambio. L'aria viene aspirata tramite un radiatore dell'acqua e il resto è sigillato con bandelle a 45°. Nella parte anteriore del vano è stato piazzato un cuscino di kevlar aderente al suolo che con la velocità si gonfia amplificando l'effetto sigillo che garantisce un'ottima tenuta di strada.

Insomma, sono un'originale alternativa alle minigonne della Lotus, che suscita non poche polemiche sin da subito. Infatti, la regola che vieta l'utilizzo di alettoni mobili viene praticamente raggirata perché i tecnici della Brabham affermano che l'effetto suolo prodotto non è intenzionale, in quanto la principale funzione della ventola è quella di raffreddare il motore. Secondo Murray e i suoi collaboratori Gary Anderson e David Cox: «Se un dispositivo mobile ha un effetto aerodinamico sulla vettura, è regolare a patto che la sua funzione primaria sia diversa».

A posteriori, Ermanno Cuoghi, capomeccanico storico di Lauda, racconterà che non appena la macchina viene accesa ai box, la ventola ha prodotto un risucchio tale che la BT46 s'è abbassata fino a toccare terra. E per evitare che il fondo si rovinasse grattando il suolo, vengono sostituite le molle delle sospensioni da 1000 libbre con quelle da 3000. All'interno del team tutti sono consapevoli della trovata geniale al punto che Ecclestone convince Murray a far disputare le prove del giovedì col pieno di benzina e gomme usurate in modo da farle andare più piano e non scoprire le carte agli occhi dei rivali. Questi però non sono ciechi e intuiscono subito cosa si cela dietro al marchingegno.

Le contestazioni non mancano e aumentano ancora di più dopo che Lauda vince il GP di Svezia. È il 39° giro quando il capofila Andretti scivola sull'olio perso da una Tyrrell, l'austriaco che gli è dietro approfitta dell'errore e va in testa involandosi verso il successo. E proprio in merito a questo episodio, sarà lo stesso Niki a raccontare un particolare assai eloquente: «Con quella vettura si poteva fare qualsiasi cosa. Mentre la Lotus di Mario slittava sull'olio da tutte le parti, la mia Brabham si manteneva stabile come se stesse su due binari, quindi accelerai all'interno e lo superai». Ma gli avversari sottolineano anche la presenza di un altro problema, ossia quello dei detriti sollevati e sparati all'indietro dalla ventola stessa. Un grosso pericolo per i concorrenti che si trovano in traiettoria. Da qui la contestazione sempre più forte e il successivo abbandono del progetto. Una rinuncia accettata stranamente senza troppe resistenze da Ecclestone. Tempo dopo Enzo Ferrari, in un incontro con la stampa, dichiarerà che il patron della Brabham sacrificò il ventilatore in cambio della presidenza della FOCA. Della ventola non si parlerà più, ma nella storia della F1 resta un vero e proprio colpo di genio. Una trovata al limite del regolamento così come altre che faranno la loro apparizione in pista e daranno origine a dispute legali.

Ricordo quando, nel biennio 2005-2006, Pat Symonds, il responsabile tecnico della Renault, ha progettato il «mass damper», un sistema composto da un peso oscillante fissato con una molla e posizionato all'interno del musetto della monoposto per stabilizzare la vettura in curva in modo che non oscilli al passaggio sui cordoli o incontrando altre asperità. In questo modo il flusso aerodinamico era più stabile e la Renault risultava molto più guidabile e di conseguenza più veloce. Se in un primo tempo il mass damper fu accettato e utilizzato anche da altri team, è stato poi bandito dalla FIA perché ogni dispositivo avente qualsiasi influenza sull'aerodinamica della macchina deve restare fisso e non avere gradi di libertà.

Ma, a parte la ventola, Gordon Murray diventerà famoso per altre soluzioni innovative e vincenti. Non è un caso che, seguendo il suo infallibile fiuto, Bernie Ecclestone gli affidi lo sviluppo tecnico delle sue monoposto, malgrado la giovane età. Come abbiamo già detto, nel 1982 sarà proprio lui a elaborare le strategie di corsa per Piquet e Patrese, in forza alla Brabham, reintroducendo i pit-stop. Grazie al suo apporto e ai suoi modelli con un'aerodinamica molto curata ed estrema, il team inglese conquisterà i titoli piloti con Piquet nel 1981 e nel 1983. Nonostante svolga una professione alle prese con tecnologia, calcoli e meccanica, Murray ha una personalità vulcanica animata da una grande passione per la musica heavy metal che ascolta costantemente nelle sue inseparabili cuffiette. Per non parlare dei vini, di cui è un vero e proprio estimatore. Nel 1986 emigra alla McLaren, dove firmerà insieme ai designer Steve Nichols e Neil Oatley i modelli imbattibili di Senna e Prost. Resterà alla corte di Ron Dennis per alcune stagioni, progettando anche la McLaren F1 GTR, un prototipo prodotto dal 1993 al 1998, che vince parecchie gare di durata tra cui la 24 Ore di Le Mans del 1995. Corsa vinta al debutto, piazzando quattro esemplari ai primi cinque posti. Abbandonate le competizioni, Murray si dedicherà alla progettazione di city car per conto dell'azienda che dirige oltre Manica.

Dietro ogni trionfo, dietro ogni grande auto, c'è sempre la mente dell'uomo. Un tempo era il progettista che provvedeva a realizzare ogni parte della vettura, oggi invece sono più ingegneri che sviluppano l'intero progetto coordinati da un responsabile tecnico. Dal punto di vista del pilota c'è la speranza che il direttore tecnico del team abbia quella soluzione geniale che gli permetta di avere fra le mani un'auto davvero veloce. Ricordo la curiosità nello scoprire il progetto della vettura per la stagione successiva. Nei briefing tecnici prestagionali ci venivano mostrati i disegni in anteprima e le idee sembravano sempre ottime e all'avanguardia. Però il mio entusiasmo era stemperato da un certo scetticismo: prima di esultare bisogna vedere come funziona in pista.

Una fase importante della progettazione è proprio quella di sperimentazione perché fino a quando non si corre sull'asfalto non si conosce il comportamento della nuova monoposto, o delle nuove componenti, per cui possono verificarsi problemi e anche incidenti. Sta al pilota avere la capacità di riferire nel modo migliore ai tecnici le sensazioni provate durante la guida. Non bastano solo i tempi raggiunti a dimostrare il valore di un progetto o gli sviluppi seguenti. Deve esserci un mix ottimale tra evoluzione tecnologica e sensibilità del pilota per sfruttarla al massimo. Molte volte i piloti hanno dovuto adattarsi alle innovazioni, non solo introdotte dagli ingegneri, bensì anche dai regolamenti che hanno influito profondamente sulla parte progettuale. Pensiamo alle power unit e al Kers, il sistema di recupero di energia. I motori turbo nel 2014 hanno modificato lo stile di guida: qualcuno s'è adattato subito, qualcun altro ha avuto maggiori problemi. È cambiato il modo di frenare e ci sono piloti che anticipano la staccata, lasciando scorrere le vetture e solo quando sono all'interno della curva frenano. Questo perché le monoposto hanno meno carburante e i piloti devono stare attenti anche a risparmiare la benzina. Cambiamenti sostanziali che hanno influito pure nella fase di accelerazione: il turbo interviene in uscita dalla curva e occorre anticipare la forte spinta del propulsore. Risulta quindi fondamentale dosare l'acceleratore. Inizialmente il «brake by wire», un controllo elettronico per gestire la forza frenante, ha messo in crisi i driver, abituati ad avere un feeling diverso sul pedale. Si sono visti molti bloccaggi delle ruote in frenata soprattutto sul posteriore. Il pilota deve essere pronto a metabolizzare i cambiamenti, anche se non è sempre così semplice e immediato. Alcune innovazioni hanno reso durissima la vita a chi sta al volante, come le vetture più strette, o la difficoltà nel gestire la pedaliera. Vi sono stati anni in cui l'aerodinamica era la cosa più importante e le idee del direttore tecnico facevano davvero la differenza; a tal proposito ricordo che Mike Gascoyne elaborò sulla Benetton del 2001 il celebre muso con le ali di gabbiano. Be', devo ammettere che la vettura faticò molto a spiccare il volo. Della serie: non tutte le ciambelle riescono col buco, così come molti progetti sono validi solo sulla carta.

Ritengo interessante passare in rassegna quei personaggi che grazie al loro talento e alle loro intuizioni hanno scritto la storia del motorsport. Si tratta di geni allo stato puro le cui invenzioni hanno rivoluzionato sia il telaio sia il motore. Il primo nome che salta alla mente è quello di un italiano, Vittorio Jano. Torinese, classe 1922, passato alla storia per essere il padre dei successi con cui l'Alfa Romeo ha dominato il periodo precedente la Seconda guerra mondiale. Nel 1911 entra alla Fiat come disegnatore specializzandosi nel settore sportivo. Le sue doti non passano inosservate e, quando Enzo Ferrari inizia a gestire la squadra corse dell'Alfa Romeo, pensa bene di ingaggiare Jano che diventa il tecnico di punta del Biscione. Insieme a Luigi Bazzi progetterà la leggendaria Alfa Romeo P2 spinta da un motore 8 cilindri in linea. Faranno seguito il nuovo motore 6 cilindri in linea con doppio albero a camme in testa per l'Alfa Romeo 6C 1500 cc, l'8 cilindri per arrivare al 12 cilindri a V datato 1937. In quell'anno Jano lascerà il Portello alla volta della Lancia, dove dalla sua matita nascerà l'Aurelia. Dal 1955 in avanti, trascorrerà gli ultimi anni della sua carriera alla Ferrari, poi, nel 1965, la sua vita avrà un tragico epilogo. Jano si suiciderà a Torino complice la prematura morte del figlio affetto da un male incurabile.

Per restare nel panorama italiano e in particolare in quello targato Alfa Romeo, è d'obbligo parlare di Carlo Chiti. Nato a Pistoia nel 1924, viene assunto dall'Alfa Romeo e destinato nel reparto corse non ancora trentenne dopo aver conseguito la laurea in Ingegneria aeronautica. Trascorso un lustro nelle officine del Portello, passa alla Ferrari nel 1957 dove progetta la 156 F1, la prima Rossa spinta dal motore posteriore, un Dino con 6 cilindri a V di 120°. Un modello diventato famoso per l'avantreno che ricorda il muso di uno squalo. Sarà l'arma con cui il Cavallino detterà legge nella stagione 1961, culminata col titolo conquistato dall'americano Phil Hill. Proprio in quell'anno però si conclude l'avventura di Chiti a Maranello, in seguito alla famosa «congiura di palazzo» di cui abbiamo già parlato e che, per espresso volere del Drake, ha visto il licenziamento in tronco di diversi dirigenti e tecnici. Il progettista toscano e altri fuoriusciti, tra cui il progettista e designer Giotto Bizzarrini, fonderanno la ATS (Automobili Turismo e Sport), un'azienda costruttrice di vetture sportive e di F1 con sede a Bologna. Un'iniziativa nata per contrastare la Ferrari, che però avrà poca fortuna. Tornato in Alfa Romeo nel 1966, Chiti assume l'incarico di direttore generale dell'Autodelta, la squadra corse del Biscione. L'impegno preminente è rivolto al Mondiale sport prototipi, conosciuto anche come Mondiale Marche, in cui l'Alfa s'imporrà nel 1975 nella classifica assoluta con Arturo Merzario e nel 1977 nella propria classe, rispettivamente con i modelli 33TT12 e 33SC12, spinti dal famoso 12 cilindri boxer. È il preludio all'entrata in F1, dapprima come fornitore di motori alla Brabham e poi come costruttore a partire dal 1979, con l'esordio nel GP del Belgio con la 177. Dal 1985, Chiti si tufferà in una nuova avventura creando la Motori Moderni, i cui propulsori spingeranno le Minardi per il biennio 1986-1987. Dal fisico imponente, l'ingegner Chiti resterà famoso anche per alcuni aneddoti riguardanti il suo amore per i cani, presenti in folto numero nelle officine della sede dell'Autodelta a Settimo Milanese, alle porte di Milano. Lauda racconta che nel corso delle prove di un Gran Premio, il cane di Chiti, che circolava liberamente all'interno del box della Brabham-Alfa, si mette a far pipì su una monoposto. L'austriaco provvede allora a riferire l'accaduto all'ingegnere, che con molta flemma risponde: «Lascia fare, tanto non fa mica danno».

A proposito della Ferrari 156 F1 progettata da Chiti e della sua particolarità riguardo alla posizione del motore, si tratta dell'invenzione che più di ogni altra ha rivoluzionato l'automobilismo: il motore posteriore, che porta il nome di un grande motorista, l'inglese John Cooper. Fino ad allora, i propulsori venivano piazzati nella parte anteriore delle monoposto, fatta eccezione per le tedesche Auto Union precedenti la Seconda guerra mondiale. Nel 1958 fa la sua prima comparsa la Cooper-Climax con motore posteriore che, dopo aver vinto due gare, conquisterà il titolo iridato nel 1959 e nel 1960 con l'australiano Jack Brabham. Una soluzione che Ferrari digerirà a fatica, sostenendo che «sono i buoi che tirano il carro e non viceversa». In questa occasione il Drake dovrà però ricredersi.

Legata alla storia di Carlo Chiti, c'è quella di un altro grande progettista. Si tratta di Mauro Forghieri, modenese doc le cui invenzioni hanno portato il Cavallino a conseguire successi indimenticabili. Nato il 13 gennaio 1935, Forghieri, figlio di un meccanico specializzato della Ferrari, varca per la prima volta i cancelli di Maranello nel 1957, quando è ancora studente di Ingegneria per uno stage di un mese e mezzo.

Passano due anni, arriva la laurea e scatta l'assunzione. Inizialmente Forghieri lavora allo sviluppo dei propulsori sotto la direzione di Chiti. Ma la svolta avviene nel 1961 con la celebre «congiura di palazzo». Perso Chiti, Ferrari decide di accordare fiducia al giovane modenese promuovendolo responsabile del reparto tecnico, sia per le monoposto di Formula 1, sia per le vetture sport prototipo. Ha così inizio la grande avventura in rosso.

La prima vittoria sotto la conduzione tecnica di Mauro Forghieri va in scena al GP di Germania, a opera di John Surtees sulla rinnovata 156 nel 1963. L'anno dopo il fuoriclasse inglese porterà il Mondiale a Maranello. Ma negli anni Sessanta il Cavallino è grande protagonista anche nel Mondiale Marche, nonostante l'agguerrita concorrenza del colosso Ford e della Porsche. Dalla matita di Forghieri nasce la 330P4, un prototipo spinto dal V12, che dominerà la 24 Ore di Daytona del 1967, con tre vetture rosse che taglieranno il traguardo in parata allineate orizzontalmente: una trovata coreografica dell'allora direttore sportivo Franco Lini per celebrare questo trionfo proprio in casa della Ford. Una sorta di vendetta nei confronti del colosso a stelle e strisce che l'anno prima, a Le Mans, aveva fatto arrivare appaiate le proprie GT40.

Altro capolavoro che scaturirà dal tecnigrafo dell'ingegnere modenese sarà la 312T che riporterà ai vertici della F1 la Ferrari a partire dalla metà degli anni Settanta. Forghieri inizia gli studi di questo progetto nel 1972 con la B3 soprannominata «Spazzaneve», per via dell'originale parte anteriore. Due anni più tardi fa la sua comparsa un'ulteriore evoluzione, la 312B3 da cui ha origine la svolta. Con questa monoposto infatti, dopo un 1973 deludente, il Cavallino si gioca l'iride con Clay Regazzoni fino all'ultimo round. Si giunge così all'indimenticabile 1975 con la marcia trionfale della 312T, una vettura velocissima dotata di cambio trasversale, competitiva su tutte le piste, con cui Lauda riporta la Rossa sul tetto del mondo dopo undici lunghi anni di purgatorio.

Anche la 312T2 sarà molto competitiva, ma nel 1976 dovrà inchinarsi alla McLaren di James Hunt, complice il grave incidente di Lauda al Nürburgring. La Ferrari si rifarà nel 1977 con la monoposto sempre guidata da Lauda. Il 1978 rimarrà a secco e Forghieri, dopo vari studi condotti in galleria del vento in base alle ricerche dell'ingegner Gian Franco Poncini, crea una nuova arma micidiale: la 312T4, una vettura che per via delle sue linee un po' schiacciate viene soprannominata ironicamente «Ciabatta», ma che una volta in pista metterà in riga la concorrenza. È il 1979 quando il sudafricano Jody

Scheckter diventa campione del mondo, precedendo Gilles Villeneuve, e la Ferrari si impone nella classifica costruttori.

Con l'arrivo dell'era turbo, nata sulla scia della soluzione portata dalla Renault, Forghieri accetta la sfida e a Maranello si comincia a realizzare un modello spinto da un propulsore sovralimentato. Nel 1981 fa il suo debutto ufficiale la 126CK che a Monte Carlo coglie la sua prima affermazione con Villeneuve. Col passare del tempo e delle gare, il turbo costruito a Maranello si dimostrerà più efficiente e soprattutto più affidabile di quello targato Renault. La nuova 126C2 schierata nella stagione 1982 si rivelerà vincente e nonostante la disgrazia di Villeneuve e al grave incidente di Pironi, il Cavallino potrà fregiarsi del titolo costruttori. Un traguardo che viene raggiunto anche l'anno successivo con il modello 126C3, uno degli ultimi progettati da Forghieri. Si tratta della prima Ferrari il cui châssis viene realizzato interamente in carbonio, che però rispetto alle vetture prodotte oltre Manica, introduce la scocca integrata con la carrozzeria.

Sul finire del 1984, il progettista modenese si allontana dalle competizioni per avvicinarsi alla Ferrari Engineering, una divisione staccata dal reparto corse dedicata alla ricerca di soluzioni innovative applicabili ai modelli stradali. Frutto di questo nuovo impegno sarà proprio l'ultima Ferrari firmata da Forghieri, la 4084RM.

Sulla lunga e prestigiosa avventura in rosso, con quattro titoli piloti, sette Mondiali costruttori e cinquantaquattro gran premi vinti calerà dunque il sipario quando, nel 1987, l'ingegnere darà inizio a un nuovo capitolo della sua luminosa carriera, alla corte della Lamborghini. Suo è il progetto di un nuovo 12 cilindri da 3500cc che esordirà in F1 nel 1989 sulla Lola Larousse, per estendere la fornitura alla Lotus nel 1990. Nel 1991 l'impegno sarà ancora più grande, con la nascita del Modena Team e l'esordio nel Circus della Lambo 291. Un'esperienza che malauguratamente dura solo una stagione, ma che non frena la passione e la voglia di mettere in pratica i nuovi concetti di Forghieri. A Modena nasce infatti la Oral Engineering, dove il progettista è attualmente impegnato. Un'azienda rivolta allo studio e alla produzione di prototipi che vanno dalle componenti di autovetture alle moto da competizioni, dalle monoposto di F1 alle barche. Un nuovo capitolo di una storia che non ha eguali.

Parallelamente alla carriera di Mauro Forghieri, si sviluppa anche quella di un altro talento italiano, che si farà largo in campo progettuale a livello internazionale. Parliamo di Giampaolo Dallara, nato a Varano de' Melegari, in provincia di Parma, nel 1936, che dopo aver conseguito la laurea in Ingegneria aeronautica viene assunto alla Ferrari nel 1959, proprio insieme a Forghieri. A differenza di quest'ultimo, Dallara lascia Maranello dopo qualche anno per passare dapprima alla Maserati e poi alla Lamborghini dove figura tra i progettisti della Miura. Nel 1969, Dallara ha modo di lavorare sia in F1 sia in F2, collaborando con Frank Williams e Alejandro De Tomaso. Esperienze importanti che precedono la grande svolta datata 1972, ovvero la nascita della propria factory con sede nel suo paese natale, a poca distanza dall'autodromo locale, che in seguito sarà intitolato al compianto

Riccardo Paletti, scomparso tragicamente durante la partenza del GP del Canada nel 1982. Dalle officine della Dallara prenderanno vita le più prestigiose Lancia da competizione: dalla mitica Stratos alla Beta Montecarlo, dalla 037 alle LC1 e LC2. Ormai proiettata nel panorama motoristico, nel 1980 la Dallara potrà avvalersi di una moderna galleria del vento a cui ne seguirà una seconda, strutture che consentiranno la realizzazione di telai non solo per monoposto di F1, ma anche per le serie americane, come IRL e Indy Car, fino a diventarne il fornitore unico. Un copione che si ripeterà anche per le serie addestrative, con i telai costruiti per F3, GP3, GP2, F2 e la Formula E, il moderno campionato riservato a monoposto spinte da motore elettrico. Senza dimenticare i telai costruiti per i prototipi del Mondiale Endurance. In pratica non esiste serie in cui non sia presente in pista una Dallara. E, dal 2011, nei capannoni di questa azienda sempre all'avanguardia sarà installato anche un simulatore di guida, utilissimo per test e collaudi virtuali dei modelli prodotti e in fase di progettazione. Insomma, la Dallara può considerarsi una delle maggiori e blasonate eccellenze italiane del panorama automobilistico.

Altro talento di estrazione parmense, capoluogo in cui è nato nel 1961, è Aldo Costa, che dopo essersi laureato in Ingegneria meccanica ricopre vari ruoli di vertice in ambito tecnico alla Minardi dal 1988. Nel 1995 Costa approda alla Ferrari, sviluppando la versione GT Le Mans della F50. È il primo passo di una carriera che lo vedrà promosso come direttore tecnico del Cavallino dal 2008 al 2011. Rotto il legame con la Rossa, in quello stesso anno Costa passa alla concorrenza, la Mercedes, come direttore dell'ingegneria e responsabile della progettazione e sviluppo. Grazie al suo apporto, le Frecce d'Argento consolideranno la loro supremazia in F1 a partire dal 2014.

Dopo aver parlato dei geni di casa nostra, è doveroso omaggiare i principali rivali storici, ovvero i maestri di scuola anglosassone specializzati soprattutto in materia telaistica. Enzo Ferrari li definiva sarcasticamente «assemblatori», sottolineando la loro carenza nello sviluppare una monoposto in tutte le sue componenti. In particolare, nella costruzione dell'unità motrice, un tallone d'Achille che viene sopperito con la produzione di telai che sfruttano al massimo i vantaggi dell'aerodinamica.

Il primo che voglio ricordare è Colin Chapman. Nasce a Richmond, un sobborgo di Londra, nel 1928 e ha ben presto modo di mostrare la sua passione verso il motorsport. Sul finire degli anni Quaranta, mentre è studente all'University College londinese, progetta la sua prima vettura, battezzata Lotus Mark I. Il nome deriva dal fiore di loto, una pianta che, secondo quanto scritto nell'*Odissea*, una volta mangiata farebbe sprofondare nell'oblio. Ebbene, Chapman vuole che chi sale sulla sua creatura si dimentichi di tutte le altre auto. Un pensiero sicuramente ambizioso, ma che rappresenta la mentalità del personaggio.

Al volante della Mark I, Chapman partecipa a gare locali e coi soldi dei premi realizza la Mark II; tutto ciò durante la breve permanenza nelle file della Royal Air Force. Nel 1950 si laurea in Ingegneria strutturale e dopo i primi impieghi fonda nel 1952 una propria azienda destinata a diventare una leggenda dell'automobilismo sportivo: la Lotus.

Chiusa la carriera da pilota nel 1956, a seguito di un incidente nelle prove del GP di Francia mentre è alla guida della Vanwall, Chapman si dedica a tempo pieno alla sua vera attitudine: la progettazione. La sua filosofia mira a ottenere prestazioni elevate alleggerendo la macchina. Ne è un esempio la Seven del 1957 e lo saranno le sue piccole e agili monoposto con motore centrale, paragonate simpaticamente ai sigari, che dal 1958 esordiranno in F1. È il 1962 quando fa la sua comparsa in pista la Lotus 25. Un'auto di colore verde scuro, il famoso *british racing green*, costruita con un telaio monoscocca. Un'innovazione a cui ne seguiranno altre a dir poco rivoluzionarie, come il motore portante della Lotus 49, i radiatori laterali sulla Lotus 72, per arrivare allo sfruttamento dell'effetto suolo sui modelli 78 e 79. Senza dimenticare il doppio telaio introdotto nel 1981 sul modello 88, a cui verrà impedito di scendere in pista dalla FIA per violazione del regolamento che, come abbiamo già accennato, vieta le superfici aerodinamiche mobili.

Soluzioni tecniche che permettono alla scuderia di Chapman di scalare le vette delle classifiche aggiudicandosi tredici titoli mondiali tra piloti e costruttori, in un periodo compreso tra il 1963 e il 1978. Senza dimenticare il trionfo nella 500 Miglia di Indianapolis con il mitico Jim Clark nel 1965. Un trionfo che potrebbe essere bissato nel 1968, quando la Lotus 56, prima vettura con quattro ruote motrici e motori a turbina resta al comando della corsa sino a poche tornate dalla bandiera a scacchi.

Alla guida di queste formidabili monoposto si sono succeduti fuoriclasse del calibro di Moss che sigla la prima vittoria in F1 della Lotus a Monaco nel 1960, Clark, Graham Hill, Rindt, Fittipaldi, Andretti e Senna. Ma l'abilità di Chapman non si limiterà al campo tecnico, allargandosi anche a quello del marketing. È il 1968 quando le Lotus 49 adottano una curiosa livrea rosso e oro, abbandonando la colorazione verde scuro riservata alle scuderie britanniche. Sulla carrozzeria compare infatti la scritta GOLD LEAF, un popolare marchio di sigarette che dà il via alla sponsorizzazione da parte dei grandi brand, dapprima quelli legati al tabacco e poi anche quelli provenienti da altri settori merceologici, che porteranno il Circus verso una nuova frontiera.

La carriera di Colin Chapman però sarà destinata a interrompersi bruscamente il 16 dicembre 1982, con la morte per arresto cardiaco. Una scomparsa intorno alla quale aleggia tutt'oggi qualche ombra. Pare che pochi giorni prima, il fondatore della Lotus avesse superato una visita medica senza problemi per conto dei Lloyds di Londra a fronte del rinnovo della polizza sulla vita. Ad alimentare il mistero arriverà anche la testimonianza di Fittipaldi che volendo partecipare alle esequie di Chapman si sente rispondere che il corpo è già stato tumulato. Inizia a serpeggiare il dubbio: ma il genio inglese sarà veramente deceduto? Nel 1978 Chapman entra in affari con John DeLorean, un imprenditore americano col quale intende costruire una vettura sport finanziata dal governo di

Sua Maestà. Denari che però finiranno nelle casse dei soci, in parole povere una vera e propria truffa. Da qui sorgerà il sospetto, in base a voci di corridoio, che Chapman avrebbe inscenato una morte improvvisa per coprire una sua fuga in Brasile, dopo aver subito un intervento di plastica facciale. Pare che poco prima della scomparsa sia stato effettuato un versamento di circa 18 milioni di dollari su un presunto conto panamense. Tanti misteri destinati a non avere risposta, ma che rendono ancora più affascinante la vita di questa grande figura.

Altro nome eccelso tra i grandi tecnici è quello di John Barnard. Un ingegnere britannico che negli anni Settanta smette di progettare lampadine per dedicarsi alle auto da corsa. Dapprima in forza alla Lola, passa poi alla McLaren dove alle dipendenze di Ron Dennis progetta il primo telaio monoscocca in fibra di carbonio e il retrotreno molto assottigliato chiamato «Coca-Cola», per via della notevole somiglianza con la bottiglia della popolare bibita. Le McLaren firmate da Barnard conquisteranno tre titoli iridati tra il 1984 e il 1986, una volta con Lauda e due volte con Prost. Migrerà a Maranello nel 1987 con tante speranze nel cassetto, ma senza conquistare quel Mondiale che manca dal 1979. Barnard sarà però l'artefice di una soluzione rivoluzionaria, il cambio semiautomatico sequenziale con comandi al volante. Una di quelle innovazioni che cambieranno radicalmente la F1. È il 1989 e Nigel Mansell vincerà al debutto stagionale in Brasile, proprio a bordo della Ferrari dotata di questo nuovo dispositivo.

Più ricca di trionfi è la sorte per Rory Byrne e Ross Brawn, due personaggi chiave nel dominio assoluto della Ferrari negli anni Duemila. Rory Byrne, sudafricano di Pretoria classe 1944, malgrado una laurea in Scienze con specializzazione in Chimica, si trasferisce in Europa nel 1973 per dedicarsi alla sua passione per le automobili. Assunto alla Toleman, progetta la monoposto che trionfa in F2 nel 1980 e poi il modello che nel 1981 debutta in F1. Dopo stagioni di transizione dovute anche a un budget limitato, arriva il primo podio, destinato a entrare negli annali. Si tratta del secondo posto nel GP di Monaco del 1984, che lancia alla ribalta il giovane Ayrton Senna. Una volta che la Toleman diventa Benetton, e con più capitali a disposizione, arrivano anche le prime affermazioni culminate nei successi di un'altra star del Circus, Schumacher. Non è un caso che quando il campione tedesco sarà ingaggiato dalla Ferrari, Byrne lo seguirà insieme a Brawn, quest'ultimo in veste di direttore tecnico. L'ingegnere sudafricano prende il posto di John Barnard e inizia subito a sviluppare la 310B, modifiche che permettono a Schumi di lottare per il titolo nel 1997 sino all'ultimo GP contro Jacques Villeneuve. La prima Rossa interamente progettata da Byrne è la F300, anch'essa in grado di tenere testa per tutto il Campionato 1998 alla McLaren-Mercedes. Lo stesso succederà per la F399 l'anno successivo con la differenza che il Campionato costruttori approda a Maranello. Dal 2000 le Ferrari di Byrne saranno praticamente imbattibili, conquistando in cinque anni cinque titoli costruttori e cinque piloti. Lasciato il ruolo di capo progettista agli inizi del 2005, Byrne resterà alla corte del Cavallino come consulente, quando nel 2012 sarà coinvolto nella realizzazione della F2012, così come per la F70 e la SF 15T.

Per concludere in bellezza vorrei parlare di un talento definito come il mago dei telaisti. Si tratta di Adrian Newey. Una carriera contrassegnata da fior di titoli iridati, tra piloti e costruttori, e da soluzioni innovative vincenti e talvolta estreme, che da parecchi anni rappresentano un punto di riferimento per molti tecnici del paddock. Timido, riservato e anche un po' sbadato, caratteristica che lo accomuna a molti altri grandi geni della storia, si racconta che perda di frequente il passaporto, il pass o le chiavi dell'ufficio, al punto da dover poi scassinare la serratura. Stacanovista perché innamorato del suo lavoro, è facile vederlo in pista fino a tardi per seguire l'operato dei meccanici, ai box, o nel motor-home in briefing col suo staff. Oltre alle auto da corsa, nutre una grande passione per le barche a vela e non disdegna neppure la guida sportiva. Da giovanissimo prova a cimentarsi nelle gare di go-kart, ma senza acuti. Oggi ama partecipare a raduni blasonati al volante di prestigiose auto d'epoca. Avventure che a volte si possono concludere con uno spavento, come quando distrugge una Ford GT40 a Le Mans, sbattendo a tutta velocità sul rettilineo di Mulsanne. Oppure quando fa tappa forzata alla Ferrari. Nel giugno 1999, durante la rievocazione Liegi-Roma-Liegi, la sua Jaguar SS100 del 1939 accusa un problema al differenziale nei pressi di Modena, costringendolo così a chiedere soccorso ai tecnici del Cavallino.

Un rapporto di sana rivalità quello con la Rossa, mai sfociato in una collaborazione, nonostante le speculazioni della stampa tedesca, che dieci anni fa parlava di un suo trasferimento a Maranello per 21 miliardi di lire. La carriera del tecnico britannico s'è infatti sviluppata principalmente oltre Manica, fatta eccezione per l'esperienza statunitense.

Nato il 26 dicembre 1958 a Stratford-upon-Avon, città di William Shakespeare, eredita l'amore per le automobili dal padre, chirurgo veterinario, che nella propria officina elabora per passione Mini Cooper e Lotus S. A diciotto anni decide di frequentare la facoltà d'Ingegneria aeronautica con specializzazione in Astronautica presso l'Università di Southampton, dove si laurea presentando una tesi sull'effetto suolo e dove porta a termine un master sugli elicotteri. Il primo impiego è presso l'officina del team Fittipaldi nel 1980 come aerodinamico, in seguito va alla March, prima lavorando sulla F2 del venezuelano Johnny Alberto Cecotto e poi sulla biposto che s'impone nella Serie Imsa negli anni 1983-1984. È l'anticamera per il suo trasferimento negli Stati Uniti.

Nel 1984 guida il progetto March 84C in Formula Indy, che gli regala la vittoria nella mitica 500 Miglia di Indianapolis con il campione Rick Mears. Seguono i titoli Cart nel 1985 e 1986, prima di far ritorno nel Vecchio Continente chiamato da Neil Oatley alla Force F1. Rientra in March nel 1988, quando il team inglese gode del supporto dello sponsor giapponese Leyton House e disegna il modello 881. Un progetto nato sotto la doccia, confesserà Newey. L'azzurra monoposto si distingue per le forme strette e affusolate, con la parte anteriore rialzata. Un'aerodinamica particolare, richiesta al fine di supplire le carenze del propulsore Judd. Ma pure una scelta estrema a discapito del comfort per il pilota. Ricorda Ivan Capelli, portacolori March dell'epoca: «Per tutto l'88, io e [Maurício] Gugelmin ci lamentammo per la scomodità dell'abitacolo. Fu così che durante la pausa di un test a Vallelunga, sfidai Adrian a compiere qualche giro sulla sua monoposto. Ebbene, lui si infilò tuta e casco e scese in pista, rendendosi così conto delle nostre fatiche». L'auto viene quindi modificata e spunta una protuberanza, in modo che la mano del pilota possa passare tra la carrozzeria e la leva del cambio.

Rispetto al misero punto del 1987, il team ne conquista ventidue, con un terzo e secondo posto di Capelli rispettivamente in Belgio e Portogallo. Sarà questa la migliore stagione della scuderia inglese, perché il 1989 è da dimenticare e il 1990 regalerà solo l'acuto nel GP di Francia. Reduce dalla mancata qualificazione in Messico, la CG90 vola sull'asfalto liscio del Castellet, consentendo a Capelli di lottare ad armi pari con la Ferrari di Prost e chiudendo al secondo posto. Una soddisfazione a metà, visto che il progetto non è più diretto da Newey, ormai prossimo al passaggio in Williams.

Ed è proprio con la scuderia di Grove che esplode il talento dell'ingegnere, a fianco del direttore tecnico Patrick Head. «Il problema è tenere Adrian coi piedi per terra», dirà poi il socio di Frank Williams, «ci sono sempre costi e regolamenti da rispettare.» È il 1991 e la Williams torna a lottare nelle posizioni alte della classifica, con Mansell che insidia Senna e la potente McLaren-Honda. È il viatico per il dominio che va in scena nel biennio 1992-1993, rispettivamente con Mansell e Prost. Al volante della FW14B, spinta dal potente

V10 Renault, da un efficace sistema di sospensioni attive autolivellanti e dal cambio elettroidraulico, il Leone domina la scena, conquistando il titolo con cinque GP d'anticipo e ben nove vittorie all'attivo. Stessa musica tra i costruttori: Riccardo Patrese, da buon scudiero, è secondo, permettendo al team di Sir Frank di chiudere in testa con 164 punti, contro i 99 della McLaren e i 91 della Benetton.

Il 1993 è ancora un monologo Williams-Renault. A ereditare lo scettro di Mansell è il tre volte iridato Alain Prost. La nuova FW15C si dimostra ancora più tecnologica della sorella più anziana, grazie all'ABS aggiunto alle sospensioni e al cambio elettroidraulico. Il comando dell'acceleratore è del tipo «drive by wire», senza collegamento meccanico (ovvero azionato da tiranti o cavi flessibili) tra il pedale e le valvole del gas piazzate lungo i condotti che alimentano i cilindri. Il ruolino di marcia del Professore non dà scampo agli avversari: sette vittorie, tre secondi posti e quarto titolo mondiale.

Il 1994 si prospetta bene perché, dopo Mansell e Prost, arriva il pilota più forte: Ayrton Senna. Purtroppo, il tragico 1° maggio di Imola stravolge i pronostici. L'incidente mortale di Senna comporta anche strascichi penali sui tecnici della scuderia inglese. Head e Newey devono rispondere di omicidio colposo davanti alla magistratura italiana, in un processo che si concluderà con la loro assoluzione solo nel 1999. Sott'accusa le modifiche al punto d'attacco del piantone dello sterzo e la riduzione del diametro del medesimo. Modifiche richieste proprio da Senna, per poter usare un volante di un diametro più ampio, dato lo spazio ridotto dell'abitacolo.

Nonostante tutto, però, la FW16 si dimostra competitiva e conquista il titolo costruttori. Le Williams tornano in cima al mondo due anni più tardi con i figli d'arte Damon Hill e Jacques Villeneuve. I modelli sono rispettivamente la FW18 e la FW19, entrambi progettati da Newey e spinti dal V10 della Regie.

Ma il desiderio di avere una maggior autonomia e, pare, una partecipazione azionaria nel team, provoca qualche contrasto con Head, inducendo Newey a guardare verso nuovi orizzonti già dall'autunno 1996. Ne approfitta la McLaren, che decisa a tornare grande gli offre un ingaggio di circa 4 miliardi di lire all'anno. Il 1° agosto 1997 passa ufficialmente alla corte di Ron Dennis, abile nel convincerlo a cambiare squadra.

Tra l'autunno e l'inverno nasce la MP4/13, che nei test si dimostra subito molto veloce. Il V10 Mercedes di Mario Illien, affidabile e potente, si sposa alla perfezione con le nuove gomme Bridgestone e una curatissima monoposto dal profilo aerodinamico. A contendere la scena delle rinate Frecce d'Argento, è la Ferrari di Byrne, Brawn e Schumacher, vecchie conoscenze di Newey. Dopo una lotta accesa fino all'ultima gara, la Rossa F300 si piega alla MP4/13 vittoriosa nove volte, che conquista il titolo costruttori e quello piloti con Mika Häkkinen. Il «Finlandese volante» fa il bis l'anno dopo, ma la supremazia non è più così evidente e l'incidente di Schumacher a Silverstone gioca a sfavore del Cavallino. La MP4/14 monta una nuova sospensione posteriore a barre di torsione e fa ricorso alla possibilità di spostare la zavorra, migliorando la distribuzione dei pesi ai fini di un'ottimizzazione della guidabilità del veicolo. Sarà questa l'ultima McLaren iridata firmata da Newey.

Dal 2000 la scuderia anglotedesca accusa una certa flessione (il divieto di usare il berillio nei motori rende i V10 Mercedes meno potenti), subendo il dominio di Maranello. Ragioni che forse demotivano Newey, che inizia a essere corteggiato dall'amico Bobby Rahal conosciuto all'epoca della Cart e divenuto il responsabile del neonato progetto Jaguar.

Il 1° giugno 2001 la compagine sostenuta dalla Ford annuncia l'ingaggio del tecnico che percepirà il compenso record di 12 miliardi di lire annui. La notizia però viene smentita dopo ventiquattr'ore dalla McLaren, che in un comunicato rinnova l'impegno con Newey per altri tre anni. La faccenda si complica quando la Jaguar, sostenendo di aver siglato l'accordo in buona fede, ricorre all'Alta Corte di Londra che le dà ragione, ingiungendo a Woking di lasciare libero il tecnico alla scadenza del contratto, prevista per il 13 luglio 2002. La battaglia legale va avanti sino a metà giugno, quando le parti trovano la soluzione. Dennis e soci si tengono il genio, ma a caro prezzo. L'indennizzo corrisposto alla Jaguar per il mancato ingaggio si aggira intorno ai 94 miliardi di lire e Newey si vede aumentare lo stipendio, che da 11 miliardi sale a 16. Una scelta che però non aiuta le Frecce d'Argento a uscire dal tunnel. Delusioni che sommate a quelle della stagione 2004 condizionano il futuro di Newey nella compagine anglotedesca.

Nell'autunno 2005 abbandona la corte di Ron Dennis alla volta della Red Bull Racing. Nella nuova realtà di patron Dietrich Mateschitz, Newey sembra ritrovare le motivazioni dei tempi migliori. Il tocco del mago comincia a intravedersi nel 2007, sulla RB3 dalle linee alquanto originali, anche se i risultati non arrivano, così come nel 2008. I più maligni si chiedono dove sia finito il genio.

Ed eccoli serviti! Nonostante l'imperativo di ridurre i budget a causa della crisi, in collaborazione con l'ingegnere Geoff Willis, viene concepita la RB5 che stupisce per l'estrema interpretazione delle nuove regole. Muso molto rastremato, châssis con forma a V, ali anteriori e posteriori completamente nuove. Novità nelle sospensioni pull road, con quella posteriore che agisce in spinta anziché in trazione; un'idea sperimentata sulla Arrows del 1990. In controtendenza anche la forma del telaio con una gobba verso l'alto.

È la svolta per il team di Milton Keynes. Arriva il primo successo, a cui ne seguono altri quattro. A fine anno, la Red Bull-Renault occupa la piazza d'onore in classifica piloti con Vettel e tra i costruttori alle spalle della Brawn GP. Ma il successo è ormai alle porte. Dal 2010 al 2013 le monoposto firmate dal genio britannico faranno man bassa, conquistando quattro Mondiali piloti con Sebastian Vettel e quattro Mondiali costruttori.

Con la crescita esponenziale della Mercedes a partire dal 2014, anche l'ingegno di Newey viene messo a dura prova. La Red Bull riuscirà comunque a imporsi in alcune gare e a mantenersi ai piani alti della classifica. Ovviamente in attesa di una prossima innovazione tirata fuori dal cilindro di Adrian, il genio.

I miracolati

«MOTORSPORT is dangerous!» È una frase spesso ripetuta negli sport motoristici, tanto da essere riportata sugli ambiti pass che spalancano i cancelli e le porte dei circuiti. Un concetto che si ripropone ogni volta che ci si trova di fronte a tragici eventi a cui non è possibile dare una spiegazione precisa. E sono proprio questi casi imponderabili che spaventano maggiormente i piloti. Perché all'errore umano o tecnico è possibile porre rimedio, alla fatalità no.

L'incidente è una componente degli sport motoristici che non può totalmente essere esclusa, però negli ultimi decenni le misure di prevenzione sono state notevolmente implementate. Nei gran premi dei primi decenni i rischi erano enormi, primo fra tutti il fuoco. Vittime ne furono Lorenzo Bandini a Monte Carlo nel 1967, il francese Jo Schlesser a Rouen, complice il telaio in magnesio della sua Honda sperimentale, i britannici Piers Courage e Roger Williamson, periti entrambi a Zandvoort, in Olanda, nel 1970 e nel 1973, anche a causa di soccorsi molto approssimativi.

Lauda si salva al Nürburgring nel 1976 grazie al tempestivo intervento di tre piloti, Arturo Merzario, Guy Edwards e Brett Lunger, che riescono a farsi strada nel fuoco con piccoli estintori, a staccargli le cinture e a trarlo in salvo da una morte certa. Situazione analoga a Monza nel 1978, quando dopo una paurosa carambola al via prende fuoco la Lotus di Ronnie Peterson, prontamente tratto in salvo dal servizio antincendio e da alcuni piloti incuranti delle fiamme. Poi, a causa di un'embolia grassosa subentrata durante la degenza in ospedale, lo svedese perderà comunque la vita. C'è poi la tragedia del giovane Riccardo Paletti in Canada nel 1982, avvenuta durante la partenza con la sua Osella che s'infiamma dopo aver tamponato violentemente la Ferrari di Didier Pironi rimasta ferma.

Per la verità le prime misure in materia di sicurezza vengono prese intorno al 1965, grazie al campione scozzese Jackie Stewart che, in qualità di portavoce della Grand Prix Drivers' Association (GPDA, l'associazione che rappresenta i piloti del Circus), mise in evidenza gli aspetti critici delle corse. Verso gli anni Settanta si posizionano i serbatoi alle spalle del pilota e non più sulle fiancate delle monoposto, evitando a chi guida di essere avvolto dal carburante. Un ulteriore passo avanti viene fatto negli anni Ottanta, con l'introduzione dei primi serbatoi di sicurezza derivati dalla tecnologia aeronautica. Una strada che andrà via via perfezionandosi fino a eliminare completamente il problema, salvo i casi di alcune disavventure nei rifornimenti. L'ultima vittima del fuoco, in ordine cronologico, risale al maggio 1986. Si tratta di Elio De Angelis, rimasto fra le lamiere della sua Brabham in fiamme capovolta a Le Castellet. Anche in questo caso emergono le carenze dei soccorsi. Sono decisamente troppi i minuti che passano prima che il corpo venga estratto dal personale di servizio privo di tuta ignifuga. I fumi e i gas sprigionatisi dai rottami risulteranno fatali a De Angelis. Senza contare che l'elicottero di emergenza arriverà dopo oltre mezz'ora.

Sul fronte dei telai una data da ricordare è certamente il 18 luglio 1981, quando a Silverstone il nordirlandese John Watson porta al successo una McLaren costruita in fibra di carbonio, che garantisce al contempo maggior leggerezza e più resistenza in caso d'urto. Un'innovazione quasi epocale, realizzata in collaborazione con la Hercules, l'industria aerospaziale americana di Salt Lake City.

Il vantaggio è duplice, da un lato il peso molto più leggero e dall'altro la forte resistenza in caso di urto. Questo grazie alla tipica formazione del tessuto con filamenti incrociati a nido d'ape, decisamente più robusta e che garantisce una maggior protezione per i piloti. Non va trascurata nemmeno l'evoluzione dell'abbigliamento dei cavalieri del rischio. Nelle competizioni dei tempi eroici i pionieri di questo sport correvano indossando semplici tute o una maglietta di lana. Quella di Nuvolari era tradizionalmente gialla, mentre Alberto Ascari preferiva il colore azzurro da cui non osava separarsi mai per scaramanzia. Negli anni Cinquanta alcuni piloti scelsero abiti borghesi ed eleganti: il conte Giannino Marzotto trionfò alla Mille Miglia del 1953 sulla Ferrari con tanto di giacca e cravatta. «Se la macchina mi lascia a piedi e devo prendere un treno per tornare a casa, devo indossare almeno un abito decente», spiegò.

L'inglese Mike Hawthorn si distingueva per l'immancabile giubbotto verde scuro e il papillon sulla camicia bianca: quando si dice un vero *gentleman driver*. Fangio invece optò per le magliette Lacoste, imitato anche da Wolfgang von Trips.

Le prime tute ignifughe comparvero solo negli anni Sessanta, ma la resistenza al fuoco era minima, al massimo otto secondi. Nel 1968, Stewart sperimentò a Zandvoort una tuta in amianto, poi scartata perché pesante e scomoda. Col passare del tempo la ricerca fa passi da gigante. Arrivano le sottotute, anch'esse ignifughe, i sottocaschi, le calze, le scarpe e pure i guanti molto più protettivi. Ciascun indumento deve rispondere a precisi parametri di sicurezza ed essere certificato dalla FIA, che dal 1976 rese obbligatorio l'uso di indumenti ignifughi. Le tute sono prodotte con il NOMEX®, un materiale molto resistente al fuoco che può proteggere il pilota per quasi un minuto.

Ne sa qualcosa Gerhard Berger, protagonista a Imola nel GP di San Marino del 1989 di un episodio che avrebbe potuto avere esiti drammatici. Al 23° giro la Ferrari dell'austriaco perde un pezzo dell'ala anteriore mentre affronta la curva del Tamburello. Come impazzita, la Rossa punta dritta verso il muretto e si schianta a oltre 280 all'ora. Passa una frazione di secondo e divampa l'incendio. Sono momenti di terrore perché Berger è immobile, imprigionato tra le fiamme. Fortunatamente il servizio antincendio accorre subito intorno alla monoposto, doma il fuoco e il ferrarista scampa a un inferno durato ventitré lunghissimi secondi. Se la caverà con la frattura di una costola, di una scapola e una bruciatura alle mani. Praticamente un miracolato!

Non dimentichiamoci però di un'altra componente che ha fatto tantissimi progressi: il casco. Se agli albori delle corse la testa era protetta solo da una calotta di cuoio, con la nascita della F1 nel 1950 fanno la prima comparsa i caschi a scodella con calotta rigida, simili a quelli usati dai giocatori di polo. Ovviamente sono sempre presenti gli occhialoni con fascia elastica, che più tardi verranno sostituiti dalle montature a mascherina come quelle degli sciatori. All'inizio del decennio successivo si cerca di proteggere maggiormente il volto del pilota, ed ecco spuntare i primi caschi «jet», anch'essi di derivazione aeronautica, sui quali possono essere applicate le visiere parasole.

Ma la grande innovazione arriva al GP d'Italia del 1968. L'americano Dan Gurney scende in pista protetto dal primo casco integrale. Viene prodotto dalla statunitense Bell e ha una visiera fissa applicabile con clip a pressione. A breve arriveranno le ben più pratiche visiere mobili, che saranno irrobustite con materiali leggeri e al tempo stesso resistenti. Che purtroppo non riescono comunque a proteggere perfettamente: nel GP di Francia del 1972, Helmut Marko (oggi uno degli uomini più influenti di Red Bull e Toro Rosso) perde l'occhio sinistro per colpa di un sasso scagliato dalla Lotus di Fittipaldi che gli buca la visiera.

Con l'introduzione della fibra di carbonio i piloti potranno indossare dei veri e propri elmetti. Nel 2004 l'azienda tedesca per forniture militari Schuberth presenta il «Panzer-Helm», un super casco da 15.000 euro creato per Michael Schumacher. Un modello decisamente all'avanguardia, realizzato sulla conformazione della testa del campione tedesco misurata al computer con uno scanner. È dotato di filtri per la pulizia dell'aria e di una chiusura di sicurezza della visiera termica in grado di mantenere una temperatura costante di 35° C, per evitare qualunque appannamento.

Sulla parte superiore della visiera dei caschi verrà successivamente applicata una fascia in Zylon, una particolare fibra sintetica che proteggerà ancora meglio il volto dei piloti. Una soluzione presa a seguito dell'incidente occorso a Massa nelle qualifiche del GP di Ungheria del 2009. Durante la Q2, una molla staccatasi dalla Brawn GP di Barrichello aveva colpito il casco del ferrarista. Felipe era svenuto e la sua F60 aveva terminato la corsa contro le barriere alla curva 4. Come un proiettile, il detrito aveva provocato una frattura nella zona sovraorbitale sinistra del brasiliano, causando una lesione del cranio con commozione cerebrale, tanto da rendere necessario un intervento chirurgico. Il pensiero corre inevitabilmente a Senna, quando la scheggia della sospensione gli si infilò nella visiera appena sotto la parte dura del casco. Fortunatamente, nel caso di Massa, la molla aveva impattato contro una superficie decisamente più resistente che lo aveva protetto.

A scongiurare ulteriori danni fisici al brasiliano era stata anche l'ampia via di fuga con il muro di gomme nel punto d'arresto. E qui entra in gioco l'evoluzione dei circuiti. Ai primordi le piste permanenti erano poche e si correva su tracciati cittadini, o in zone delimitate da steccati, dove era presente una folta vegetazione e magari pure qualche casa. Con la nascita dei primi autodromi comparvero i terrapieni, anche se i rischi rimanevano elevati, non solo per i piloti, ma pure per il pubblico. Nel GP d'Italia del 1928 la Talbot di Emilio Materassi sbandò sul rettilineo e volò sulle tribune uccidendo ventisette spettatori. Alla 24 Ore di Le Mans del 1955, in seguito alla collisione con la Austin-Healey di Lance Macklin, la Mercedes di Pierre Levegh finì sugli spalti provocando ottantatré morti e centoventi feriti. Non a caso questo incidente verrà ricordato come la più grande sciagura della storia dell'automobilismo.

Sei anni più tardi Monza fu nuovamente teatro di una tragedia. Sul rettilineo nei pressi della curva Parabolica, allora nota come curva del Porfido, una ruota della Ferrari di Wolfgang von Trips si agganciò alla Lotus di Jim Clark, la monoposto uscì di pista e abbatté la rete di protezione dietro la quale erano ammassati gli spettatori. Bilancio: quattordici morti compreso il ferrarista. Da qui la necessità di proteggere il pubblico con reti sorrette da cavi d'acciaio e dai guard-rail, comparsi a Monza sull'anello di alta velocità già nel 1955.

Su espressa richiesta dei piloti furono apportate anche sostanziali modifiche ai circuiti e alcuni vennero banditi. Il 1975 fu l'ultima volta della F1 sulla pista ricavata dalle strade del parco del Montjuïc a Barcellona. Decisione assunta dopo che la Hill di Rolf Stommelen aveva falciato mortalmente quattro spettatori, ferendone altri sei. L'anno dopo toccò al vecchio Nürburgring: lo spaventoso incidente occorso a Niki Lauda mise fine alle contestazioni che da tempo accompagnavano la pista, impossibile da mantenere in sicurezza lungo gli oltre 25 chilometri, tra saliscendi, curve cieche e boschi a bordo pista (e proprio Lauda era stato tra i più polemici).

Oltre ai doppi guard-rail, si sperimentano le reti disposte a file parallele piazzate nelle vie di fuga per rallentare i fuoripista delle vetture. Al fine di evitare il contatto violento contro i guard-rail, si posizionano davanti alle barriere veri e propri muri di gomme imbullonate tra loro, tenuti insieme da enormi fascioni che devono impedire al musetto di infilarsi tra i copertoni, con possibili danni al pilota.

Una delle ultime frontiere sono le vie di fuga asfaltate, che permettono ai piloti di riprendere il controllo della monoposto dopo un'uscita di strada. In alcune piste queste zone sono coperte da un particolare asfalto abrasivo capace di rallentare la corsa delle vetture.

Regole ferree anche sui permessi di accesso in pista a fotografi, cameramen e giornalisti. I pass sono limitatissimi, in modo da garantire una migliore operatività da parte dei commissari di percorso, del personale medico e degli addetti all'antincendio. Altro punto fermo è la presenza obbligatoria degli elicotteri. È capitato di rinviare le partenze o sospendere temporaneamente la manifestazione quando le condizioni atmosferiche non avrebbero consentito agli elicotteri di alzarsi in volo.

Ma la vera svolta nel tema della sicurezza avviene dopo

il «weekend nero» di Imola del 1994, nel quale persero la vita Roland Ratzenberger e Ayrton Senna. Quel giorno la F1 si rende conto che non si può puntare solo alla prestazione e allo spettacolo, ma bisogna mettere in primo piano anche la sicurezza. Con la scomparsa delle sospensioni attive, le vetture erano divenute sempre più rigide e difficili da guidare, mentre gli abitacoli stretti non riparavano a sufficienza i piloti, in particolare lateralmente all'altezza del collo. Nei giorni successivi alla tragedia, il Circus si è interrogato su come migliorare la sicurezza, anteponendola a tutto il resto. Le parti laterali del cockpit vengono alzate per proteggere la testa del pilota. Le dimensioni degli alettoni sono ridotte per diminuire l'aderenza delle vetture e di conseguenza la velocità in curva. Gli abitacoli sono resi più ampi e i piloti siedono all'interno della «cellula di sopravvivenza» in carbonio e kevlar, che non si deforma neppure negli schianti più violenti. Ogni telaio viene omologato dopo aver superato rigorosi crash test nei laboratori FIA e ogni modifica strutturale richiede la ripetizione del crash test specifico. Le ruote sono ancorate alla scocca con cavi di sicurezza, e la scocca stessa deve superare crash test dagli standard molto severi. Infine, viene installata all'interno dell'auto una scatola nera in grado, come sugli aerei, di far luce sulle cause degli incidenti.

Nel corso degli anni queste soluzioni, via via perfezionate, salveranno la vita a molti piloti, tanto che dal 1° maggio 1994 non si sono più registrati decessi in pista. Anche se gli incidenti rovinosi non sono mancati. Proprio nella stagione successiva, il 10 novembre, Mika Häkkinen, durante la sessione di prove sul circuito cittadino di Adelaide, perde il controllo della sua McLaren mentre affronta la curva Brewery, a causa dell'afflosciamento improvviso della gomma posteriore sinistra, forse danneggiata da un tombino. Dopo un testacoda, la sua MP4/10 decolla su un cordolo e si schianta a 220 orari contro le barriere. Häkkinen sbatte più volte con violenza il capo contro le paratie laterali del cockpit e perde conoscenza. Nell'impatto si taglia la lingua, perde alcuni denti e si frattura uno zigomo. Trasportato immediatamente all'ospedale, gli viene riscontrata anche una frattura alla base cranica, ma fortunatamente nessun danno cerebrale. Dopo due giorni di coma farmacologico, il finlandese inizierà una lenta ripresa che gli permetterà di tornare in pista nel 1996.

L'attenzione verso i rischi di danni al collo accelera lo studio di un sistema di protezione, inventato a metà degli anni Ottanta da Robert Hubbard, un professore di Ingegneria biomeccanica alla Michigan State University. Si tratta del collare Hans, un sistema di supporto ancorato al casco, in grado di limitare le conseguenze del colpo di frusta e scongiurare le fratture alla base del cranio. La protezione fa il suo debutto in F1 nel 2003 e sarà poi estesa a tutte le categorie.

Nella mia carriera, pure io sono stato coinvolto in incidenti più o meno rovinosi che, nonostante le protezioni, avrebbero potuto trasformarsi in vere tragedie. Al 27° giro del GP del Belgio a Spa, il 30 agosto 1998, tampono la Minardi del giapponese Nakano. Sono negli scarichi e la velocità è elevata. Nel frattempo lui, non si sa per quale motivo, alza il piede dal gas ed è molto lento. Usciamo dalla curva e la sua scia mi avvolge insieme alla nuvola d'acqua: l'impatto è inevitabile. Nella collisione perdo la parte anteriore della vettura compresa la ruota, esplode il motore e si sviluppano le fiamme. La mia Benetton è incontrollabile e punta spedita verso il guard-rail, che fortunatamente evito, e tuttora non so dire come. A posteriori devo ammettere che quest'impatto è davvero spaventoso rivisto in tv: sarebbe bastato che lo centrassi in pieno ed entrambi saremmo stati in grave pericolo. Invece all'epoca non mi sono spaventato molto: ricordo solo tanta rabbia per un podio quasi sicuro sfumato e che in quel momento sarebbe stato molto importante.

E sempre sul tracciato delle Ardenne, due anni dopo, avrò un altro brutto incidente capottandomi nel corso del warm-up la domenica mattina. Anche quel giorno piove e sento di avere una marcia in più, poiché sull'acqua sono a mio agio e spesso ho ottenuto buoni risultati. Affronto il warm-up, un momento davvero importante (poi abolito nel 2003) soprattutto in condizioni critiche. La pista è molto bagnata e cerco di capire il limite massimo di aderenza della monoposto. Esco troppo largo dalla curva Blanchimont e sfioro la linea bianca che delimita il circuito. Qualcuno può pensare a una semplice sbavatura, ma è sufficiente per farmi partire il posteriore e rendere la mia Benetton B200 inguidabile. Sbatto violentemente contro la fila di pneumatici di protezione con la parte laterale della vettura, che si capotta. Potrà sembrarvi assurdo, ma non appena sono in piedi, mi preoccupo che i danni possano essere riparati per schierarmi al via.

Un altro brivido, con ribaltone finale, lo sperimenterò a

Monte Carlo nel 2004. Siamo al 3° giro, il motore Honda della Bar di Takuma Sato cede al tornante del Tabaccaio inondando la pista d'olio e io mi trovo improvvisamente avvolto in una nuvola di fumo sprigionata dal motore del giapponese. Il problema è che sono in piena lotta in prossimità delle curve delle Piscine. Guido quasi alla cieca e finisco col toccare Coulthard. In un istante decollo sulle ruote della McLaren-Mercedes e mi ritrovo a testa in giù, all'interno della mia Sauber contro le barriere. Sono attimi di ansia, perché la pista è stretta e non so se ci sono altre macchine coinvolte nel botto, o addirittura in fiamme. Una cosa che non dimenticherò mai è il boato della folla che è a meno di un metro da me. Sento però che tutto è a posto, ma vengo assalito da un'altra preoccupazione. Proprio di fronte al punto in cui sono finito fuori, è ormeggiata la barca su cui la mia famiglia assiste al Gran Premio. Quando esco dalla Sauber, ancora con le ruote in aria e avvolta dal fumo, tutti potranno tirare un gran sospiro di sollievo. A raccontarlo oggi sorrido, ma allora lo spavento è stato forte.

Penso di poter parlare a nome di tutta la categoria se dico che raramente usciamo da un incidente impauriti. L'emozione che prevale è sempre il rammarico di aver perso una gara. Ricordo ancora alla fine degli anni Novanta quando ogni team aveva a disposizione un muletto (terza vettura); spesso negli incidenti in partenza c'era la possibilità, quando la gara veniva interrotta e si procedeva a una nuova partenza, di risalire sul muletto e riprendere la corsa dall'inizio. È successo a molti piloti, anche a me, di avere spaventosi incidenti in partenza ma precipitarsi immediatamente al box per salire sul muletto e ripartire. Ho visto colleghi farlo anche con contusioni importanti o addirittura fratture. Solo a gara finita arriva il dolore e prendi coscienza dell'incidente, ma la prima reazione, la più istintiva, è risalire in macchina e correre. L'incoscienza è una delle caratteristiche di un pilota, ma non può bastare a giustificare un tale comportamento. Probabilmente è soprattutto quello spirito di competizione che sviluppiamo sin da piccoli, da quando, a sette-otto anni, saliamo su un kart e ci buttiamo nella bagarre. Per noi il profumo dell'asfalto è la migliore cura: ci inebria e ci fa stare bene, impossibile rinunciarvi.

Il ribaltamento di una monoposto è sempre fonte di grande apprensione, certo grazie al roll-bar in fibra di carbonio e con il nuovissimo Halo la testa del pilota è al sicuro, salvo complicazioni. Ricordo quanto capitato a Pedro Diniz nel GP d'Europa del 1999 al Nürburgring. Dopo il secondo giro s'innesca un incidente a catena con la Benetton del mio compagno Alexander Wurz che colpisce la Sauber di Diniz, la quale si capotta e striscia sull'asfalto. Un urto particolarmente forte che spezza il roll-bar. Per fortuna il brasiliano abbandona l'abitacolo senza riportare lesioni gravi.

Dunque, con il passare il tempo e l'apporto di miglioramenti tecnologici la F1 è un pochino sempre più sicura per i piloti. Pensiamo all'incidente di Schumacher a Silverstone nel 1999, in cui il tedesco rimedia solo una frattura di tibia e perone. Fosse accaduto dieci anni prima, le probabilità di sopravvivenza del ferrarista sarebbero state minime. Paradossalmente, l'allarme rosso s'è spostato sui soggetti facenti parte del personale che staziona lungo la pista. Nel GP d'Italia del 2000, poco dopo il via, mentre Rubens Barrichello attacca Jarno Trulli verso la variante della Roggia, viene tamponato da Heiz-Harald Frentzen. È il caos, con monoposto capottate e pezzi di carbonio ovunque. Malauguratamente, dalla Jordan di Frentzen si stacca una ruota con parte della sospensione, rompendo il cavetto di ritenzione, e va a colpire il torace di Paolo Gislimberti, un addetto all'antincendio posizionatosi dietro il guard-rail. Un impatto terribile che costa la vita al pompiere.

Passano pochi mesi e il Circus piomba nuovamente nel dramma. È il 4 marzo 2001 ed è in corso il 4° passaggio del GP d'Australia a Melbourne. Jacques Villeneuve e Ralf Schumacher si stanno dando battaglia. Il canadese centra la Williams del tedesco e decolla strisciando per cinquecento metri lungo le reti di recinzione poste ai bordi del tracciato. Tra i detriti che si staccano dalla Bar, c'è anche una gomma che colpisce mortalmente Graham Beveridge, un commissario di percorso di cinquant'anni, e ferisce undici spettatori. Villeneuve è miracolosamente illeso e una volta ai box dirà: «Quando ho visto decollare la macchina ho pregato». La sua mente è di certo corsa all'8 maggio 1982, quando suo padre Gilles perse la vita dopo un tragico decollo a Zolder.

Una grande paura sarà vissuta pure da Robert Kubica a Montréal nel 2007. Siamo al 26° passaggio, il polacco esce di pista al tornante 9 volando contro un muretto contro il quale la sua BMW-Sauber va in mille pezzi. Uno schianto terrificante che rimbalza la monoposto contro le barriere del lato opposto della pista. Quando la vettura arresta la sua folle corsa, i piedi del ventiduenne di Cracovia spuntano dalla parte frontale della scocca, ormai priva del muso. Il pilota è immobile e tutti attendono un minimo movimento per tirare un sospiro di sollievo. Il GP del Canada vive attimi di terrore, che fortunatamente svaniscono quando dal centro medico del circuito il manager di Kubica, Daniele Morelli, dichiara: «Robert è lucido e risponde ai medici». Il polacco è illeso grazie all'Hans e alla cellula salvavita in fibra di carbonio rafforzata sui lati da strutture anti-intrusione in kevlar per evitare lo sfondamento in una collisione a 90° con un'altra vettura.

Altro miracolato può dirsi Mark Webber, autore di un looping nel GP d'Europa del 2010. Sebbene parta dalla prima fila, l'australiano scatta in ritardo e si ritrova subito nono. Cerca allora di rimontare posizioni, ma sul circuito cittadino di Valencia è assai dura. Giunto al 9° passaggio, attacca Heikki Kovalainen, ma colpisce la Lotus del finlandese, che fa da rampa di lancio. La Red Bull sale per aria e compie una giravolta, atterra capovolta e interrompe la sua corsa contro il muro di gomme davanti alle barriere. Anche in questo caso, tanta paura e pilota incolume.

Un episodio che ci riporta alla mente quanto successo nel 1992 e nel 1993, rispettivamente nei Gran Premi del Portogallo e d'Italia. È il 44° giro a Estoril e Riccardo Patrese raggiunge Gerhard Berger, dando inizio alla manovra di sorpasso. Ma l'austriaco rientra improvvisamente ai box sorprendendo il padovano. A 280 all'ora, la ruota anteriore della Williams tocca quella posteriore della McLaren e si produce il cosiddetto effetto catapulta. L'auto di Riccardo decolla, compie un mezzo looping e ricade sull'asfalto, arrestandosi contro il muretto box. Uscito sano e salvo dalla sua FW14B, sfoga una paura mista a rabbia davanti ai taccuini dei giornalisti: «Ho visto il cielo e mi è andata bene a non averlo raggiunto. Per colpa di un idiota ho rischiato la pelle e la possibilità di arrivare secondo». Berger si giustificherà parlando di un'incomprensione.

Dinamica quasi simile per la tragedia sfiorata a Monza, il 12 settembre 1993. L'ultimo giro vede le due Minardi di Pierluigi Martini e Christian Fittipaldi, nipote di Emerson, in un'accesa lotta per il settimo e ottavo posto. Fittipaldi cerca di superare il compagno, ma calcola male le distanze e le sue ruote finiscono sopra a quelle della vettura gemella. Una collisione inevitabile che avviene a circa 300 all'ora e a poche centinaia di metri dalla finish line, sul rettilineo d'arrivo. La monoposto del brasiliano prende il volo compiendo un giro della morte e riatterra fortunatamente in pista sulle quattro ruote, tagliando il traguardo spinta dalla forza d'inerzia e spargendo detriti ovunque. Un incidente che gela il sangue sia al pubblico sulle tribune sia al personale al muretto box, che ha vissuto l'incubo di vedersi piombare addosso una macchina impazzita. La madre di Christian, presente nel box, perde i sensi e viene sostenuta da Giancarlo Mainardi. Eloquente il commento di Fittipaldi: «Quando ho iniziato a volare, mi sono attaccato al volante e ho tirato giù la testa».

Già, ancora la testa. Perché, come abbiamo già detto, resta sempre la parte più esposta del pilota. Pensiamo a quanto accaduto a Michael Schumacher nel 2010 sul circuito di Yas

Marina ad Abu Dhabi. Subito dopo il via, alla curva 6 la Mercedes del tedesco va in testacoda restando in mezzo alla pista. Da dietro arriva Vitantonio Liuzzi che non può evitare la Freccia d'Argento. La vettura dell'italiano sale di muso su quella del Kaiser sfiorandogli di poco il casco.

Monoposto e detriti sopra le teste dei piloti anche nella partenza thrilling del GP del Belgio del 2012. A scatenare il putiferio dopo lo spegnimento del semaforo è l'irruente Romain Grosjean che tocca la McLaren di Hamilton, partito più lento. Le ruote delle due auto si urtano, ma se l'inglese finisce contro le barriere, la Lotus del francese si alza da terra, passa di poco sopra la Ferrari di Alonso e rovina addosso alle Sauber di Pérez e Kobayashi. La gara viene subito neutralizzata dalla safety-car e le accuse contro Grosjean si sprecano. La direzione gara deciderà infatti di punirlo con una multa di 50.000 euro e con l'esclusione dal GP successivo in Italia.

Tre anni dopo anche Kimi Räikkönen vivrà un'«ebbrezza» simile al Red Bull Ring, il vecchio tracciato di Zeltweg ristrutturato da Dietrich Mateschitz, titolare della popolare bevanda energetica. È in corso la 1ª tornata, quando il finlandese perde il controllo della sua Ferrari ed esce di pista. Alle sue spalle si trova la McLaren di Alonso che centra la Rossa e le sale sopra col musetto arrestandosi in prossimità dell'abitacolo di Kimi. Anche questa volta nessun danno ai driver.

Pochi mesi più tardi, nelle libere del GP di Russia a Sochi, lo spagnolo Carlos Sainz Jr. sbatte lateralmente contro il jersey della curva 12, per poi piombare in piena velocità contro il muro di gomme in fondo alla via di fuga della curva 13. Le riprese dall'alto sono eloquenti, con esposta la sola parte posteriore della Toro Rosso. Il resto è sotto gli pneumatici, abitacolo compreso, posizione che complicherà non poco l'estrazione del pilota. Lo spagnolo sarà trasportato per sicurezza in ospedale, ma non gli verrà diagnosticato alcun danno fisico.

Altro momento drammatico viene vissuto nel GP d'Australia del 2016, protagonisti Fernando Alonso ed Esteban Gutiérrez. È il passaggio 18°, quando Alonso attacca Gutiérrez sulla sinistra. Le monoposto viaggiano a oltre 200 chilometri orari e la ruota anteriore destra dell'asturiano urta la gomma posteriore sinistra della Haas del messicano. La ruota collassa per l'impatto e la McLaren-Honda di Fernando colpisce prima il muretto, poi s'impenna e conclude il suo tremendo volo disintegrandosi contro le barriere della curva successiva, dopo essersi ribaltata più volte. Dai rottami della monoposto anglonipponica, Alonso esce acciaccato, ma senza alcun danno rilevante. Sui social, il due volte iridato posterà questo tweet: «Sono consapevole che oggi ho speso una delle vite che avevo». Riconoscendo però: «Sono qui grazie alla McLaren che ha fatto una macchina molto robusta e al lavoro della FIA sulla sicurezza». Alonso salterà a scopo precauzionale il round successivo in Bahrein.

Questo ennesimo schianto, in cui s'è evidenziata nuovamente la necessità di proteggere il pilota, ha indotto la FIA a introdurre per il Mondiale 2018 l'Halo. Un sistema posto a protezione dell'abitacolo che aumenta la sicurezza passiva di chi è al volante. Le discussioni non sono mancate per via dell'aspetto antiestetico che a detta di alcuni stona con le forme accattivanti delle carrozzerie. Ma dai test è stato dimostrato che in caso di incidenti tra vetture l'Halo riesce a sopportare quindici volte il carico statico dell'intera massa dell'auto, riducendo i probabili danni. Così come riesce a prevenire l'impatto del casco contro una barriera. Infine il sistema è in grado di deviare grossi detriti che minacciano la zona del cockpit e di proteggere pure da quelli più piccoli. Sorge però un dubbio: la visibilità del pilota viene ridotta? Nessun problema, il campo visivo non è influenzato. E non impedisce in alcun modo il rapido abbandono dell'abitacolo, o l'estrazione nei casi di emergenza.

Un ulteriore esempio concreto dell'utilità di questa protezione lo si è avuto nel GP del Belgio del 2018. Come nel 2012, in partenza si scatena una carambola, questa volta causata da Nicolas Hülkenberg che tampona Alonso. La monoposto dello spagnolo decolla e vola pochi centimetri sopra la testa di Charles Leclerc. Nel caso in cui la McLaren fosse stata più bassa, avrebbe impattato contro l'Halo e il pilota monegasco della Sauber sarebbe comunque rimasto illeso.

Un'ulteriore riprova arriva la settimana successiva a Monza. Le prove libere del Gran Premio d'Italia sono iniziate soltanto da due minuti quando Marcus Ericsson, lanciato a circa 324 all'ora, scarta improvvisamente verso sinistra a circa centocinquanta metri dalla prima variante per colpa di un guasto al DRS rimasto aperto. La sua Sauber impatta con violenza contro le barriere per poi proseguire la sua folle corsa capottandosi per tre volte. Sulla pista cala di colpo la paura, che però svanisce quando lo svedese risponde via radio che è tutto okay. A vedere i rottami della monoposto vengono i brividi, ma ciò che importa è che per l'ennesima volta la sicurezza ha funzionato. Grazie all'Halo e alla cellula di sopravvivenza una tragedia è stata evitata. Ericsson ha potuto quindi tornare ai box sulle proprie gambe, anche se un po' frastornato. Si pensi che la decelerazione subita dal pilota è stata calcolata intorno ai 15 g.

È proprio questo elemento a rappresentare ancora un punto debole, francamente difficile da risolvere, ossia la decelerazione violenta e improvvisa che entra in gioco in buona parte degli incidenti. Il corpo umano non è progettato per reggere un'accelerazione positiva oltre i 5g, ovvero cinque volte l'accelerazione di gravità. Attenzione, parliamo di 5g, ma per pochi secondi. I piloti di caccia militari riescono a raggiungere i 10, indossando tute anti-g e dopo assidui e costanti allenamenti. Oltre i limiti fisici, il cuore non riesce più a pompare il sangue al cervello e quindi l'ossigeno. Un'esposizione per un tempo prolungato porta alla perdita di conoscenza, a danni cerebrali irreversibili e alla morte.

Purtroppo il Circus ha vissuto di recente il dramma di Jules Bianchi, vittima di una tragica uscita di pista il 5 ottobre 2014 nel GP del Giappone. Su Suzuka imperversa il maltempo e la visibilità non è perfetta. Al 42° giro Adrian Sutil esce alla curva Dunlop rendendo necessario l'intervento di una gru per la rimozione della Sauber-Ferrari. Passa una tornata e sopraggiunge Bianchi che perde anch'egli il controllo della sua vettura che va in testacoda. Sfortunatamente la Marussia punta come un missile verso la gru infilandosi sotto e colpendo il mezzo pesante con la parte superiore dell'airscope.

Ma la macchina del francese non s'arresta ancora e finisce per schiantarsi contro le barriere dopo pochi metri. Due urti molto violenti a brevissima distanza. Il roll-bar viene divelto e la parte del cofano motore resta praticamente piatta. Il casco del pilota non presenta alcun graffio, ma la testa del transalpino deve fare i conti con le terribili conseguenze della decelerazione. Secondo un'indagine del settimanale tedesco *Auto Motor und Sport*, emergerà che il picco di forza raggiunto nell'impatto ha toccato i 254g. I soccorsi del personale medico sono immediati, ma le condizioni del francese appaiono subito disperate. Trasportato al Mie Medical Center di Yokkaichi, il venticinquenne viene sottoposto a un delicato intervento chirurgico al cervello e il bollettino medico parla di danno assonale diffuso. Una lesione che provoca interruzioni permanenti e irreversibili degli assoni, ossia i conduttori che trasmettono il segnale elettrico tra i neuroni. Un trauma per cui non esiste una terapia specifica. Bianchi resterà in coma irreversibile e si spegnerà dopo nove mesi di agonia, il 17 luglio 2015, presso il Centro Ospedaliero di Nizza.

Questa tragica vicenda sarà accompagnata da un mare di polemiche e da un'indagine della FIA. A pochi giorni dal decesso, il presidente della Federazione Jean Todt ritirerà definitivamente il numero 17, usato da Jules in corsa.

Proprio in merito al tema della forza g, ho un ricordo personale vissuto nelle prove libere del sabato mattina al GP di Francia nel 2002. Affronto la curva Estoril, la più veloce della pista di Magny-Cours, salgo sul cordolo e accelero; sarò andato a circa 220 chilometri orari. All'improvviso l'alettone anteriore, probabilmente già lesionato nel giro precedente per un contatto con lo stesso cordolo, si spezza di netto nella parte sinistra e finisce sotto il telaio. Di colpo non riesco più a frenare e la macchina si impenna. Cerco disperatamente di correggere la traiettoria ma è tutto inutile e sbatto contro la muraglia di gomme a 180 all'ora. Se penso che tre metri dopo non avrei trovato gli pneumatici, bensì il muro, mi si gela ancora il sangue. Esco dall'auto barcollando e faccio segno di stare bene, non c'è nulla di rotto. Sono però sotto shock e sul mio casco ci sono gli evidenti segni delle gomme che mi sono rimbalzate in testa. Mi portano in auto verso il centro medico del circuito e successivamente all'ospedale di Nevers con l'elicottero. La Tac dà esito negativo e anche le radiografie sono confortanti, ma il medico mi vieta di partecipare alle qualifiche in programma di lì a due ore. Ho un forte dolore al collo e alla testa. Mi rifugio nel motorhome della Jordan per riposare e parlare con Luna, allora la mia fidanzata, la quale non ha visto il botto perché non è riuscita a collegarsi. Più tardi mi diranno che ho subito un'insaccata paurosa, calcolando una decelerazione di 34g. Per la verità il regolamento mi avrebbe permesso di partecipare alla gara anche senza qualifiche, ma il medico dell'ospedale mi aveva ammonito: «Un'altra botta così, a distanza di poche ore, potrebbe provocare gravissime conseguenze cerebrali». Meglio dunque stare a riposo e lasciare il volante a Heinz-Harald Frentzen, nell'unico Gran Premio in cui ho dato forfait forzatamente.

Vorrei chiudere il capitolo dedicato alle tragedie sfiorate ricordando due episodi: uno accaduto più di quarant'anni fa e uno recente, ma entrambi inaspettati perché avvenuti a corsa terminata.

Piove tantissimo sul circuito dell'Österreichring, dove il 17 agosto 1975 si corre il Gran Premio d'Austria. C'è anche scarsa visibilità e ne approfitta un pilota monzese che finora non ha ottenuto nessun punto iridato: Vittorio Brambilla sul bagnato è un vero portento e riesce a rimontare fino a ritrovarsi in testa. Le condizioni atmosferiche sono particolarmente avverse e il direttore di gara decide di esporre la bandiera a scacchi decretando così la vittoria di Brambilla, la prima in carriera. L'uomo è felice e nell'esultare solleva entrambe le braccia mollando il volante e perdendo così il controllo della sua monoposto March, che finisce contro il guard-rail laterale. Vittorio ne esce indenne e contento e per anni il musetto della sua monoposto troneggerà nell'autofficina di famiglia a Monza come un trofeo.

È il 1° ottobre 2017 sul circuito di Sepang per il GP della Malesia e la gara è entusiasmante perché vede il ferrarista Sebastian Vettel, partito ultimo, effettuare una bellissima rimonta e tagliare il traguardo in quarta posizione: davvero un'ottima prestazione. Ma durante il giro di saluti prima di rientrare ai box Vettel tampona l'auto di Lance Stroll e la Ferrari ne rimane molto danneggiata: nemmeno un graffio per Sebastian, ma è costretto a chiedere un passaggio al tedesco Pascal Wehrlein.

Insomma, in pista bisogna sempre stare attenti... non solo durante la gara!

Formula uomo

Ci chiamano i «cavalieri del rischio».

In teoria dovremmo essere freddi e calcolatori in modo da poter prendere le decisioni giuste in una frazione di secondo, mentre siamo alla guida di un bolide che procede in piena velocità. È d'obbligo però l'uso del condizionale, perché anche noi siamo esseri umani.

È risaputo che nello sport, la pressione, l'emozione, o meglio l'aspetto psicologico in generale, sono fattori in grado di giocare un ruolo determinante. È importante saperli gestire al meglio, per evitare che oltrepassino i livelli di guardia. Alcune discipline permettono di scaricare tutta l'adrenalina che si ha in corpo con il gesto atletico: per esempio lo scatto del ciclista, il tiro del calciatore, il servizio del tennista o il diretto sferrato dal pugile. In altre attività, invece, è completamente diverso. Pensiamo al tiro a segno, o con l'arco e, perché no, al motorsport.

Nell'automobilismo, in particolare, sei relegato in un abitacolo molto stretto, vestito con una tuta ignifuga, un sottocasco anch'esso ignifugo (in gergo si chiama baclava) e un casco integrale. E magari all'esterno fa un caldo infernale, come nei Paesi del Medio Oriente, o in Malesia e a Singapore, dove, pur correndo di sera, l'umidità è terribile. Ecco, in queste condizioni bisogna tenersi dentro tutto, come una pentola a pressione. È il momento in cui si deve far leva sul cervello, sulla forza mentale. E non mi riferisco solo alle fasi di gara, ma agli istanti che precedono il via dove la tensione è massima.

Spesso i giornalisti mi chiedono a che cosa pensa un pilota in quei frangenti. Una domanda a cui non è facile dare una risposta esaustiva.

Man mano che ci si avvicina allo start la pressione sale e quando si ferma la vettura in attesa del giro di ricognizione si è in pieno allarme rosso. Durante quel giro si controlla la parte tecnica, si scaldano le gomme, si fanno prove di accelerazione e di frenata. Serve a valutare le condizioni della pista, dello sporco presente e dell'aderenza in caso di pioggia. Io ho sempre discusso molto via radio con il mio ingegnere e spesso abbiamo modificato all'ultimo momento la strategia della partenza azzardando alcune mosse a seconda delle condizioni. Sono istanti in cui occorre mantenere la lucidità, anche se l'ansia si fa sentire. La tensione è un crescendo costante a mano a mano che ci si avvicina alla propria postazione in griglia, poi quando si è fermi davanti al semaforo i battiti accelerano, il respiro va tenuto sotto controllo e si entra in modalità «gara». In quel momento il pilota diventa parte integrante della vettura e nella sua testa scattano una serie di meccanismi automatici che, allo spegnimento dell'ultima delle cinque luci del semaforo, daranno l'impulso di agire alle mani e ai piedi.

Una volta in corsa la tensione cala, ma relativamente, in quanto bisogna affrontare situazioni critiche come i sorpassi, i pit-stop e le eventuali ripartenze dopo l'intervento della safety-car. Quest'ultima è una sorta di nuovo via anche se in movimento, che fa rivivere le sensazioni provate allo start. Vi sono poi istanti in cui i piloti guidano quasi in apnea, come quando percorrono curve molto impegnative, prima fra tutte l'Eau Rouge, sul tracciato di Spa. Si tratta di un tornante insidioso, che si trova al termine di una lunga discesa e precede una ripida salita che porta alla curva del Raidillon, altrettanto rischiosa. Insomma, in un Gran Premio la tensione, seppure con alti e bassi, c'è sempre e ti molla definitivamente solo dopo esser transitato sotto la bandiera a scacchi, soprattutto se hai conseguito un buon risultato.

Ricordo il mio esordio in F1 a Melbourne nel 1996. Un passo grande e ardito al tempo stesso, sia da parte di Gian Carlo Minardi per la fiducia accordatami, sia da parte mia che ho accettato l'offerta pur senza la preparazione adeguata e senza aver fatto alcun test. Il passaggio da una monoposto di F3 a una di F1 riserva parecchie complicazioni, soprattutto se si parte praticamente da zero. La mia preparazione tecnica e fisica era quasi nulla, non era previsto un esordio così ravvicinato. Il giovedì pregara è un susseguirsi di riunioni e allenamenti al pit. Il venerdì fila tutto liscio e l'eccitazione di trovarmi in quel posto e in quel momento mi fa superare qualsiasi difficoltà: quella Minardi numero 21 era per me una

Ferrari! Mi qualifico in ottava fila col sedicesimo tempo, 3 decimi davanti a Pedro Lamy, il mio compagno di squadra molto più esperto. E arriviamo alla gara, che però si interrompe al 32° giro per problemi alla frizione. Pazienza, nulla avrebbe potuto offuscare la mia gioia per essere ormai diventato un pilota di Formula 1!

Il cosiddetto vertice della tensione lo si avverte già in qualifica, soprattutto quando sai di giocarti il tutto per tutto in un giro. Magari è la tua ultima chance di sfruttare gli pneumatici e devi assolutamente partire davanti al tuo diretto avversario. Ho ricordi positivi sia delle pole, sia di altre qualifiche importanti al volante della Jordan o della Benetton, quando partire nelle prime tre file, per il potenziale della mia monoposto, valeva quanto una pole. Se penso a una qualifica in cui la componente umana ha avuto un peso significativo non posso che parlare di Spa 2009. Quella mia pole, che viene ricordata da tutti come un'impresa memorabile, soprattutto per averla realizzata su uno dei circuiti più difficili al mondo, ha di sicuro un valore particolare di cui vado orgoglioso. Così come il secondo posto ottenuto in gara dietro a Räikkönen: quel trofeo occupa un posto speciale nella mia bacheca.

Però c'è un'altra pole che non posso assolutamente scordare ed è la mia prima in assoluto, nel GP d'Austria del 1998. Rammento bene quel sabato con le qualifiche precedute da un violento temporale. Al volante della Jordan 198 sfrutto spesso le avverse condizioni meteo in modo da sopperire all'handicap nei confronti delle ben più competitive McLaren e Ferrari. Scegliamo quindi un assetto particolarmente adatto al bagnato. Una soluzione rischiosa, perché nel frattempo la pioggia smette e la pista inizia ad asciugarsi, col risultato di non disporre di una monoposto adatta a quelle condizioni. Arriviamo alle fasi finali con Michael Schumacher detentore della pole provvisoria che viene superato da Mika Häkkinen. Capisco che è giunto il momento di rischiare. Entro in pista quando mancano tre minuti alla bandiera a scacchi, mi ritrovo dietro alla Sauber di Alesi che compie un giro perfetto e si piazza davanti a tutti. Una situazione ottimale per il mio giro di lancio, perché quando passo sul traguardo e prendo la bandiera a scacchi avrò un'altra chance per migliorare il tempo di Jean. Via radio mi comunicano che Schumacher non ha più tentativi, Häkkinen è terzo: è il momento di cogliere l'attimo. Cerco le traiettorie giuste e mi spingo al limite in ogni curva. Mi presento sulla linea del traguardo migliorando di 7 decimi il tempo di Alesi con 1 minuto 29 secondi 5 decimi e stacco la mia prima pole in carriera! Prima pole italiana dai tempi di Patrese. Questa è la prova che a volte bisogna proprio azzardare.

Poi ci sono volte in cui ci si spinge oltre perché ci si sente sicuri. Nel 1999 al Nürburgring piove. Disputo una gara perfetta e sono favorito dall'uscita di scena di alcuni top driver, ritrovandomi per la prima volta al comando. Visto che la pioggia è cessata ho montato le gomme da asciutto e devo evitare a tutti i costi i tratti di asfalto dove sono presenti ancora delle pozze d'acqua. Al tempo stesso devo mantenere il mio vantaggio su Ralf Schumacher, qualora dovessi fermarmi per una nuova e ultima sosta. La posta in palio è davvero alta e mancano ancora ventidue lunghissime tornate al termine. Purtroppo, al 48° giro lo pneumatico posteriore della mia Benetton si stacca e io finisco in testacoda nell'erba: gara terminata e addio ai sogni di gloria. Se penso ancora a quei quattro giri al comando ricordo la tensione che aumentava a ogni passaggio, poi è bastato poco per tramutare la speranza in profonda delusione. Eppure, l'attenzione era al massimo, soprattutto sulla pista per evitare le insidie. Perché come ho già detto, durante un Gran Premio bisogna essere sempre vigili non solo su quello che sta intorno, avversari *in primis*, ma anche rispetto alle indicazioni fornite dai volanti di ultima generazione; e poi si deve prestare ascolto ai messaggi radio che arrivano dall'ingegnere di pista.

Alcuni piloti dialogano molto, altri meno. Nel 2012, Kimi Räikkönen, tornato in F1 dopo due stagioni nel Mondiale rally, è in testa al GP di Abu Dhabi al volante della Lotus-Renault. È il 23° giro e dalla radio del finlandese arriva una voce: «Kimi, Alonso è dietro di te a cinque secondi, puoi aumentare il ritmo?» Risposta di Iceman: «Lasciatemi in pace, so quello che sto facendo». Una replica che descrive perfettamente il personaggio. E i fatti daranno ragione a Kimi che conquisterà la vittoria.

Per cercare di capire quali sensazioni prova un pilota di Formula 1 fate un confronto con la vostra vita di tutti i giorni, quando vi trovate in ufficio davanti alla tastiera di un pc. A volte dovete affrontare problemi o situazioni che vi mettono a disagio, vi innervosiscono, ma siete comodamente seduti su una sedia, magari ergonomica, e con l'aria condizionata.

L'«ufficio» del pilota invece è l'abitacolo della monoposto e il computer è il volante. Un insieme di led luminosi, manettini e pulsanti che hanno innumerevoli funzioni a seconda di quante volte vengano premuti, un po' come sui nostri smartphone. Ecco, tutto questo va gestito a 300 chilometri all'ora, a volte sotto una pioggia battente, altre con un caldo torrido; e ovviamente curando sempre nello specchietto gli avversari che cercano di approfittare di ogni minima esitazione.

Sembra una vera missione impossibile, ma dopo tanto allenamento diventa una routine: l'essere umano è una macchina straordinaria e si adatta a tutto. L'importante è prepararsi mentalmente e fisicamente ed essere rapidi nell'acquisire familiarità con la tecnologia. Questo è il compito dei piloti moderni.

Un tempo la fatica era più fisica. C'erano meno strumenti da guardare e l'attenzione del pilota si concentrava sulla pista, sui cartelli esposti dal muretto, sul suono proveniente dal motore e sulle vibrazioni trasmesse dalla vettura. Il driver doveva sopportare un notevole sforzo, che diventava estremo sui circuiti cittadini come quello di Monte Carlo. Fino al 1967 il Gran Premio si correva sulla distanza di ben cento giri, su un percorso tortuoso, stretto e dove si doveva effettuare un numero infinito di cambiate. E le marce non si inserivano premendo delle comode levette sistemate sul retro del volante (il puddle shift), ma occorreva azionare la leva posta sul fianco, come per le comuni automobili. Per limitare le piaghe sulle mani, i piloti se le fasciavano e poi le infilavano nei guanti. Oppure pensiamo al vecchio Nürburgring, dove, lungo gli oltre venticinque chilometri di saliscendi, ci si poteva trovare ad affrontare repentine variazioni atmosferiche: acqua, sole e nebbia. La vita del pilota era davvero dura! Per immedesimarsi in un contesto simile e rivivere quelle epiche stagioni dell'automobilismo, vi consiglio di vedere *Grand Prix*, un film del 1966 diretto da John Frankenheimer. Un lungometraggio in cui, al di là del lato sportivo, emerge anche quello umano.

Enzo Ferrari dichiarò di scegliere i suoi piloti a seconda delle emozioni che la persona gli ispirava. Altro che logiche di marketing e freddi calcoli! L'automobilismo è di sicuro uno sport dominato dall'ingegneria, ma il fattore umano ha e avrà sempre un suo ruolo imprescindibile. La storia di questo sport è ricca di episodi divenuti celebri per reazioni impreviste e imprevedibili scattate nella mente dei piloti, che hanno cambiato il corso di una gara o di una performance. L'aspetto emotivo quando meno ce lo si aspetta si manifesta e fa la differenza.

È il 1950, siamo a Monaco, il Gran Premio è appena partito con Juan Manuel Fangio al comando. Nel corso del 1° passaggio, si innesca un incidente a catena alla curva del Tabaccaio. Dieci vetture restano ferme in un tratto d'asfalto che viene pure inondato di benzina. Intanto Fangio procede spedito, non sa quello che gli si parerà davanti di lì a poco. Con tutte quelle monoposto ferme evitare la collisione è praticamente impossibile. Invece, ecco quello che non t'aspetti. Il campione argentino rallenta e arriva nel tratto dell'incidente a velocità ridotta, si fa strada tra i rottami delle auto coinvolte e s'invola verso il successo. Sesto senso? No, freddezza e intuizione. La spiegazione fornita dallo stesso Fangio ha dell'incredibile: «Ci fu un incidente simile nel 1936 documentato da alcune fotografie che avevo osservato nella sede dell'Automobile Club di Monaco, il giorno prima della gara. Quando sono uscito dalla chicane del porto mi sono reso conto che c'era qualcosa di diverso rispetto agli altri giri. Ero solo in testa alla corsa, ma la folla non guardava me, bensì era rivolta verso il fondo della strada. Vedevo le loro teste ma non le loro facce, ho dedotto che guardavano verso il Tabaccaio, dove c'era qualcosa di più interessante rispetto al leader della corsa. Mi sono subito ricordato della foto e ho frenato il più possibile evitando il peggio per un pelo». Un esempio di grande lucidità e intelligenza che ha permesso al fuoriclasse argentino di avere pochissimi incidenti gravi in carriera.

Un'abilità che cinque anni più tardi gli eviterà di essere coinvolto nella grande tragedia della 24 Ore di Le Mans. Sono circa le 18.30 dell'11 giugno 1955 quando Mike Hawthorn, al volante della Jaguar, dopo aver superato la Austin-Healey di Lance Macklin rientra improvvisamente ai box. Una manovra che costringe Macklin a scartare sulla sinistra, mentre sopraggiunge a tutta velocità la Mercedes 300 di Pierre Levegh. Quest'ultimo fa appena in tempo ad alzare la mano per segnalare il cambio di direzione a Fangio, che al volante dell'altra Mercedes procede alle sue spalle a non più di cinquanta metri e mette subito il piede sul freno. Davanti all'argentino intanto si scatena l'inferno con l'auto di Levegh che vola in tribuna dopo aver colpito Macklin. In pista ci sono detriti, fumo e fuoco. Fangio capisce che non ha altra scelta che passare in mezzo a quella carambola: la sua velocità, seppur ridotta dalla frenata, non gli permette di fermarsi. «Dentro di me», dichiarerà il campione, «salì la tristezza amara dell'irreparabile. Ma di fronte a questa constatazione provai un improvviso sentimento di ribellione.» Malgrado la Austin-Healey continui a slittare, Fangio la supera istintivamente sulla destra. Di colpo però gli si para davanti Hawthorn che procedeva sempre più lento. Fangio non perde la calma e passa la Jaguar dell'inglese talmente vicino da urtarla leggermente, ma senza alcuna conseguenza. Una volta in salvo guarda negli specchietti e assiste impotente alla grande sciagura a cui è appena scampato: «Guardai il cielo di Francia e mi feci il segno della croce». Il bilancio del disastro, lo abbiamo già ricordato, conterà ottantatré morti e centoventi feriti. La più grande sciagura della storia dell'automobilismo.

Nel mio piccolo posso vantarmi anch'io di aver avuto sangue freddo durante una sessione di test a Monza nell'agosto 2000. Sono prove collettive in vista del GP d'Italia, dove solitamente si collaudano nuovi particolari, che magari non sono affidabili al cento per cento. Esco dalla seconda curva di Lesmo, supero la semicurva del Serraglio e apro il gas sul rettilineo che mi porta alla variante Ascari. Arrivo alla staccata e freno, ma il pedale va a fondo senza opporre resistenza, riprovo... nulla. Quando sei a oltre 320 chilometri all'ora e realizzi di esser rimasto senza freni ti vengono i sudori freddi. Provi una sensazione terribile negli istanti che precedono lo schianto contro le barriere. Sono secondi interminabili, dove ti passa tutta la vita davanti, come fosse la pellicola di un film.

Ma proprio in quel momento trovo la prontezza necessaria per riuscire a girare la macchina in modo da andare a sbattere con la fiancata della monoposto. Con questa manovra sono riuscito a ridurre al minimo la conseguenza dell'impatto. Resterà per me uno dei più brutti incidenti.

Particolarmente toccante e carico di umanità è anche quanto si verifica il 29 luglio 1973, nel GP d'Olanda a Zandvoort. Al 7° giro la March del giovane inglese Roger Williamson, al suo secondo Gran Premio in carriera, sbanda a causa dello sgonfiamento di uno pneumatico e finisce contro il guard-rail. L'alta velocità spinge la vettura per alcune centinaia di metri rovesciandosi e prendendo fuoco. Williamson, imprigionato all'interno, è letteralmente impotente di fronte a un destino inesorabile. Qualche istante dopo sopraggiunge David Purley, altro inglese, suo amico, che arresta la propria monoposto e corre verso l'auto in fiamme. Incurante di un possibile scoppio dei serbatoi si getta nel fuoco, anche perché è l'unico a indossare una tuta ignifuga. Cerca di ribaltare la March senza riuscirci, prende un estintore dalle mani di un commissario (privo di tuta antincendio) paralizzato davanti alla tragedia e prova a spegnere le fiamme. Purtroppo, saranno sforzi vani che scateneranno la rabbia di Purley per quella totale mancanza di sicurezza, con i soccorsi giunti con quasi dieci minuti di ritardo, perché costretti a compiere un giro intero della pista con la corsa in pieno svolgimento. Resteranno nella memoria le immagini di Purley disperato che cerca di svincolarsi dai soccorritori che intendono allontanarlo dal luogo del dramma. Williamson morirà soffocato dai gas sprigionatisi dalla March. Al temerario David Purley, con un passato di paracadutista delle Coldstream Guards, un corpo speciale dell'esercito di Sua Maestà, verrà assegnata una medaglia al merito sportivo. Una magra consolazione di fronte all'impotenza di salvare l'amico agonizzante a pochi metri di distanza. Purley perderà tragicamente la vita alla guida di un aereo ultraleggero nel 1985.

Come abbiamo già visto, nel 1976, Merzario, Lunger e Edwards erano stati più fortunati traendo in salvo Niki Lauda dal tremendo rogo del Nürburgring. Anche il grande Ayrton Senna avrà modo di rendersi protagonista di un gesto encomiabile nel 1992 a Spa, nel corso delle prove libere del venerdì, quando il francese Érik Comas si schianta con violenza contro le barriere della curva di Blanchimont e la sua Ligier rimbalza in pista arrestandosi in traiettoria tra fumo e detriti. Senna è il primo a sopraggiungere sul luogo del botto e intuisce immediatamente la gravità della situazione. Ferma la sua McLaren, esce dall'abitacolo e si precipita verso la Ligier, mentre altre monoposto gli transitano vicino seppure a velocità ridotta per le bandiere gialle. Comas giace incosciente nell'abitacolo e il motore Renault è rimasto bloccato in piena accelerazione, col rischio di surriscaldarsi ed esplodere. Il brasiliano è lestissimo a spegnerlo e a prestare soccorso al francese fino all'arrivo dei medici. Comas sarà per sempre grato a Senna per quel gesto tempestivo dettato anche dall'istinto umano di salvare un collega in pericolo di vita.

Ma i due piloti sono legati dal sottilissimo filo di un destino imperscrutabile. Il maledetto 1° maggio 1994 di Monza,

Érik è fermo al box da tre giri mentre i meccanici lavorano freneticamente alla sua monoposto per rimetterla in pista dopo un piccolo tamponamento. Con l'auto riparata, Érik riparte senza che nessuno lo avverta che la gara è stata interrotta a causa dell'incidente di Senna. Arriva in velocità al Tamburello rischiando di schiantarsi contro i mezzi di soccorso. Sarà Érik l'ultimo pilota a vedere Ayrton nell'abitacolo della sua monoposto e questo episodio lo segna profondamente. È come se il fato avesse voluto che nessuno fermasse Érik in modo da raggiungere The Magic e dargli un ultimo saluto. Il francese torna sconvolto al box a piedi e non corre quando la gara riparte. Dopo quel weekend decide di abbandonare la Formula 1, ma poi viene convinto a terminare la stagione; a Mondiale concluso lascerà davvero per dedicarsi ad altri tipi di gara, come il rally.

I piloti non sono solo freddi atleti-ingegneri isolati nei loro bolidi indifferenti alla lentezza con cui il resto del mondo sembra girare. I piloti sono capaci di fermarsi, di essere empatici, solidali, fraterni. Come sempre quando entra in gioco il fattore umano, qualsiasi gesto si tinge di un colore più caldo.

Come abbiamo già detto, Ayrton era una persona molto attenta al suo lato spirituale ed emotivo. Quando, nel 1988, conquista il suo primo Mondiale a Suzuka, dopo un trionfo tutto in rimonta, a gara finita viene intervistato dal noto giornalista RAI Ezio Zermiani. Ayrton si trova in pit-lane mentre osserva la replica del GP trasmessa sui megaschermi del circuito e di fronte al microfono si abbandona ad attimi di commozione. La stessa carica emotiva che scaricherà via radio dopo aver vinto nel 1991 il suo primo Gran Premio del Brasile, al termine di una gara massacrante dal punto di vista fisico e psicologico.

Decisamente diversa, invece, la reazione di un altro asso brasiliano, Nelson Piquet. Ricordato, oltre che per i suoi trionfi, anche per la sua verve comica con le immancabili gag in griglia con Zermiani, Piquet abbandona totalmente il *sense of humour* in occasione del GP di Germania del 1982. Al volante della sua Brabham-BMW, il brasiliano è primo e si appresta a doppiare il cileno Eliseo Salazar. Giunto alla chicane presso la vecchia Ostkurve, nel tratto boschivo di Hockenheim, Piquet dà inizio al sorpasso, ma l'avversario frena tardi e la sua ATS entra in contatto con la Brabham. Corsa finita per entrambi e per Piquet sfumano punti preziosissimi per la corsa al titolo. Non appena slaccia le cinture, il brasiliano si fionda contro il cileno che cerca di scusarsi. Piquet però è furioso, e quando è di fronte a Salazar, come al suono di un gong, lo aggredisce con manate, cercando di colpirlo pure con un calcio.

La rissa verrà sfiorata anche a Spa nel 1998, tra Michael Schumacher e David Coulthard ai box, dopo un violento tamponamento del tedesco, che sempre in Belgio nel 2005, avrà un chiarimento ravvicinato con Takuma Sato. Al giro 13° (quando si dice la superstizione), il ferrarista viene centrato per ben due volte da Sato alla curva a gomito della Source. Sono out tutti e due, ma il Kaiser, una volta sceso dalla Rossa, si dirige verso la Bar-Honda del nipponico e gli rifila un leggero scappellotto sul casco. Il tedesco è riuscito a contenersi, però dichiarerà: «Avrei voluto dargli un pugno. Non è la prima volta che fa danni, non capirà mai niente».

Particolarmente colorito il battibecco tra Massa e Alonso prima del podio nel GP d'Europa del 2007. Lo spagnolo, in rimonta sotto la pioggia, passa il brasiliano con un contatto a cinque giri dalla fine e vince al Nürburgring. È la goccia che fa traboccare il vaso: tra i due ci sono già stati dei precedenti e in quella stagione i rapporti tra Ferrari e McLaren sono molto tesi, anche per via della spy story. Nella saletta attigua al podio scoppia la lite con Fernando che accusa Felipe di aver cercato la collisione. Volano insulti in italiano che vengono ripresi dalle televisioni di mezzo mondo. Poi, davanti ai giornalisti, l'iberico si scuserà col ferrarista: «Ero stressato, ora mi godo la vittoria».

Decisamente più duro il faccia a faccia tra Jarno Trulli e Adrian Sutil a Interlagos il 18 ottobre 2009. Poco dopo il via, il tedesco compie una manovra esuberante, entra in collisione con la Toyota di Jarno che va contro un muro. L'abruzzese va su tutte le furie e una volta di fronte al rivale lo aggredisce verbalmente con tanto di indice puntato. Entrambi indossano ancora il casco, ma sono convinto che le parole di Jarno siano giunte molto chiaramente alle orecchie di Sutil. La loro *querelle* proseguirà nella conferenza stampa ad Abu Dhabi, nel Gran Premio successivo.

Pure io ho avuto uno scambio di opinioni vivace in occasione delle qualifiche del GP d'Europa del 2006. Sto lottando per entrare in Q1 e nel mio ultimo tentativo mi trovo davanti Jacques Villeneuve nel suo giro di rientro. Per me è fondamentale fare una buona qualifica e ottenere risultati per restare in corsa nel Mondiale. Vedo però che il canadese non mi dà spazio e mi ostacola palesemente danneggiando ogni mia traiettoria; faccio cenni con le mani nella speranza che almeno dal suo muretto lo avvisino, ma poi comincio a pensare che sia una strategia: se io supero la Q1 escludo lui. Quando via radio mi informano che non sto migliorando il tempo e probabilmente resterò escluso dalla Q1, vengo assalito dalla rabbia. Cercate di capirmi, Villeneuve mi ha tenuto dietro per circa un quarto di giro. Quando rientro al box sono davvero furente, scendo e mi dirigo verso il box della BMW-Sauber. Mi metto davanti alla vettura di Jacques e comincio ad apostrofarlo: «Ma che *bip* fai? Tredicesimo per i *bip* tuoi! Questa volta me la paghi!» L'uso dei *bip* è doveroso per risparmiarvi gli improperi. Non ricordo se Villeneuve venne a scusarsi, ma so per certo che mi sono portato dietro la rabbia di quella qualifica finita male per tutta la settimana successiva.

Certo, è sempre meglio evitare scenate simili, ma molto spesso sono provocate dall'alto tasso di adrenalina accumulato nel corpo. È una diga che tracima, la pentola a pressione che esplode. D'accordo, bisogna avere l'autocontrollo, ma in certi momenti è difficile, anche perché ad aumentare la tensione c'è sempre il fattore di rischio, decisamente più alto nel motorismo rispetto ad altri sport.

Abbiamo già definito i piloti come gladiatori che sfidano il pericolo, come combattenti indomiti che non si fermano davanti a nulla. Questi aneddoti ben illustrano il loro carattere. Siamo a Dallas l'8 luglio 1984. Nigel Mansell è alla sua quinta stagione alla Lotus, conquista la sua prima pole e resta leader della gara fino al 36° passaggio, quando inizia ad accusare noie meccaniche. Viene superato da Keke Rosberg e Alain Prost, ripara invano ai box per risolvere il problema. Tornato in pista si trova però a dover rincorrere quando, a pochi metri dal traguardo, resta a secco di benzina. Un epilogo che avrebbe il sapore della beffa e che il Leone non può accettare. Allora esce dalla vettura e nonostante la fatica accumulata dopo le sessantasette tornate percorse e l'intensa calura, si mette a spingere la Lotus. Uno sforzo immenso che però testimonia il carattere del pilota britannico, che riesce a coprire solo qualche metro prima di stramazzare a terra svenuto. Ripresosi, gli verrà comunicato che si è classificato in sesta posizione.

Scena analoga per Andrea De Cesaris al GP del Messico del 1991. La sua Jordan si ferma priva di carburante a centocinquanta metri dal traguardo e il romano, forte del suo spirito battagliero, si mette a spingerla per tagliare il traguardo. A questo punto si verifica un fatto che rende il tutto ancora più comico. Ezio Zermiani entra in pista e comincia a intervistare De Cesaris che, col fiatone, replica al giornalista in romanesco: «Ma invece de dimme 'ste fregnacce, perché nun te metti pure tu a spigne'?» Una scena ripresa dalle telecamere RAI, difficile da dimenticare. De Cesaris sarà classificato quarto, un giusto premio per un pilota che non si arrende mai.

Tenace e con un pizzico d'incoscienza in più l'inglese Derek Warwick. È il 9 settembre 1990, il Gran Premio d'Italia è appena partito. Il serpentone delle monoposto sfreccia lungo lo stradale del Tempio della Velocità e s'appresta a concludere il 1° passaggio. Nelle retrovie la gialla Lotus-Lamborghini del britannico vola fuori alla curva Parabolica e si schianta a 250 chilometri all'ora contro le barriere. L'onda d'urto fa capottare la monoposto in pista, che prosegue per forza d'inerzia per alcune centinaia di metri sull'asfalto. Gli altri concorrenti che stanno sopraggiungendo la evitano per miracolo. Su Monza cala la paura, ma ecco il colpo di scena. Dalla scocca incidentata della Lotus, spunta dal basso Warwick che si mette subito a correre verso il box. Accanto all'inglese c'è l'immancabile Zermiani che gli porge il microfono domandandogli: «*Derek, are you okay?*» Warwick è troppo concentrato sulla sua nuova missione, intende a tutti i costi salire sulla vettura di riserva per potersi schierare per il secondo via, dato che la gara è stata interrotta. La sua corsa durerà quindici giri, poi dovrà alzare bandiera bianca tradito dalla frizione. Saranno in tanti a chiedersi cosa sia passato nella sua mente negli attimi successivi all'incidente.

Forse è la stessa reattività che ha spinto Lauda a risalire in macchina dopo poco più di un mese dalle fiamme del Nürburgring, con le ferite ancora aperte. Qualcuno lo definirà un incosciente, ma Lauda non è certo il tipo da assumersi rischi non calcolati. Riesce sempre a mantenere una certa freddezza ed ecco che pochi mesi dopo, nel GP del Giappone, sbalordisce nuovamente tutti ritirandosi e consegnando il titolo al rivale James Hunt. Quella corsa datata 24 ottobre 1976, teatro della battaglia finale per il titolo, farà molto discutere. Lauda si presenta al Fuji da leader della classifica con sole tre lunghezze di vantaggio nei confronti di Hunt. A complicare maggiormente la situazione ci si mette una pioggia torrenziale che in un primo momento induce i piloti a decidere di sospendere e rimandare la gara: Lauda *in primis*, che reputa insensato correre su una pista allagata. Complici gli organizzatori, che vogliono onorare i contratti con le televisioni, alla fine si corre. Il ferrarista però non è psicologicamente pronto ad affrontare una gara in quelle condizioni proibitive. Lauda arranca sin dal via e dopo soli due giri rientra ai box e getta la spugna. Non cerca alcun alibi e quando i meccanici Ferrari gli suggeriscono di imputare la colpa a noie elettriche, Niki non ci sta e ammette davanti ai media di aver avuto paura. La gara proseguirà con la pista che andrà via via asciugandosi e con la strada spianata per Hunt. Lauda non si pentirà della decisione presa e non cercherà mai di trovare scuse, confermando il titolo emblematico del *Corriere della Sera*: «Il coraggio di avere paura». Una mossa che però segnerà una frattura sempre più profonda tra l'austriaco ed Enzo Ferrari. Persone molto vicine al Drake racconteranno di una telefonata in cui il Commendatore criticherà con sarcasmo il forfait del pilota. Altri invece interpreteranno la decisione dell'austriaco come un atto di debolezza. Io ho sempre pensato che Lauda, assumendosi le proprie responsabilità in una situazione così determinante, ha dimostrato professionalità e, perché no, pure coraggio. Ed è stata una scelta intelligente. Perché rischiare di compromettere la via del completo recupero, quando era consapevole che avrebbe potuto tornare a essere il campione di prima? E Lauda non solo lo sapeva, ma lo dimostrerà nel

1977, laureandosi nuovamente iridato. E poi per quale motivo un uomo deve vergognarsi di avere paura, o di abbandonarsi alle emozioni? Ho raccontato che Niki Lauda era il mio idolo quando ero bambino e lo era di sicuro per i suoi risultati e meriti sportivi. Crescendo, però, ho imparato a conoscerlo sempre più a fondo e l'ho apprezzato come uomo: ciò che gli è successo al Nürburgring avrebbe piegato molte persone. Ma la sua tenacia nell'affrontare la ripresa, i numerosi interventi subiti sempre a causa degli strascichi dell'incidente fanno di lui una fonte di grande ispirazione per me. In questi giorni di agosto 2018, mentre scrivo queste righe, Niki sta affrontando l'ennesima prova che la vita gli ha posto davanti. Il mio pensiero vola a lui: so che la sua grinta lo sosterrà anche in questa occasione, ma voglio mandargli tutto il mio sostegno.

Le cronache sportive sono piene di episodi in cui grandi campioni vengono ritratti con le lacrime agli occhi dopo una vittoria o, il più delle volte, dopo un risultato negativo. Il ricordo corre al 12 settembre 1999, a Monza per il Gran Premio d'Italia. Una gara che alla vigilia pare ipotecata largamente da Mika Häkkinen, che al volante della sua McLaren-Mercedes è imprendibile in qualifica. Il finlandese parte alla grande e presto si ritrova solo in testa: tutto fa supporre una marcia trionfale. Invece no. Häkkinen inizia il suo 30° giro, piomba in prima variante, frena ma sbaglia clamorosamente a scalare la marcia, inserendo la prima anziché la seconda. L'errore blocca le ruote e il posteriore della MP4/14 che s'intraversa e il campione del mondo si ferma nella via di fuga a pochi centimetri dal guard-rail. Un epilogo imprevisto salutato, poco sportivamente, dall'esultanza dei tanti ferraristi assiepati sulle tribune vicine. Il finlandese getta con stizza il volante fuori dall'abitacolo e una volta uscito dalla monoposto è colto da una crisi isterica. Dapprima scaglia rabbiosamente i guanti a terra e poi cerca di ritornare ai box. Incontra Ercole Colombo, storico fotografo del Circus, al quale chiede da che parte andare. Colombo invita Mika a seguirlo. I tifosi del Cavallino sono ovunque e non perdono occasione per deridere l'avversario costretto a passare vicino a loro, in una sorta di via crucis. A un tratto, Häkkinen si ferma, s'inginocchia dietro una siepe e scoppia a piangere. Una scena che viene scovata dalle telecamere e va in onda in mondovisione. «Ho rotto i miei nervi», dirà Mika, «e tremavo per la rabbia.» Colombo scatta le foto che faranno il giro del mondo e porgerà a Häkkinen una salvietta per asciugarsi il volto. «Arrivati al sottopasso che porta al paddock», racconterà il fotografo, «il 'Finlandese volante' mi strizza l'occhio e le nostre strade si dividono.»

Sempre a Monza, altri personaggi verseranno lacrime amare. Schumacher, durante la conferenza stampa dopo il tragico GP d'Italia del 2000 in cui perde la vita l'addetto all'antincendio Paolo Gislimberti, si commuoverà in diretta.

Nel 2007 tocca a Ron Dennis, duro e cinico manager inglese nonché gran capo della McLaren. Per comprendere meglio questo episodio occorre rammentare che da qualche mese il team anglotedesco è finito al centro della spy story di cui abbiamo già parlato. Molti suoi vertici sono coinvolti direttamente e a gettare benzina sul fuoco ci si sono messi pure i piloti, Hamilton e Alonso, tra i quali è esplosa la faida. È sabato, sono da poco finite le prove libere e un gruppo di agenti della polizia postale, dei carabinieri e della polizia giudiziaria di Modena varca i cancelli del paddock e si dirige verso l'hospitality della McLaren-Mercedes. La presenza di agenti in divisa calamita subito l'attenzione e di lì a poco si apprende che sono stati consegnati sette avvisi di garanzia spiccati dalla Procura di Modena. Uno è per Dennis, cinque per i suoi luogotenenti e l'ultimo per Nigel Stepney, ex capo meccanico a Maranello. Un atto dovuto come prevede la macchina giudiziaria, che però rende ancor più rovente il clima nel team di Woking, anche perché a breve scatteranno le qualifiche e la concentrazione potrebbe subire ripercussioni. Inoltre, il pensiero di Dennis & C. è rivolto già alla settimana successiva, quando è in programma il Consiglio mondiale FIA, con la scuderia inglese alla sbarra; in sostanza sarà il giorno del giudizio. Le qualifiche sono comunque dominate dalla coppia McLaren che il giorno dopo firmerà una doppietta con Alonso primo davanti a Hamilton. Una volta che i suoi due driver hanno tagliato il traguardo, Ron Dennis, ancora al muretto, abbraccia l'affascinante moglie Lisa e si abbandona alla commozione.

Ci sono volte in cui bisogna assecondare i sentimenti e dar sfogo alla frustrazione. Come ha fatto Luca Badoer nel 1999 al Nürburgring, esternando il suo comprensibilissimo sconforto. Una gara folle con un susseguirsi di colpi di scena. Sono stato al comando con la mia Benetton tra il 44° e il 49° giro e poi mi sono ritirato a causa di un testacoda su una pista resa viscida dalla pioggia. Ebbene, alla 54ª delle sessantasei tornate previste, Badoer è quarto sulla Minardi. Sarebbe praticamente un'impresa per il team faentino. Purtroppo però il sogno svanisce, a causa della rottura del cambio. Luca parcheggia mestamente a bordo pista e una volta fuori dalla Minardi si inginocchia sulla monoposto e si mette a piangere per la delusione. È duro accettare certi verdetti, in particolare quando sei prossimo a un risultato molto ambito. Anche qui però le persone reagiscono in modo diverso. Penso al GP del Giappone del 2006, con la Ferrari di Schumacher che si ritira dopo che il suo motore 056 ha esalato l'ultimo respiro, sprigionando la classica fumata bianca. Un fulmine a ciel sereno per il Kaiser, solo e saldamente al comando di una gara che lo avrebbe lanciato verso l'ottava corona iridata. Invece, da quel giro 37, sarà Alonso a sorridere, forte del ko tecnico dell'avversario. Schumi potrebbe avere tutte le ragioni per inveire, perché la posta in palio è davvero alta. Invece, tornato al box, ringrazia a uno a uno i suoi meccanici visibilmente avviliti, con pacche sulle spalle e strette di mano. «Non mi sono arrabbiato con la squadra», racconterà il tedesco, «si vince e si perde insieme. Ho detto loro di essere molto orgogliosi.» Del resto quegli uomini sono gli artefici dei successi di Michael, basti pensare che l'ultima rottura di un propulsore sulla vettura di Schumi risale al GP di Francia del 2000. Un gesto encomiabile, perché è proprio nei momenti di difficoltà che deve emergere lo spirito di squadra.

Fa parte dell'essere umano, è innegabile. Tutti noi in fondo in fondo abbiamo piccole manie, dei gesti che ripetiamo sempre uguali perché abbiamo la segreta speranza che ci portino fortuna, che se li reiteriamo identici tutto andrà per il meglio. Insomma, ammettiamolo: siamo un po' scaramantici. E questo vale ancor di più nel motorsport, dal momento che i fattori di rischio sono spesso al di fuori del controllo umano. Sono molti i piloti che compiono veri e propri rituali che nulla hanno di razionale ma che magari aiutano a tenere sotto controllo l'ansia. Anche i fuoriclasse non ne sono immuni. Lo stesso Enzo Ferrari s'era definito «un superstizioso, ma in modo generico». Oltre a scrivere con l'inconfondibile inchiostro viola, il Drake era infastidito dal numero 17 perché, pare, fosse collegato ad alcuni tragici incidenti, tra cui la morte del suo grande amico Ugo Sivocci, perito nelle prove del 1° GP d'Europa a Monza del 1923.

Nel 1932 Tazio Nuvolari, dopo aver trionfato nel GP di Monaco, riceve in dono da Gabriele D'Annunzio una piccola tartaruga d'oro con la dedica «All'uomo più veloce l'animale più lento». Da quel momento il «Mantovano volante» non si separerà più da quello che diventerà ufficialmente non solo il suo portafortuna, bensì il suo simbolo.

Un altro caso emblematico riguarda Alberto Ascari, la cui superstizione è quasi ossessiva. Teme i gatti neri da quando alla Mille Miglia del 1948 uno gli attraversa la strada e dopo qualche ora è costretto a ritirarsi. Corre indossando sempre casco e maglietta azzurri. E poi c'è la numerologia. Il 13 è il giorno della sua nascita e di un suo incidente a Monza. Ascari cresce nel mito di papà Antonio, grande campione degli anni Venti, ma è pure condizionato dalla sua morte improvvisa avvenuta in corsa nel 1925 a Montlhéry. Nel 1955 Ciccio continua a ripetere all'amico Gigi Villoresi: «Sono trent'anni che papà non c'è più, ho uno strano presentimento». Proprio in quella stagione il due volte iridato sopravvive a un terribile volo in mare durante il GP di Monaco sulla Lancia D50; riemerge dalle acque del porto monegasco, beffando temporaneamente un destino che non lo risparmierà pochi giorni dopo sulla pista di Monza. Recatosi come spettatore, vuole testare la Ferrari 3000 Sport dell'amico Eugenio Castellotti. Pochi giri e poi lo schianto fatale, le cui cause resteranno avvolte nel mistero. Una vita stroncata a soli trentasette anni, la stessa età del padre. Il giorno è il 26, lo stesso del padre e multiplo di 13. Ultima curiosità: quando Alberto sale in vettura non indossa il suo inseparabile completo azzurro.

Altra vicenda inquietante è quella legata alla morte del marchese spagnolo Alfonso De Portago alla Mille Miglia del 1957. Romolo Tavoni, allora direttore sportivo della Ferrari, racconta che durante la prima colazione insieme al co-équipier Edmund Nelson, De Portago urta il vassoio del cameriere facendo cadere a terra una tazza di tè con il latte. Un contrattempo banale, ma non per il pilota iberico che sbianca di colpo, confessando che nella sua terra rovesciare il tè con il latte è un segno di malasorte. Consegna quindi gli effetti personali a Tavoni, pregandolo di chiamare la moglie e non la madre, qualora si fosse fatto male. De Portago si avvia così alla partenza di quella che sarà la sua ultima corsa. Presso l'abitato di Guidizzolo, vicino a Mantova, la sua Ferrari 355 S n° 531 esce di strada travolgendo parecchi spettatori. Forse, anziché pensare che l'episodio del tè gli abbia portato davvero sfortuna, dovremmo valutare la componente psicologica: l'episodio lo ha così turbato da essersi messo al volante in uno stato di inquietudine che ne ha compromesso la concentrazione.

Un po' come nel caso del messicano Pedro Rodríguez, parecchi anni dopo. Nel giorno della morte del fratello, infatti, Pedro decide di infilarsi al dito l'anello del compianto Ricardo. Si convince che l'amuleto l'avrebbe salvaguardato da tutte le avversità. Il caso vuole che nel 1971 durante uno scalo in America, Rodríguez dimentichi il prezioso talismano su un lavandino dell'aeroporto, dopo essersi lavato le mani. Accortosi, torna indietro, ma l'anello non c'è più. Una perdita che inizia ad angosciarlo. Ne fa realizzare una copia identica non badando a spese, ma non riuscirà più ad avvertire la presenza protettrice del fratello. L'11 luglio di quello stesso anno, durante una competizione del Campionato Interserie al Norisring, Pedro esce inspiegabilmente di pista al volante di una Ferrari 512M e muore sul colpo.

Tante scaramanzie che però non risultano sempre infallibili. Si pensi a Luigi Musso, che prende il via indossando ogni volta lo stesso set di guanti e occhiali che gli può porgere solo la sua fidanzata, Fiamma Breschi. Eppure, al pilota romano è fatale un incidente a Reims nel GP di Francia del 1958.

In tempi moderni la tendenza non è affatto cambiata, con i driver affezionati ai loro riti scaramantici. L'austriaco Alexander Wurz è solito indossare una scarpa di colore rosso e l'altra di colore blu. Pare che questa usanza abbia avuto origine dopo che Wurz ha vinto una gara di F3. Più bizzarre e intime le scelte di David Coulthard e Felipe Massa. A detta di radio box, lo scozzese indossa un paio di mutande nuove prima di ogni GP. Una decisione probabilmente adottata anche prima di salire sul jet privato che nel maggio 2000 si schianta nell'atterraggio all'aeroporto di Lione. Se per i due piloti del velivolo non c'è nulla da fare, Coulthard esce dalla fusoliera in fiamme, portando in salvo l'allora fidanzata Heidi. Felipe Massa, invece, ha dichiarato di utilizzare lo stesso capo di biancheria intima per tutto il weekend di gara. Il sette volte iridato Michael Schumacher pare che per un certo periodo salga in macchina sempre dallo stesso lato, il sinistro. Un giorno entra dal destro e non cambia nulla. A scanso di equivoci però, il Kaiser tiene nella tasca della tuta una spazzola della bambola di sua figlia Gina Maria. Da un campione tedesco all'altro: Sebastian Vettel s'infila sempre nella scarpa una medaglietta con l'effige di san Cristoforo, il patrono degli automobilisti.

C'è un pilota che, pur non volendo credere alla malasorte, ha collezionato così tanti episodi sfortunati da insinuare il dubbio anche al più razionale degli uomini. Il neozelandese Chris Amon, scomparso nell'agosto 2016, passa alla storia non per il suo talento, ma per la jella che lo accompagna durante tutta la sua carriera in F1. Un destino così avverso che induce Mario Andretti a commentare ironicamente: «Se Chris facesse il becchino, la gente smetterebbe di morire». Amon detiene infatti un record particolare, ovvero quello di aver percorso in testa ai GP ben 851 chilometri, senza mai salire sul gradino più alto del podio. Quando compie quarant'anni,

Enzo Ferrari gli regala una fotografia con tanto di dedica: «Al pilota più bravo e più sfortunato». A un certo punto della sua carriera, subentra nel neozelandese una certa rassegnazione, in particolare dopo il GP di Francia del 1972, quando ormai solo al comando viene bloccato dalla foratura di una gomma. Si convince che non avrebbe mai vinto, perché sul più bello qualcosa si sarebbe rotto. Pure accettando questa amara realtà, Amon ha sempre ripetuto che la sfortuna non esiste.

Riguardo ai miei comportamenti scaramantici colgo l'occasione per negare quanto pubblicato tempo fa su un giornale, secondo cui il mio rito consisterebbe nel fare sesso prima di ogni gara. Una bufala colossale! Però, sì, è vero che nella mia carriera in F1 sono sempre salito e sceso dal lato destro della monoposto. Oppure mettevo prima il guanto destro e poi l'auricolare sinistro. Ma non so quanto ciò sia frutto di scaramanzia o forza dell'abitudine. Quel che è certo è che ora, nelle gare di durata, mi risulterebbe alquanto complicato entrare nell'abitacolo dalla parte destra!

Ringraziamenti

A MIO padre Roberto, alla sua passione e al suo lavoro.

A Luna, Carlotta, Christopher e Carolina, per il loro fondamentale sostegno.

A mia madre Anna, a Pierangelo e a Pina da sempre vicini, e alla mia robusta famiglia e parentela.

Al mio staff: Gianluca, Emilio e il suo studio, Enrico e Andrea.

A tutti gli amici persi per strada: Andrea, Pietro, Tonino, Fabrizio.

A tutti gli amici, tanti e fedeli, «*you know who you are*».

Alla mia squadra del cuore.

A tutti i miei compagni di squadra passati, presenti e futuri.

A tutti i meccanici, gli ingegneri, ai team e ai manager con cui ho lavorato, fino ad arrivare a Ferrari, ad Amato, a Fabio.

A chi mi ha sempre sostenuto e mi ferma per una foto o un autografo con molta titubanza, anche se a me ha fatto e farà sempre estremamente piacere.

Finito di stampare presso ELCOGRAF S.p.A.
Stabilimento di Cles (TN)
Printed in Italy

Prova d'acquisto
978-88-200-6617